Matthias Remenyi

Die Anthropologie im Werk Gustav Siewerths

PONTES

Philosophisch-theologische
Brückenschläge

herausgegeben von
Klaus Müller
(Seminar für Philosophische Grundfragen der Theologie, Münster)

Band 16

LIT

Matthias Remenyi

Die Anthropologie im Werk Gustav Siewerths

LIT

Bibliografische Information Der Deutschen Bibliothek
Die Deutsche Bibliothek verzeichnet diese Publikation in der Deutschen
Nationalbibliografie; detaillierte bibliografische Daten sind im Internet
über http://dnb.ddb.de abrufbar.

ISBN 3-8258-6884-2

© LIT VERLAG Münster – Hamburg – London   2003
  Grevener Str./Fresnostr. 2   48159 Münster
  Tel. 0251–23 50 91   Fax 0251–23 19 72
  e-Mail: lit@lit-verlag.de   http://www.lit-verlag.de

Inhaltsverzeichnis

0 Vorwort

1 Einleitung
1.1 Ausgangslage 1
1.2 Ziele, Inhalte und Methoden der Arbeit 4

2 Der Mensch aus der Schöpfung: Philosophische Grundlagen der Anthropologie
2.1 Gott als absoluter Grund aller Wirklichkeit 7
   2.1.1 Das eine Sein Gottes 7
   2.1.2 Die Differenz in Gott 8
   2.1.3 Exkurs: Gott und das Nichts 12
2.2 Das Sein 16
   2.2.1 Idealität des Seins 16
   2.2.2 Nichtsubsistenz des Seins als Sein-selbst 20
   2.2.3 Subsistenz des Seins als Sein des Seienden 23
2.3 Die exemplarische Identität 25
   2.3.1 Das Sein als Gleichnis Gottes 25
   2.3.2 Analogie als Modus der Darstellung 28
2.4 Das personierende Sein: similitudo et imago Dei 30

3 Der Mensch als Schöpfung: Das Wesen des Menschen
3.1 Der Mensch in seiner Existenz als Abbild Gottes 33
   3.1.1 Personalität 33
   3.1.2 Freiheit 36
3.2 Unendliche Endlichkeit 39
   3.2.1 substantia potentialis 40
   3.2.2 Transzendenz 41
3.3 Erkenntnisfähigkeit und Verstandestätigkeit 45
   3.3.1 Der Erkenntnisvorgang 45
   3.3.2 Das Nichts in der Vernunft 47
   3.3.3 Das intuitive Urteil 49
   3.3.4 Die ersten Prinzipien des Denkens 52
3.4 Der Wille 53
3.5 Das Herz 56
3.6 Wesentliche Konsequenzen 60
   3.6.1 Begabung 60
   3.6.2 Gewissen 62

4 Der Mensch auf die Schöpfung hin: Welt und Mitmensch
4.1 Mensch und Welt 66
    4.1.1 Leiblichkeit 66
    4.1.2 Natur als Wohnung und Haus des Menschen 70
4.2 Mensch und Mitmensch 74
    4.2.1 Der Mensch als zeugendes und gezeugtes Wesen. . . . 75
    4.2.2 Der Mensch als Wesensgestalt der Liebe 77
    4.2.3 Die Sprache 79

5 Zur Problematik einer deduktiven Anthropologie
5.1 Reflexion auf den Befund der anthropologischen Struktur . . . 83
    5.1.1 Theologische Anthropologie: Das exitus-reditus-Schema . 83
    5.1.2 Metaphysische Anthropologie: Die Deduktionshypothese . 85
5.2 Erprobungen und Kritik 89
    5.2.1 Geschlechterrollen und Familienbild 89
    5.2.2 Sprache und Wahrheit: Vom Wohnen und der Fügsamkeit . 96
    5.2.3 System und Freiheit 101
    5.2.4 Das Böse, das Nichts und die Theodizeefrage. 105
5.3 Möglichkeiten und Grenzen einer metaphysischen Anthropologie . 110

6 Literaturangaben
6.1 Quellentexte 117
6.2 Sekundärliteratur 120

Wär' nicht das Auge sonnenhaft,
Die Sonne könnt' es nie erblicken;
Läg' nicht in uns des Gottes eigne Kraft,
Wie könnt' uns Göttliches entzücken?

J. W. von Goethe, 1805

0 Vorwort

Die vorliegende Arbeit wurde im Februar 1998 als Diplomarbeit im Fach Katholische Theologie an der Albert-Ludwigs-Universität Freiburg angenommen und im Juli 1999 von der Pädagogischen Hochschule Freiburg ebenfalls als Diplomarbeit anerkannt. Sie wurde für die Drucklegung sprachlich geglättet und (auch in den Zitaten) der neuen Rechtschreibung angepasst, außerdem nochmals überarbeitet und vor allem im Schlusskapitel inhaltlich ergänzt.

Die Ansiedelung der Untersuchung als Brückenschlag zwischen Theologie, Philosophie und Pädagogik ergibt sich so zum einen aus ihrem Gegenstand: Wie kaum ein anderer legt Gustav Siewerth in Biographie und Schrifttum Zeugnis ab für seine lebenslangen Grenzgänge zwischen den Disziplinen; Grenzgänge, die aber immer eine Integration des Gespaltenen in die übergreifende Sinnganzheit einer einheitlichen Denkbewegung zum Ziel haben. Zum anderen erklärt sich die spezifische Verortung aus der Genese des Textes heraus: Angeregt durch Prof. Dr. F. Graf von der Pädagogischen Hochschule Freiburg, abgefasst als Diplomarbeit im Fach Katholische Theologie, betreut und begutachtet schließlich durch Prof. Dr. Klaus Jacobi vom Philosophischen Seminar II der Albert-Ludwigs-Universität Freiburg.

So bin ich vielen zu Dank verpflichtet: Ich danke Prof. Dr. Klaus Müller für die Aufnahme der Arbeit in die Reihe *Pontes – Philosophisch-theologische Brückenschläge* sowie für die freundliche Begleitung der erneuten Überarbeitung. Dank schulde ich des Weiteren Prof. Dr. Klaus Jacobi, der nicht nur die Mühe des Gutachtens übernahm, sondern mir darüber hinaus durch seine konstruktive und herausfordernde Betreuung wesentliche Zugänge zu dem Philosophen und Theologen Gustav Siewerth erschloss. Ein besonderer Dank gilt ferner dem Cusanuswerk, ohne dessen umfassende Förderung diese Publikation wohl kaum möglich geworden wäre. Zu danken habe ich schließlich den Verantwortlichen des LIT-Verlages für die problemlose Zusammenarbeit bei der Drucklegung.

Ein letzter Dank gebührt dem im Mai 2001 verstorbenen Prof. Dr. Ferdinand Graf. Obwohl wir in der konkreten Siewerth-Interpretation selten einer Meinung waren, unterstützte und ermunterte er mich bei der Suche nach einem eigenständigen Zugang zu Siewerths Werk. Seine leidenschaftliche Art, für die siewerthsche Pädagogik der Liebe zu werben, wird mir unvergessen bleiben. Seinem Andenken ist diese kleine Schrift gewidmet.

Karlsruhe, im März 2003   Matthias Remenyi

1 Einleitung

1.1 Ausgangslage

Das Jahr 2003 bietet doppelt Grund, sich an Gustav Siewerth zu erinnern. Im Mai wäre Gustav Siewerth 100 Jahre alt geworden, und im Oktober jährt sich sein Todestag zum vierzigsten mal. Dieser zweifache Anlass gibt Gelegenheit, einen Menschen neu in Erinnerung zu rufen, dessen Werk zwar über annähernd vier Jahrzehnte hin in Vergessenheit geriet, in den letzten Jahren aber eine vorsichtige Renaissance erlebt.

Obwohl Gustav Siewerth als der wohl spekulativste Kopf einer Gruppe katholischer Theologen und Philosophen (dazu gehören u.a. Karl Rahner, Max Müller und Johannes Lotz) gelten kann, die allesamt stark von Martin Heideggers Daseinsanalytik beeinflusst sind, ist die unmittelbare Rezeptionsgeschichte seines Wirkens schnell erzählt. Denn obwohl Siewerths mittelbarer Einfluss auf die Philosophie- und Theologiegeschichte des 20. Jahrhunderts nur schwer abschätzbar ist,[1] ist seine unmittelbare Wirkungsgeschichte relativ schmal. Das mag vielleicht an der Fremdheit seines Denkens liegen, am Titanischen des eigenen Anspruches, mit Hilfe hegelscher Denkkategorien die Summa des Thomas von Aquin zu einem Identitätssystem zu vollenden, um auf diese Weise die Seinsvergessenheit der gesamten neuzeitlichen Metaphysik zu überwinden. Das mag vielleicht auch durch die Eigentümlichkeit seines Sprachduktus' oder schlicht durch die Tragik seiner wissenschaftlichen Existenz bedingt sein, der eine breite, fachphilosophische Öffentlichkeit zeitlebens versagt blieb.[2] Was auch immer die eigentlichen Gründe sein mögen: Ferdinand Ulrich kann wohl als der einzige, auch über einen engeren Kreis hinaus bekannt gewordene, direkte ‚Schüler' Gustav Siewerths gelten.[3]

Eine sehr frühe Arbeit (1945) über Siewerths spekulative Thomasdeutung von Josef Rüttimann[4] ist unzureichend, weil sie sich zu stark an Erich Przy-

---

[1] SCHULZ, *Sein, Welt und Mensch als Gleichnisse des dreieinen Gottes*, 249, erwähnt diesbezüglich Clemens Kaliba, Ferdinand Ulrich, Klaus Hemmerle, Manuel Cabada Castro, Hans Urs von Balthasar, Karl Lehmann, Hansjürgen Verweyen, Piero Coda, Claude Bruaire und Emmanuel Tourpe. TOURPE, *Siewerth ‚aprés' Siewerth*, 20, führt zusätzlich noch C. Nink, B. Welte und L. B. Puntel an. Tourpe spricht ebd. sogar von einer ganzen durch Siewerths Thomismus beeinflussten Schule, bestehend aus H. Beck, C. Kaliba, R. Gumppenberg und L. Oeing-Hanhoff. Stark von Siewerth geprägt ist sicherlich auch Jörg Splett.
[2] Zur Biographie Siewerths siehe NEIDL, *Gustav Siewerth*, 249-271 sowie OTT, *Gustav Siewerth – Leben im Kontext*, 121-131.
[3] Vgl. ULRICH, *Homo Abyssus*. Einsiedeln 1961. Martin Bieler versucht in seinen Arbeiten diese Traditionslinie weiterzuführen und das Erbe Siewerths und Ulrichs gleichermaßen wach zu halten. Vgl. BIELER, *Freiheit als Gabe*. Freiburg 1991 sowie ders., *Freiheit und Schöpfung bei Gustav Siewerth*, 231-245.
[4] RÜTTIMANN, *Illuminative oder abstrakte Seins-Intuition?* Luzern 1945.

wara anschließt, wie Siewerth selbst vermerkt.[5] Besser wird ihm die Dissertation (1969) Hansjürgen Verweyens gerecht, der sich allerdings zu großen Teilen auf Maréchal bezieht und von Siewerth lediglich das Phänomen des Staunens als ursprünglichen Vollzug der intuitiven Seins- und Wahrheitserkenntnis übernimmt.[6] Schließlich ist hier noch die 1971 publizierte Untersuchung Manual Cabada Castros zu erwähnen, die zwar als erste Spezialuntersuchung zu Siewerth einen profunden Überblick über seine Philosophie im Ganzen bietet, aber doch, wie Lotz zu Recht bemerkt,[7] noch allzu sehr an den Zitaten haften bleibt.[8] Doch danach wird es still um Siewerth, seine Philosophie bleibt während der siebziger und achtziger Jahre nahezu unbeachtet. So bleiben zwei weitere, schwer zugängliche Untersuchungen zu Siewerth aus dieser Zeit ohne nennenswerte Resonanz.[9] Auch die 1971 begonnene Herausgabe der Gesammelten Werke Gustav Siewerths vermag daran nichts zu ändern, und es ist wohl symptomatisch, dass das ursprünglich auf acht Bände projektierte Vorhaben[10] seit der Publikation des vierten Bandes 1987 zu ruhen scheint.

Die Situation ändert sich mit der Wende der achtziger zu den neunziger Jahren: Von verschiedenster Seite ist nun eine vorsichtige Wiederannäherung und Neuentdeckung Gustav Siewerths zu beobachten. 1989 erscheint endlich der Tagungsband des Gustav-Siewerth-Symposions, das die Pädagogische Hochschule Freiburg bereits 1984 veranstaltet hat.[11] Siewerth findet Aufnahme in Fach- und Autorenlexika.[12] Zur gleichen Zeit publiziert der heute in Toronto lebende Pole Andrzej Wiercinski zwei rasch aufeinander folgende Untersuchungen zur Seinsdifferenz und zu den scholastischen Vorbedingungen der Metaphysik Siewerths.[13] Im spanischen Sprachraum macht Manuel

---

[5] *Auseinandersetzung mit Erich Przywara*, GW II 301.
[6] VERWEYEN, *Ontologische Voraussetzungen des Glaubensaktes*, 159ff.
[7] Vgl. LOTZ, *Das Sein als Gleichnis Gottes*, 24.
[8] CABADA CASTRO, *Sein und Gott bei Gustav Siewerth*. Düsseldorf 1971. M. Cabada Castro hat inzwischen mit einigen auf spanisch abgefassten Veröffentlichungen dazu beigetragen, den originellen Thomismus Siewerths auch im spanischen Sprachraum bekannt zu machen. Vgl. die Literaturhinweise bei TOURPE, *„Actualité' et ‚potentialité' de Gustav Siewerth*, 151 sowie ders., *Siewerth ‚après' Siewerth*, 21.
[9] BERNET, *Das Sein als Gleichnis Gottes*, Münster 1980 und SCHRADER, *Philosophie der Sprache bei Gustav Siewerth*, Regensburg 1987.
[10] Vgl. die entsprechende Notiz bei WARNACH, *Nachwort zur Ausgabe der Gesammelten Werke*, GW I 697.
[11] BEHLER u.a. (Hrsg.), *Gustav Siewerth zum Gedächtnis*, Freiburg 1989. Der in diesem Band enthaltene, äußerst instruktive Beitrag von Lotz ist auch gesondert zugänglich: Vgl. LOTZ, *Das Sein als Gleichnis Gottes. Grundlinien der Ontologie und Gotteslehre von Gustav Siewerth*. In: Theologie und Philosophie 60 (1985) 69.
[12] Vgl. den in Anm. 2 bereits erwähnten NEIDL, *Gustav Siewerth*, 249-271 sowie LOTZ, *Siewerth*, 340-342.
[13] WIERCINSKI, *Über die Differenz im Sein*, Frankfurt/M 1989 sowie ders., *Die scholastischen Vorbedingungen der Metaphysik Gustav Siewerths*, Frankfurt/M 1991.

Cabada Castro in verschiedenen Publikationen das Denken Siewerths bekannt.[14] Vor allem aber in Frankreich und Belgien erwacht ein reges Interesse am originellen Thomismus Siewerths. Bedingt durch die endlich einsetzende Verbreitung der – durch Siewerth stark geprägten – spirituellen Theologie Hans Urs von Balthasars sowie durch die immer noch virulente Tradition des französischen transzendentalen Thomismus wird man erneut auf Siewerth aufmerksam. Emmanuel Tourpe übersetzt die Dissertation von Cabada Castro ins Französische. Neue Forschungsarbeiten über Siewerth entstehen, u.a. die Promotion (1998) Tourpes über das Ideal der Liebe im siewerthschen spekulativen Thomismus und dessen Verhältnis zum transzendentalen Realismus.[15] Eine französische Übersetzung von Siewerths ‚Metaphysik der Kindheit' ist im Gange.[16]

Es scheint, dass gerade über den spanischen und französischen Sprachraum auch in Deutschland eine Neuentdeckung Siewerths einsetzt. So wurde an der Theologischen Fakultät der Albert-Ludwigs-Universität Freiburg im Sommersemester 2002 ein Seminar über Siewerths Metaphysik angeboten. Außerdem wurden Tagungen an den Katholischen Akademien in Mainz und Freiburg organisiert bzw. sind geplant (Oktober 2000 in Mainz, Juni 2003 in Freiburg).[17] Das ist deshalb besonders erfreulich, weil gerade in Süddeutschland Name und Werk Gustav Siewerths durch die gleichnamige, von Alma von Stockhausen gegründete Akademie in ein einseitiges Licht gerückt wird. Ebenso wie die problematischen Einführungen von Stockhausens in die gesammelten Werke Siewerths eher Zeugnis ablegen über die rigide kontroverstheologische Fixierung der Autorin selbst, denn wirkliche Einführungen im eigentlichen Wortsinn zu bieten,[18] so wird auch die rechtskonservative Enge der inzwischen als staatliche Hochschule anerkannten[19] Gustav-Siewerth-Akademie in Bierbronnen der geistigen Weite und Größe ihres Namensgebers in keiner Weise gerecht.

---

[14] S. Anm. 8.
[15] TOURPE, *Siewerth 'après' Siewerth*, Louvain – Paris 1998.
[16] Belege bei TOURPE, „*Actualité' et ‚potentialité' de Gustav Siewerth*, 151f.
[17] Zum Teil hervorragende Einführungen in die Theologie und Philosophie Siewerths bieten die in Mainz gehaltenen und inzwischen in einem Sammelband publizierten Vorträge. Vgl. REIFENBERG u.a. (Hrsg.), *Gott für die Welt*, FS W. Seidel, Mainz 2001.
[18] Vgl. VON STOCKHAUSEN, Einleitung, GW III 9-46 sowie dies., Einleitung, GW IV 19-37, hier vor allem die Polemiken gegen Luther, der „dem christlichen Gott der Liebe misstraut" (ebd., 28) und an dessen Stelle deshalb durch „pervertierenden Verrat" (ebd., 27) einen „Götze[n]" setze, dem die Bosheit des Menschen gar „zur eigenen Lust bzw. Willkür" diene (ebd., 27). So pervertiere Luther den christlichen Gottesbegriff zu einem „Mythos" und beschreibe „eine Herrschaft Gottes, vermittelt durch den Sklavendienst des Menschen" (ebd., 28).
[19] Vgl. den diesbezüglich sehr kritischen und aufschlussreichen kurzen Artikel von Klaus NIENTIED: *Subkulturen. Gustav-Siewerth-Akademie erhielt staatliche Anerkennung*. In: Herder-Korrespondenz 44 (1990) 404.

1.2 Ziele, Inhalte und Methoden der Arbeit

Erstes Ziel der vorliegenden Arbeit ist es, einen groben Überblick über die Anthropologie Gustav Siewerths zu bieten. Obwohl ja inzwischen eine Anzahl verschiedener Arbeiten zu Siewerth verfügbar ist, steht eine Untersuchung des siewerthschen Menschenbildes bisher noch aus.[20] Während die meisten Untersuchungen zu Siewerth sich mit Fragen der Ontologie und Metaphysik beschäftigen, wird hier versucht, eine mit Blick auf die Anthropologie noch offene Forschungslücke zu schließen. Natürlich reicht eine Diplomarbeit nicht an das Niveau mehrjähriger Forschungsarbeit heran, aber es sollte doch möglich sein, einige zentrale Punkte siewerthscher Anthropologie nebst ihrer Verwurzelung im philosophischen System aufzuzeigen. Die anthropologische Ausrichtung hat jedoch zur Konsequenz, dass spezifisch philosophische Sachverhalte unter diesem Fragehorizont behandelt und entsprechend gewichtet werden.

Dabei ist, wie Siewerth wohl sagen würde, die ‚Entfaltung' von zwei Thesen beabsichtigt. Es handelt sich hierbei um leitende Annahmen bzw. Aussagen über Siewerths Seh- und Denkweise, die den Gang der Arbeit bestimmen und zur besseren Orientierung vorausgeschickt werden. Die erste These lautet: Siewerths Anthropologie ist theologisch. Als solche entspricht sie dem klassischen exitus-reditus-Schema jeglicher theologischer Anthropologie, insofern sie die Gott-Mensch-Beziehung als konstitutive Grundlage hat. Das bedeutet konkret, dass sich Siewerths Anthropologie - obwohl sie nicht als ein Ganzes entworfen, sondern aus verschiedensten Texten zu eruieren ist - als eine Kreisbewegung mit impliziter Teleologie zeigt und darstellen lässt. Der Mensch ist von Gott als seinem Ursprung geschaffen und bewegt sich als Gottes Abbild durch die Welt in Interaktion mit seinen Mitmenschen hin zu Gott als seinem Ziel. Diese strukturelle Dynamik lässt sich nicht nur am Gesamtentwurf aufzeigen, sondern auch an je einzelnen Themenfeldern. So lassen sich in verschiedenen Teilbereichen inhaltlich sich ergänzende Begriffspaare bilden, die - unter je differierenden Überschriften - immer eine katabatische Bewegung von Gott zum Menschen mit einem anabatischen Rückschwung vom Menschen zu Gott zu einem Strukturbogen verbinden (so z.B. das Interdependenzpaar Personalität und Freiheit oder die Thematisierung des Menschen als substantia potentialis bei gleichzeitiger Betonung der Transzendenz).

Die zweite These bezieht sich auf das Verhältnis der Anthropologie zum Gesamtentwurf der Philosophie und Metaphysik Gustav Siewerths. Sie lautet: Siewerths Anthropologie ist metaphysisch. In eins damit wird behauptet, dass

---

[20] Schritte in die richtige Richtung unternimmt der Vortrag Julien Lambinets, der in ähnlicher Weise wie der hier vorgelegte Versuch ausgehend von den ontologischen Voraussetzungen Siewerths Kernstücke seiner Anthropologie aufzeigt. Vgl. LAMBINET, *Das Sein als Gleichnis und der Mensch als Bildnis Gottes*, 182-198.

die siewerthsche Anthropologie als ganze deduktiv ist. Sie folgt mit Notwendigkeit aus seinen metaphysischen Spekulationen und stützt zugleich sein philosophisches System an einem neuralgischen Punkt, nämlich dem Gedanken vom personierenden Sein als Vollendung der exemplarischen Identität. In Konsequenz hierzu postuliere ich, dass die Anthropologie Siewerths einen Charakter von Geschlossenheit aufweist, der in Gefahr steht, in Richtung Totalität zu überborden. Das liegt zum einen an dem Alleingültigkeitsanspruch, den Siewerth mit seiner Philosophie als in seinen Augen einzig legitimer Thomasinterpretation vertritt, und zum anderen an der Vollständigkeit beanspruchenden Systematik, die er entwirft. Die Untersuchung greift also weit über eine nur nachzeichnende Darstellung hinaus. Deshalb ist als letztes Ziel das Bemühen zu nennen, die Anthropologie Gustav Siewerths kritisch zu reflektieren. Es geht darum, Stärken und Schwächen dieses geschlossenen Systementwurfes zu thematisieren und – wo nötig – deutlich zu kritisieren, um Siewerths Anthropologie wieder anschlussfähig zu machen an die aktuelle Diskussionslage. Natürlich ist eine metaphysische Anthropologie in gewissem Sinne immer ein Anachronismus. Wenn es aber gelingt, das Verhältnis von empirisch-naturwissenschaftlicher und theologisch-metaphysischer Anthropologie so auszutarieren, dass beide in ihren Stärken und in ihren Grenzen gesehen werden, wenn das Bezugsmodell beider Größen also nicht Negation und Okkupation, sondern Entsprechung und Korrespondenz lautet, dann kann auch die Anthropologie eines Gustav Siewerth vom Anschein des Fabulösen befreit und in ihrem inneren Reichtum wieder neu entdeckt werden.

Aus den genannten Zielen ergibt sich der inhaltliche Aufbau der Arbeit. Die Abschnitte 2-4 der Gliederung widmen sich der nachzeichnenden Darstellung siewerthscher Anthropologie und schließen sich so zu einer inhaltlichen Einheit. Ich habe versucht, das bei Siewerth im Hintergrund präsente exitus-reditus-Schema so weit als möglich auch für die Strukturierung und Gliederung der Inhalte zu Grunde zu legen. Als dem Inhalt und der Frageintention angemessene Methode ist für diese drei Kapitel ein deskriptives Vorgehen angezeigt. Einem Text Siewerths ist nur dann gerecht zu werden, wenn in einem ersten Schritt ein Perspektivenwechsel erfolgt. Die methodische Entscheidung, den Gedanken des Autors zu folgen und so ein Stück Wegs mit ihm gemeinsam zurückzulegen, schließt eine voreilige Wertung über Gelesenes aus.[21] Die Zustimmung Siewerths zu einer solchen ersten methodischen Selbstbescheidung dürfte gewiss sein: „Darum verlangt [...] der Nachvollzug des philosophischen Wortes eine mitdichtende und mitdenkende Gelassenheit und Eingelassenheit, ja ein Sich-Loslassen in die neue stimmende Fügung des Sprechens".[22]

---

[21] Aus diesem Grund ist der Unterabschnitt über das Nichts in Gott als Exkurs gesetzt.
[22] *Philosophie der Sprache*, 116.

Allerdings beeinflussen natürlich persönliche Vorannahmen und der je individuelle Fragehorizont den Umgang mit Texten. Jede Gliederung ist schon Interpretation. Deshalb bemühe ich mich um eine phänomenologisch-hermeneutische Zugangsweise. Die wissenschaftstheoretische Tradition beider Begriffe ausklammernd, wähle ich den Terminus ‚phänomenologisch', weil erklärtes Ziel ist, die Anthropologie Gustav Siewerths möglichst unverfälscht ins Bild kommen zu lassen; ‚hermeneutisch' dagegen aufgrund der Tatsache, dass sich keine Arbeit dem in jedem Denken wirkenden hermeneutischen Zirkel von Vorannahmen, Textinformationen und erweiterten Vorannahmen gänzlich entziehen kann.[23]

Das Schlusskapitel zielt auf eine Überprüfung - und nach Möglichkeit Verifizierung - der Vorannahmen und Leitgedanken. Grundlage bleibt das im bisherigen Gang der Erörterung aufbereitete Material. Allerdings ist ein Methodenwechsel nötig: Die Reflexion auf den anthropologischen Befund bedingt eine Ablösung von der engen Textanbindung, denn nur aus einer erweiterten und distanzierteren Sicht heraus ist ein Überblick über das Gesamtsystem des siewerthschen Entwurfes zu gewinnen. Um jedoch überhaupt die Möglichkeit offen zu halten, die siewerthsche Anthropologie mit anderen, gegenwärtigen Entwürfen ins Gespräch zu bringen, muss dieses Gesamtsystem anhand einzelner paradigmatischer Erprobungen auf Stärken, Schwächen sowie auf systemimmanente Leerstellen hin geprüft und entsprechend kritisiert werden. Wenn ich auf diese Weise versuche, Siewerths Denken an der eigenen Lebenswirklichkeit (als der eines potentiellen Adressaten siewerthscher Anthropologie) zu messen und mich so auf die Suche nach Beispielen mache, bei denen sich die realen Phänomene gegen Siewerths Vereinnahmung sperren, dann ist hier nicht nur die Frage angesprochen, ob – und wenn ja, wo – eine metaphysisch geführte Anthropologie zum Stabilisator sozialer Normierungen und damit ideologisch wird. Weit prinzipieller geht es um die Problematik eines Zueinanders von Systemdenken und personaler Freiheit, von philosophischem Begriff und konkreter Lebenswirklichkeit.

Nur auf diesem Weg scheint mir sowohl eine angemessene Würdigung siewerthscher Anthropologie als auch eine taugliche Verhältnisbestimmung von empirischer und metaphysischer Anthropologie möglich.

---

[23] Vgl. GADAMER, *Wahrheit und Methode*, 270 ff. Vgl. auch DANNER, *Methoden geisteswissenschaftlicher Pädagogik*, 52ff.

2 Der Mensch aus der Schöpfung: Philosophische Grundlagen der Anthropologie

2.1 Gott als absoluter Grund aller Wirklichkeit

Die nachzeichnende Betrachtung der siewerthschen Philosophie als Grundlage und Möglichkeitsbedingung seiner Anthropologie nimmt ihren Ausgang mit der Darstellung des Gottesgedankens bei Siewerth, weil Gott - den denkerischen Entwurf Siewerths im Ganzen betrachtet - das ontologisch wie epistemologisch Erste ist, das sich mitteilt und verschenkt und von dem her sich Sein und Seiendes denkend erst gewinnen lässt. Denn Gott ist für Gustav Siewerth Grund und Ursprung aller Wirklichkeit. Und die Frage nach der Möglichkeit der Gotteserkenntnis ist für ihn die Frage hinter allen Fragen. An ihr entzündet sich sein gesamtes philosophisches Suchen und Nachdenken.[24]

2.1.1 Das eine Sein Gottes

Gustav Siewerth ist auf eine ganz eigene und originäre Art und Weise Thomist. Sein gesamtes Philosophieren ist der Seinslehre des Thomas von Aquin zutiefst verpflichtet. Dabei begnügt er sich jedoch nicht mit einem bloßen Nachvollzug thomistischen[25] Denkens, sondern sieht seine Lebensaufgabe darin, die von Thomas vorgelegte summarische Ontologie mit Hilfe hegelscher Denkkategorien zu einem System zu vollenden. Auf diese Weise will er zeigen, dass zumindest Thomas nicht vom heideggerschen Verdikt der Seinsvergessenheit der neuzeitlichen Metaphysik getroffen wird. Thomas – so Siewerths feste Überzeugung – ist kein seinsvergessener Denker! Mehr noch: Siewerth will mit Hilfe des zum System vollendeten Thomismus eben diese Seinsvergessenheit überwinden und zu einer dem Sein des Seienden angemessenen Metaphysik zurückkehren.

So steht auch seine Gotteslehre ganz in der Tradition einer thomistischen Terminologie: „Gott aber ist durch absolute, unvergleichliche Einfachheit bestimmt. Er ist als solcher reiner, unendlicher Akt (der actus purus essendi) und die in sich selbst geeinte Fülle des Seins."[26] Wenn Siewerth hier vom 'Sein' spricht, so deshalb, weil die Worte 'Sein' bzw. - in Verbform - 'sein' in der menschlichen Sprache den allgemeinsten und universalsten Charakter aufweisen: „Der Ausdruck 'Sein' als schlechthin einfacher, unbeschränkter reiner Akt bezeichnet daher mehr als irgendein anderes Wort das Absolute, sofern es

---

[24] Vgl. *Der Thomismus als Identitätssystem*, GW II 25.
[25] Damit werden in der vorliegenden Untersuchung analog der Terminologie Siewerths auf Thomas von Aquin zurückgehende Aussagen und Lehren bezeichnet.
[26] *Das Sein als Gleichnis Gottes*, GW I 671.

reiner, nur auf sich selbst bezogener Geist ist".[27] Wie kein anderer sprachlicher Ausdruck beschreibt dieser Terminus Gottes uneingeschränkte Positivität, Wirklichkeit und Ganzheit. Das Sein Gottes ist aber begrifflich streng zu trennen vom Sein-selbst als der vermittelnden Mitte zwischen Gott und den geschöpflichen Seienden. An diesem Punkt liegt ja bekanntlich der zentrale Unterschied zwischen Siewerths Ontologie und der von ihm so hart kritisierten Essenzenmetaphysik des Duns Scotus und Francisco Suarez: Das Sein ist nicht eine für Gott und Seiendes gleichermaßen prädizierbare Aussage; es ist kein abstrakter, logischer Begriff, der es erlaubt, Gott und Welt unter einen einheitlichen, univoken Überbegriff zu spannen. Auch das Sein Gottes ist also kein formaler Gattungsbegriff, sondern eine Wirklichkeit, eine Realität, die zwar mit dem Sein der Wesenheiten verbunden ist, aber keineswegs mit diesem zusammenfällt oder gar identisch ist. Kurz: Der Versuch, das eine Wesen Gottes (jenseits aller innertrinitarischen Differenzierungen) in der Darstellung Siewerths begrifflich zu fassen, käme wohl auf die knappe Formulierung des göttlichen Wesens als des einen, reinen, absoluten, transzendenten und in sich subsistierenden Seinsaktes.[28]

Noch zwei weitere grundlegende Wesensbeschreibungen Gottes seien erwähnt, bei denen das charakteristische Miteinander und Ineinander von abstrakter, philosophischer Begrifflichkeit und spiritueller Glaubensaussage bei Siewerth besonders deutlich wird: Gott ist freier Geist und Liebe. Er ist „erkennender, schöpferischer, in Freiheit entschlossener Geist, Liebe, die übersteigend nichts gewinnt, aber alles schafft und beschenkt".[29] Gott ist Liebe: Er ist entschlossen, sich liebend an das Andere seiner selbst zu verschenken. Zugleich aber ist er in diesem Entschluss frei – er braucht die Schöpfung nicht, um sich selbst zu vollenden, sondern er schafft ohne Grund und allein im Überschwang seiner Liebe. So zeigt er sich „im Wesen [als, M.R.] denkender Geist, der sich zeugend ausspricht, wie er sich denkend und liebend durchdringt."[30] Der erste Relativsatz, in dem die Rede vom zeugenden Sich-Aussprechen ist, deutet auf das Phänomen der Schöpfung hin. Der zweite Hinweis auf die liebende und denkende Selbstdurchdringung Gottes thematisiert die innertrinitarische Differenz in Gott.

2.1.2 Die Differenz in Gott

Mit unerhörter Stringenz und Radikalität kreist das Denken Siewerths um die Frage dach der Bedingung der Möglichkeit von Schöpfung als das Andere Gottes bzw. als das von Gott Unterschiedene angesichts der unumschränkten

---

[27] *Der Thomismus als Identitätssystem*, GW II 101.
[28] Vgl. *Das Sein als Gleichnis Gottes*, 666f.
[29] *Das Sein als Gleichnis Gottes*, GW I 684.
[30] *Die Differenz von Sein und Seiend*, GW III 123.

Positivität und Seinsfülle des göttlichen Aktes.[31] Wie also, so die zentrale Frage Siewerths, ist eine Gründung der Schöpfung in Gott denkbar, ohne entweder die göttliche Aseität oder die geschöpfliche Freiheit und Eigenständigkeit aufzugeben? Im Hintergrund steht dabei stets eine zweifache Negativfolie, der Siewerth um jeden Preis zu entrinnen versucht. Zum einen gilt es, einer pantheistischen Identifizierung von Gott und Welt zu wehren. Eine solche wäre etwa im idealistischen System Hegels gegeben, der Gottes Wesen in der Identität von Sein und Nichts erkennt. Wenn nämlich nicht nur das Sein, sondern auch das Nichts notwendiger Teil von Gottes Wesen ist, dann kann ein solcher Gott nur im Prozess einer zunehmenden Durchmessung des Nichts zu sich selbst kommen. Damit wird Zeit, Welt und Geschichte zum notwenigen Moment des göttlichen Selbst-Werdens und in eins damit konstitutiver Teil des göttlichen Wesens. Die Immanenz Gottes in der Geschichte schlägt um in Pantheismus.

Auf der anderen Seite setzt Siewerth alles daran, eine absolute, theistische Trennung von Gott und Welt zu vermeiden, wie er sie als Konsequenz z.B. im Gedanken der Univozität des Seins bei Duns Scotus (die dann Francisco Suarez zur Essenzenmetaphysik ausweiten wird) gegeben sieht. Für Duns Scotus ist das Sein keine reale, Gott und Mensch verbindende Größe, sondern ein von der endlichen Vernunft gebildeter, abstrakter Gattungsbegriff. Gott setzt also unvermittelt, allein kraft der Absolutheit seines Willens die Entitäten, d.h. die konkreten Einzeldinge. So kommt zwar einem jeden Ding zusätzlich zu seinem allgemeinen Wesen (quiditas, ‚Washeit') eine ausgezeichnete Weise des Hier und Jetzt (haecceitas, ‚Diesheit') zu, was eine hohe Dignität des Individuellen bedeutet. Aber mit dem Ausfall des ens commune fehlt gleichsam das ontologische Band zwischen Gott und Welt, und als einzige Verbindung bleibt der die Einzeldinge setzende absolute göttliche Wille sowie die menschliche Vernunft, die diese Zusammenhänge in begrifflich-abstrakter Form zu erfassen versucht. Die Transzendenz Gottes sowie die Freiheit und Individualität des Geschöpfes schlägt um in die absolute Trennung von Gott und Welt, in Rationalismus und Theismus.

Demgegenüber will Siewerth die Andersheit der Schöpfung nicht durch das Nichts und auch nicht durch eine unvermittelte Setzung des göttlichen Willens denken, sondern als in der Differenzstruktur des trinitarischen Wesens Gottes selbst grundgelegt.[32] Die Trinität enthält in sich die Urstruktur aller Wirklichkeit, wie sie in sich das Urbild aller Differenzierungen und Vereinzelungen der Schöpfung darstellt. Aus diesem Grund unterscheidet Sie-

---

[31] Vgl. zum Folgenden v.a. LOTZ, *Das Sein als Gleichnis Gottes*, 36ff und SCHULZ, *Sein, Welt und Mensch als Gleichnisse des dreieinen Gottes*, 247ff.
[32] Vgl. *Der Thomismus als Identitätssystem*, 32: „Dabei wird sich zeigen, dass eine Überwindung der hegelschen ‚Identität' von Nichts und Sein nur möglich ist, wenn die Andersheit der endlichen Wesen nicht nur durch das ‚Nichts', sondern ursprünglicher durch die ‚Differenz' der Gottheit selbst vermittelt ist."

werth zwischen dem Sein Gottes als absoluter, durch nichts zu beschränkender Aktualität und dem Wesen Gottes als in sich stehender, sich selbst reflexiv durchdringender Subsistenz. Diese 'Seinsdifferenz' in Gott selbst tritt hervor als „das Differentsein des göttlichen Seins selbst, das als einfache Einheit nur ist in der zeugerischen und liebenden Übereignung seiner ganzen Wesensfülle an die real verschiedenen Subsistenzen (Personen) wie in deren relationaler Durchdringung im Einigen des Seins oder Wesens."[33] Der eigentliche und tiefste Grund der Schöpfung ist in dieser reflexiven Selbstdurchdringung Gottes, in seinem liebenden Selbstvollzug gegeben. Mit anderen Worten: Die liebende, sich selbst denkende Reflexivität Gottes, die sich selbst in ihrer Differenzstruktur erfasst, ist für Siewerth die Bedingung der Möglichkeit von Schöpfung als Setzung der Andersheit Gottes. Nur der trinitarische Gott ist derjenige, „der sich als der Schöpfer aller Dinge und damit als die 'urbildliche Tiefe des Seins' enthüllte."[34] Und eben aufgrund der Gratwanderung zwischen pantheistischer Identifikation und theistischer Separation von Gott und Welt formuliert er nicht, Gott sei Wille zur Welt, sondern für Siewerth „bleibt nur übrig zu sagen, dass Gott sich 'zu sich selbst' entschloss, zu seiner Macht, zu seiner Freiheit, zu seiner Herrlichkeit oder Herrschaft oder zu seiner Liebe."[35] Erst aus diesem freiheitlichen Entschluss Gottes zu sich selbst ist das zu denken, was in der theologischen Tradition mit dem Terminus creatio ex nihilo umschrieben wird.

Sieht man genauer auf diese innertrinitarische Differenzstruktur in Gott, dann zeigen sich verschiedene Ebenen oder Dimensionen, die um der begrifflichen Klarheit willen auseinander gehalten werden müssen. Da sind zum einen die konkreten Differenzen zwischen den drei göttlichen Personen, die sich aus ihren unterschiedlichen Relationen zueinander ergeben. Der Vater als ursprungsloser Ursprung zeugt den Sohn und haucht den Geist, der Sohn ist gezeugt vom Vater und haucht den Geist, der Geist aber, der aus dem Vater und dem Sohn hervorgeht, eint und verherrlicht die Gottheit in Liebe. Mit Recht spricht Schulz hier von einer ‚realen-relationalen Differenz' zwischen den göttlichen Personen.[36] Zweitens ist aber die ‚formale Differenz'[37] in Gott zwischen dem einen, ungeteilten göttlichen Seinsakt (actus purus) und seiner dreifachen Subsistenz in den einzelnen Personen zu nennen, von der Lotz bemerkt, sie sei „ein origineller Gedanke von Siewerth."[38] Der eine, absolute Seinsakt Gottes ist für sich genommen nicht subsistent – sonst müsste man ja von vier distinkten Personen in Gott sprechen, was widersinnig wäre – sondern kommt ins Wesen und in die Subsistenz nur in und durch die drei kon-

---

[33] Ebd., 122.
[34] *Wagnis und Bewahrung*, 40.
[35] *Die Differenz von Sein und Seiend*, GW III 125.
[36] SCHULZ, *Sein, Welt und Mensch als Gleichnisse des dreieinen Gottes*, 249.
[37] Ebd., 249.
[38] LOTZ, *Das Sein als Gleichnis Gottes*, 36.

kreten Personen Vater, Sohn und Geist. Aufgrund dieser aller anderen Differenz vorgängigen Trennung von Akt und Subsistenz in Gott kann Siewerth dann ja überhaupt vom Sein als dem Gleichnis Gottes sprechen, stellt sich dieses doch im Sinne einer Proportionalitätsanalogie als genaues Abbild des göttlichen Seins dar: Wie dieses, ist auch das Sein-selbst für sich betrachtet nicht real, sondern kommt zu sich selbst und zur Subsistenz erst in den Wesenheiten, in den konkreten Einzeldingen.

Schließlich gilt es aber drittens – wieder mit Lotz – „die Differenz zwischen dem göttlichen Sein und dessen Selbstdurchdringung mittels der [göttlichen!, M.R.] Vernunft zu beachten."[39] Diese Differenz ist deshalb so wichtig, weil sich hier Siewerth am Klarsten von Hegel abzugrenzen versucht. Gerade gegen Hegels Verschlingung von Sein und Nichts in Gott betont Siewerth unermüdlich, dass das göttliche Sein, der actus purus, lautere Positivität ist und in keiner Weise vom Nichts affiziert wird. Das Nichts oder Nicht-Sein hingegen ist ‚lediglich' ideelles Resultat des göttlichen Selbstentschlusses, weil die göttliche Vernunft im Prozess ihrer reflexiven Selbstdurchdringung das eigene Sein nur erkennen und vollziehen kann, indem sie es gegen das Nichtsein abhebt. Damit ist das Nichts nach Siewerth gerade nicht Teil des göttlichen Wesens, sondern – salopp formuliert – ideelles Abfallprodukt göttlicher Selbstreflexion. Doch dazu unten mehr im Exkurs.

Kurz: Nur weil Gott in sich different ist, kann überhaupt sinnvoll Schöpfung als ein von Gott Differentes gedacht werden. In der absoluten innertrinitarischen Unterschiedenheit in Gott sind alle anderen Unterschiede, sowohl der Unterschied von Gott und Welt, als auch die schöpfungsimmanenten Unterschiede in der Vielheit der konkreten Einzeldinge aufgehoben – und das bedeutet zugleich geborgen und von der je größeren Einheit des göttlichen Wesens umfasst.

Es dürfte inzwischen hinreichend deutlich geworden sein, dass Siewerth nicht zwischen Ontologie und Theologie trennt. Jedes Nachdenken über das Sein kann nur angemessen und wahr sein als Nachdenken über Gott, eben weil das Sein nur als Gleichnis Gottes recht verstanden wird. Damit fällt für Siewerth jede künstliche Aufspaltung zwischen natürlicher Theologie und Offenbarungsglaube dahin. Denn ebenso, wie vermittels der exemplarischen Identität des Seins die gesamte Schöpfung auf die unmittelbare Erkenntnis Gottes als ihren Schöpfer hingeordnet ist, kennt Siewerth auch eine potentielle Hinordnung der Schöpfung auf Offenbarung: „Daher ist Gottes Schöpfung wesenhaft eine Entsprechung zur Tiefe seiner geistigen Lebens- und Wesensfülle [...]. Ja, es muss sogar auch philosophisch mit der Möglichkeit gerechnet werden, [...] dass Gott sich zur Offenbarung und Mitteilung seiner absoluten Lebens- und Liebesfülle entschlossen hat."[40] Aus diesem Grund kann die Of-

---

[39] LOTZ, *Das Sein als Gleichnis Gottes*, 36.
[40] *Die Differenz von Sein und Seiend*, GW III 128.

fenbarung zwar die konkrete Natur transzendierend und in diesem Sinne übernatürlich, aber nicht schlechthin wider die Vernunft bzw. ‚überseinshaft' oder ‚seinsjenseitig' sein.[41] Nicht zuletzt deshalb erklärt sich, dass für Gustav Siewerth Theologie und Metaphysik keine Gegensätze sein können. Dass Siewerth selbst von der geschichtlich ergangenen Offenbarung in Jesus Christus zutiefst überzeugt ist, braucht nicht eigens betont zu werden. Seine Gotteslehre lässt sich beschreiben als Versuch einer umfassenden Synthese des philosophischen actus purus mit dem christlichen Offenbarungsgott. Hierbei schöpft er aus einer tiefen, fast mystischen Frömmigkeit, die sich am deutlichsten in christologischen Aussagen zeigt: „Das Wort ist 'Fleisch' geworden: herzenstiefe, naturverwurzelte Liebe. Nur als leidensfähige, ausgesetzte Empfänglichkeit, als durchtragende Geduld und durchführende demütige Sanftmut wurde das Opferwerk des Lammes vollbracht".[42] Dass der Gott Siewerths tatsächlich jener ist, zu dem der Mensch eine echte Beziehung aufbauen kann, an den der Mensch betend sich wenden kann, wird deutlich in folgender Aussage: „Nur der Beter nimmt Gott ernst, nur der Beter steht vor dem persönlichen Gott, nur der Beter verwirklicht die echte Gemeinschaft von Gott und Mensch."[43]

2.1.3 Exkurs: Gott und das Nichts

Für Siewerth ergibt sich mit Notwendigkeit die Setzung des Nichts als konstitutiver Maßgrund für die denkende Selbstdurchdringung Gottes, da Gott das eigene Sein als Positivität nur in einer Bewegung der Negation des Nichtseins als der Andersheit seiner selbst erst wesenhaft erfassen kann. „Sein ursprüngliches Einig- und Differentsein kommt daher nur zu sich selbst, indem es zugleich sich gegen die absolute Andersheit und Nichtigkeit in seinem Selbstsein durchmisst."[44] Die Setzung des Nichts als ideelles Produkt des göttlichen Willens, der im liebenden Entschluss zu sich selbst via negationis seine Andersheit denkend erfasst und in diesem Sinne zugleich als reale Möglichkeit konstituiert, ist von Siewerth gedacht als Möglichkeitsbedingung für Schöpfung angesichts der Problematik, dass sonst die Kontingenz und Vielheit des Materiellen nur als Begrenzung der Unendlichkeit und Positivität des göttlichen Seins vorstellbar sei. Es gilt für Siewerth, folgende Spannung aufzulösen: Einerseits ist Gott zu denken als actus purus, als absolute Einheit und

---

[41] Vgl. SCHULZ, *Sein, Welt und Mensch als Gleichnisse des dreieinen Gottes*, 248f. Dieser verweist seinerseits auf CABADA CASTRO, *Sein und Gott bei Gustav Siewerth*, 304.
[42] *Der Mensch und sein Leib*, 75f. Ungeachtet der persönlichen Religiosität Siewerths, die in diesen Aussagen deutlich wird, drückt die in seinem Werk an verschiedenen Stellen auftauchende Lammes- und Opferchristologie doch auch eine gewisse christologische Einseitigkeit aus.
[43] *Unser Gespräch mit Gott*, 51.
[44] *Die Differenz von Sein und Seiend*, GW III 123.

lautere Positivität, die völlig unberührt und beziehungslos zum Nichtsein steht. Andererseits bekennt das glaubende Denken Gott gleichermaßen als den Schöpfer der empirisch und sinnlich erfahrbaren materialen Welt. Die göttliche Schöpfung aber ist kontingent, endlich und potentiell. Das Wesen eines Steines ist es, gerade dieser Stein an dieser Raum-Zeit-Position zu sein und eben nicht Nichts. In eins damit ist jedoch seine zumindest potentielle Nichtigkeit gesetzt. Das zu klärende Problem ist also, wie Schöpfung und Nichts als Andersheit zu Gott zu denken ist und dies so, dass dabei Gottes Freiheit und Universalität unangetastet bleibt und zugleich Gott als creator weiterhin gedacht werden kann.

Nur auf diesem Hintergrund ist die von Siewerth vorgenommene Trennung von Akt und Subsistenz in Gott und in Konsequenz dazu die Lehre vom Nichts als Produkt der absoluten Vernunft zu verstehen. „Schließlich wäre, wenn das Nichtsein dem endlichen Denken als solchem entspränge, das Absolute selbst lautere Positivität, reine Sichselbstgleichheit, die aus ihrer Unendlichkeit nicht nur nichts Endliches entspringen lassen könnte, sondern das 'Unendliche' im spezifischen Sinne der Nicht-endlichkeit gar nicht zu denken und zu verstehen vermöchte. Deshalb ist die Annahme notwendig, dass es zum Wesen der Vernunft als solcher gehöre, das ‚Nichtsein' im Seinsverständnis irgendwie mitzuverstehen."[45] An dieser Aussagen wird jedoch auch die ganze Ambivalenz und Problematik des Versuchs deutlich, das Entstehen des Nichts nicht dem menschlichen, sondern dem göttlichen Denken zuzuschlagen: Denn für Siewerth scheint die ideelle Setzung des Nichts eben nicht nur Möglichkeitsbedingung für Schöpfung zu sein, sondern darüber hinaus zugleich als notwendiges Medium der reflexiven Seinserkenntnis Gottes zu dienen. Durch dieses Konstrukt kann Siewerth zwar einerseits die konkrete, individuelle und disparate Mannigfaltigkeit der Schöpfung als eine die Einheit Gottes nicht begrenzende Vielheit sowie als eine seine Unendlichkeit nicht negierende Endlichkeit denken. Denn für ihn sind die Anderen der Schöpfung „das eigentliche Nichts des göttlichen Seins, der göttlichen Erkenntnis wie der göttlichen Macht, insofern sie aus dem ersten 'herausfallen', die zweite nicht 'normieren' oder bestimmen und die dritte nicht 'beschränken'. [...] Dass also Gott die Dinge will, das macht nicht, dass das Nichtige ihm zum Vorwurf wird, sondern umgekehrt ist das 'Nichtige' überhaupt als Nichts wie als Möglichkeit nur, weil Gott sich aus der Unendlichkeit seiner Einheit und Selbigkeit, d.h. aus dem Maß seines absoluten Übermaßes zu sich selbst und damit auch zu Endlichem und Nichtigem, entschlossen hat."[46]

---

[45] *Der Thomismus als Identitätssystem*, GW II 77. CABADA CASTRO, *Sein und Gott bei Gustav Siewerth*, 177-193, führt dieses Zitat auch an (ebd., 177) um das Verhältnis der göttlichen Idealität zum Nichts zu erläutern, problematisiert in seiner Besprechung die göttliche Setzung des Nichts aber nicht weiter.
[46] *Der Thomismus als Identitätssystem*, GW II 85.

Andererseits ist aber mit Recht zu fragen, ob ein Gott, der das Nichts und das Andere seiner selbst als notweniges Medium seiner Selbsterkenntnis braucht – und sei es auch nur als ideelle Negativfolie, von der er sich denkend abgrenzt – wirklich noch als frei gedacht werden kann. Nicht ohne Grund ist deshalb die siewerthsche These einer Setzung des Nichts als notwendiges Moment der reflexiven Selbstdurchdringung Gottes im Zuge der innertrinitarischen Wesenskonstituierung auf heftige Kritik gestoßen.

Bereits 1969 beschreibt Hansjürgen Verweyen im Nachvollzug der siewerthschen Analyse des menschlichen Urteilens die Art und Weise, wie menschliches Seinserkennen nur möglich ist als Negation des Nichtseins. Endliche Vernunft kann das Sein nur dann als wahr erkennen und beurteilen, wenn sie es zugleich als Nicht-Nichtsein, als Negation der Negation und eben darin als seiend erkennt. Nichts anderes meint ja der Satz vom Widerspruch als dem ersten Prinzip menschlichen Denkens. Weil aber so das Nichts dem Denken zur notwendigen Möglichkeitsbedingung dafür gerät, dass das ‚ens' zu einem ‚verum' wird, und weil so gerade das Nichts der Vernunft dasjenige ist, welches das Sein aus der bloßen Unbezogenheit in seine Wahrheit und Würde bringt – gerade deshalb warnt Verweyen eindringlich vor einem Übertrag der Gültigkeit des Widerspruchssatzes von der endlichen auch auf die göttliche Vernunft. Denn ein solcher Übertrag würde eben doch bedeuten, der hegelschen Konsequenz einer notwendigen Anbindung des Nichts an das göttlich Sein zu verfallen: „Dass er [Siewerth, M.R.] diesen Sinn von Nichts auf Vernunft *überhaupt* überträgt, scheint mir ein verhängnisvoller Gedankenschritt in seinem Werk."[47] Statt dessen habe sich das philosophische Denken mit Blick auf das innertrinitarische Leben in Bescheidenheit zu üben: „Wie sich in Gott selbst die ursprünglichste aller Differenzen austrägt, ist nicht auf dem Wege metaphysischer Spekulation zu erdenken".[48]

Ähnlich kritisiert auch Alma von Stockhausen die siewerthsche These vom Nichts als Medium der Selbstdurchdringung Gottes. Zwar anerkennt sie die ursprüngliche, gegen Hegel gewandte Intention Siewerths, jegliche notwendige Verspannung von Gott und Schöpfungswirklichkeit zu vermeiden und so Gott in Freiheit Herr der Wirklichkeit sein zu lassen, aber sie fragt mit Recht: „Was ist das für ein Gott, der es nötig hat, sich durch Unterscheiden in seiner Göttlichkeit zu bezeugen? Der biblische Gott sicher nicht".[49] Auch mit Blick auf das sich ergebende Schöpfungskonzept erhebt sie berechtigte Bedenken: „Wie soll man eine Schöpfung verstehen, die gerade aus dem wird, was Gott als nichtseiend von sich ausgeschlossen hat?"[50] Ihre Konsequenz

---

[47] VERWEYEN, *Ontologische Voraussetzungen des Glaubensaktes*, 220.
[48] Ebd., 221.
[49] VON STOCKHAUSEN, *Einleitung*, GW III 18. Analog ebd., 17: „Was ist das für ein Sein, das sich nicht unmittelbar besitzt, sondern seinen Selbstbesitz abgrenzen muss gegen das, was es nicht ist? Der actus purus im thomasischen Sinn sicher nicht."
[50] Ebd., 19.

aus diesem Befund ähnelt der Verweyens: „Siewerth hat seine anfängliche Unterscheidung von Hegel und Heidegger völlig aufgehoben. Das Sein ist nicht positiv aus sich, es gewinnt seine Flüssigkeit, die Gestaltungskraft durch das Nichtsein! [...] Nichtsein als Prinzip der Vernunft muss zwangsläufig das Sein erst zu sich selbst bringen."[51] Nun ist ihre abschließende These, Siewerth habe seine Unterscheidung von Hegel völlig aufgehoben, weil das (göttliche) Sein auch bei Siewerth nicht schlechthin positiv aus sich sei, zwar allzu grob formuliert. Siewerth widersetzt sich ja gerade um der göttlichen *und* der geschöpflichen Freiheit willen leidenschaftlich der hegelschen Identität von Sein und Nichts. Das Sein selbst bei Siewerth zeichnet sich durch reine, unumschränkte Positivität aus, und statt der hegelschen Dialektik im Werdeprozess des göttlichen Selbst findet sich bei Siewerth bekanntlich die exemplarische Identität des Gegründeten mit dem Grund. Und doch trifft ihre Argumentation hier Entscheidendes: Gerade um Hegel zu entgehen, rückt Siewerth wieder gefährlich nahe an Hegel heran.

Auch Lotz schließt sich den Bedenken gegen einen Einbezug des Nichtseins in Gottes Selbstvollzug an. Siewerth sei gewiss kein Hegelianer, so Lotz, weil das Nichts keineswegs zur Konstitution des Seins als Sein dazu gehöre. Dennoch nähere er sich Hegel, „insofern der denkende oder reflexe Vollzug des Seins als solchen wesentlich das Abgrenzen vom Nicht-sein einschließt, weshalb im Sein als dem reflex vollzogenen das Nichtsein enthalten ist, wenn auch Gott dieses von sich abstößt."[52] Im Gegensatz dazu plädiert Lotz für eine Trennung zwischen menschlichem Erkennen und göttlichem Selbstvollzug. Zwar sei menschliche Vernunft beim Erfassen des Seins auf den Durchgang durch das Nichts angewiesen, aber eine Anwendung des Widerspruchsprinzips auf Gottes Selbstvollzug stelle einen unzulässigen Anthropomorphismus dar: „Wer diese Weise des Erfassens Gott zuschreibt, überträgt auf ihn etwas Menschliches oder wird aus einer anthropomorphen Sicht des Absoluten nicht frei."[53]

Dieser Kritik an Siewerth ist unumwunden zuzustimmen. Nur weil der Mensch den Begriff (!) des Nichts benötigt, um Seiendes als Seiendes denken zu können, heißt das noch lange nicht, dass Gott das Nichts braucht, um sich selbst zu erfassen oder das Andere seiner selbst zu schaffen. Gott braucht das Nichts nicht, um frei oder überhaupt erst er selbst zu sein, und er braucht es nicht, um schöpferisch zu wirken. Gegen Siewerth ist deshalb festzuhalten: Das Nichts ist in keiner Weise zu ontologisieren oder als ein quasi dinghaftes, wenn auch negativ-ideelles Etwas zu mystifizieren. Außerhalb des Seins ist nicht das Nichts, sondern eben schlicht gar nichts; das aber nicht als Subjekt verstanden, also nicht als eine irgendwie geartete Seinsnegation, sondern ausschließlich adverbial verstanden, als logischer Begriff, als Grenzbegriff der

---

[51] Ebd., 20.
[52] LOTZ, *Das Sein als Gleichnis Gottes*, 37.
[53] Ebd., 37.

endlichen Vernunft und in diesem Sinne als rein sprachlich-begriffliches Konstrukt. Siewerth springt in seinem Übertrag einer Setzung des Nichts als Möglichkeitsbedingung endlichen Denkens auf die Vernunft schlechthin bzw. in seiner Interpretation des Satzes vom Widerspruch auch als Möglichkeitsbedingung von sowohl Selbsterkenntnis Gottes als auch materieller Schöpfung von der logisch-begrifflichen auf eine ontisch-reale Ebene. Dieser Sprung ist unzulässig. Statt also einer Ontologisierung oder gar Mystifizierung des Nichts Vorschub zu leisten, ist hier die strikte Trennung zwischen Begriff und Wirklichkeit zu achten. Demgegenüber ist positiv zu betonen, dass Gott auch in seiner Selbsterkenntnis in keiner Weise vom Nichts oder Nichtsein affiziert wird, sondern sich selbst durch sich selbst in reiner Selbstgegenwart erkennt.[54] Entsprechend ist auch der Schöpfungsakt nicht als ideelle Selbstnegation Gottes zu denken, sondern als ein trinitarisches Geschehen, das in Gottes dreipersonalem Wesen als überströmender Liebesfülle grundgelegt ist. Der Gedanke der ewigen Schöpfungsmittlerschaft Christi hilft hier weiter als jegliche Spekulation über die göttliche Idealität des Nichts.[55] Schließlich ist auch in der patristischen Tradition das Theologumenon einer creatio ex nihilo niemals als Antwort auf die Frage nach dem Woraus der Schöpfung im Sinne einer metaphysischen Spekulation über das Nichts gedacht. Statt dessen bringt creatio ex nihilo analog dem alttestamentlichen Schöpfungsverbum ‚bara' die Voraussetzungslosigkeit göttlichen Schaffens zum Ausdruck. Die Formel unterstreicht so via negationis die Absolutheit, Allmacht und Einzigkeit Gottes und betont damit gegen gnostische oder manichäisch-dualistische Irrlehren die Gutheit des Geschaffenen und die Freiheit Gottes gleichermaßen.

2.2 Das Sein

2.2.1 Idealität des Seins

Siewerths Versuch, die Balance zwischen Transzendenz und Immanenz Gottes, zwischen Freiheit Gottes und Gottgegründetheit seiner Schöpfung auszutarieren, zieht sich wie ein roter Faden durch seine Schöpfungslehre und durch seine ganze Philosophie. Zentrales Ergebnis dieser Bemühungen ist die siewerthsche Seinsdeutung. Siewerth denkt das Sein als eine vermittelnde Mitte zwischen Gott und Welt. Mit dieser Umschreibung ist allerdings nicht die Einführung eines wie auch immer gearteten dinghaften oder zeitlichen Zwischenstadiums in der Genese von Wirklichkeit gemeint. Siewerth be-

---

[54] So LOTZ, ebd. 37, mit Bezug auf entsprechende Aussagen bei Thomas von Aquin.
[55] Vgl. z.B. die Deutung der Schöpfungsmittlerschaft Christi durch PANNENBERG, *Systematische Theologie 2*, 36f, für den „in der Selbstunterscheidung des ewigen Sohnes vom Vater der Seinsgrund für das Dasein des Geschöpfes in seiner Unterschiedenheit vom Schöpfer" zu suchen ist.

zweckt keine neuplatonische Kosmologie mit einem transzendenten Reich der Ideen, zu dem sich das Denken in Abwendung vom Materialen aufzuschwingen hätte. Im Gegenteil: Es geht ihm gerade um den Selbststand und die Dignität der konkreten, materiellen Welt – und dies nicht trotz, sondern angesichts und aufgrund ihrer Verwurzelung in Gott. Die reale Differenz zwischen dem Sein Gottes als actus purus und dem Sein-selbst als erstem Gleichnis Gottes wahrt dabei Aseität Gottes und geschöpfliche Freiheit gleichermaßen und beugt so monistischen Konzepten vor. Um aber nicht in das andere Extrem einer dualistischen Trennung von Gott und Welt zu verfallen, wird das Sein von Siewerth immer als in Gottes personaler Liebe gegründet gedacht. Sein und Denken wurzeln gleichermaßen im „Mysterium der offenbaren persönlichen Liebe [...], die sich als schöpferischen Grund und als durchwaltende Tiefe aller Wirklichkeit und darin auch des Seins bezeugte."[56]

Um jedem formalisierenden Begriffsdenken zu wehren, ist das Sein als eine Realität zu fassen: „Dieses Sein aber ist das Wirkliche des Wirklichen; es ist das Ganze und Eine alles Mannigfaltigen. Es ist Akt, Energeia, wirklichende Wirklichkeit schlichthin".[57] Im Hintergrund steht hierbei unverkennbar die Kritik an der Univozität des Seinsbegriffs im Denken der beiden siewerthschen Antipoden Duns Scotus und Francisco Suarez. Das Sein ist für Siewerth kein bloßer logischer Gattungsbegriff, mit dem die menschliche Vernunft Gott und Welt unter einem einheitlichen Seinsbegriff (conceptus entis) zu subsumieren vermöchte. Nein, es ist, obwohl vom Sein Gottes als auch von den Seienden gleichermaßen verschieden, doch eine Wirklichkeit. Es wird also nicht erst durch begriffliches Denken von den Seienden als rein gedanklicher Überbegriff abstrahiert, sondern unterscheidet sich real von den Seienden als deren, wie Lotz zu Recht bemerkt, „grund-legende Realität".[58]

Diese Wirklichkeit ist zugleich die erste Wirksamkeit Gottes. Das Sein als erstes 'Produkt' des göttlichen Willens zu sich selbst fällt so ganz und gar in die Idealität Gottes – und zwar unbeschadet seiner Realität. Denn Idealität meint in diesem Zusammenhang nicht eine Negation der Realität, sondern die Gründung des Seins im Denken Gottes. „Als reine, einfache Allgemeinheit ist

---

[56] *Das Sein als Gleichnis Gottes*, GW I 655. Im Zuge der Darstellung siewerthscher Ontologie wird im Folgenden der Einfachheit halber verstärkt aus *Das Sein als Gleichnis Gottes* zitiert. Der Aufsatz bietet eine exzellente Einführung in dieses für Siewerth so zentrale Thema. Um aber der Breite und Bedeutsamkeit des Inhaltes Rechnung zu tragen und zugleich die Argumentationsbasis zu stützen, werden in den Fußnoten zusätzlich Parallelstellen angegeben.

[57] *Das Sein als Gleichnis Gottes*, GW I 655. Vgl. ebd., 661; *Die Analogie des Seienden*, GW I 500; *Der Thomismus als Identitätssystem*, GW II 117; fast gleichlautend auch in *Das Schicksal der Metaphysik*, GW IV 457: „Das Sein ist solchermaßen res, unum, verum, sofern es [...] jedes endliche Seiende 'wirklicht' [...]. Als dieses Sein aber ist es Akt, Energeia, wirklichende Wirklichkeit, der Grund des Seienden und der Subsistenz, aus dem alles hervorgeht, was das anwesende Ding zu sich selbst ermöglicht."

[58] LOTZ, *Das Sein als Gleichnis Gottes*, 27.

das Sein daher keine Realität neben Gott, sondern es ist notwendig eine 'Idee', deren Wirklichkeit in das göttliche Denken und in die göttliche Macht fällt. Seine Struktur aber ist, ideelle Vermittlung zu sein."[59] Ziel der siewerthschen Metaphysik ist die Wahrung der Absolutheit Gottes bei gleichzeitiger Betonung der selbstverantwortlichen Freiheit des Menschen. Den beiden resultierenden Extremen Pantheismus und Theismus sucht Siewerth durch die Setzung des Seins als Idee der Ideen zu entgehen: Das Sein ist „die Wirkhand der 'göttlichen Macht' und (sofern es der Akt jeder möglichen Schöpfung ist) die 'Idee der Ideen'."[60] So wird das Sein-selbst zum ontologischen Band zwischen Gott und Welt, das beide verbindet, ohne das eine auf das andere zu reduzieren. Aufgrund seiner Idealität entspringt es ganz aus Gott und schränkt dessen Allgegenwart in keiner Weise ein, wie es aufgrund seiner Positivität und Wirklichkeit die Seienden real in Gott begründet. Die Beschreibung des Seins als Idealität ermöglicht es folglich, die Gründung der Schöpfung in Gott *und* die Freiheit des Subjektes zu denken: „Erst dieses 'In-Gott-sein' [...] lässt das Geschaffene an Gott durch das Sein partizipieren und gründet es auf göttliche Weise, d. h. unaufhebbar in sich selbst, ein. Es ist die göttliche Wurzel der Seinsmitteilung, die die Person [...] zu eigener Tätigkeit ermächtigt."[61]

Damit kann nun die vermittelnde Struktur des Seins genauer gefasst werden: „Das Sein als vermittelnde Mitte ist also jene absolute Einheit, in deren reiner Positivität jede Differenz ebenso möglich ist wie untergeht; es ist das Sein in seiner einfachen und kontraktiblen Einheit oder in seiner vermittelnden Idealität."[62] So kann das Sein, obwohl in seiner absoluten Allgemeinheit selbst reines Gleichnis der göttlichen Einheit und Ungeschiedenheit, doch zum Prinzip der Besonderung und Vielheit des Seienden werden. Denn das Sein zeigt sich auf diese Weise „als eine vermittelnde Mitte zwischen Gott und den seienden Dingen. Dieses Mittlere ist in seinem Wesen nur aufhellbar durch die teilnehmende Selbigkeit mit den Vermittelten und durch das Eigene des Vermittelns und der Mitte."[63] Kennzeichnend an dieser Aussage ist die Spannung im Sein-selbst zwischen seiner vermittelnden Funktion und der von Siewerth gesetzten ontologischen Tatsächlichkeit des Seins. Wie gleich noch genauer auszuführen sein wird, ist das Sein-selbst von den Seienden als deren begründende und mit Gottes Sein vermittelnde Realität zwar unterschieden,

---

[59] *Der Thomismus als Identitätssystem*, GW II 121.
[60] *Die Differenz von Sein und Seiend*, GW III 130. Vgl. *Das Schicksal der Metaphysik*, GW IV 470: „Also west das Sein selbst in Gott nicht nur in der Tiefe seiner Wirkmacht, sondern als ideeierter Grund seines die Wesenheiten entwerfenden Denkens, in gewisser Weise als die 'Idee der Ideen'." Dazu auch *Der Thomismus als Identitätssystem*, GW II 120: „Wie die Ideen als die unmittelbaren Gründe der endlichen Wesen mit Gottes Wesen und Denken eins sind, so ist die 'Idee der Ideen', das Sein als verwirklichender actus essendi, zugleich in Gottes Macht und Wille verwurzelt".
[61] *Der Thomismus als Identitätssystem*, GW II 120.
[62] Ebd., 263.
[63] *Das Sein als Gleichnis Gottes*, GW I 668.

aber doch nicht von diesen getrennt. Das Sein ist keine Wirklichkeit jenseits oder über den Seienden, sondern nur in ihnen bzw. durch sie, weil es als Seinselbst nur in den konkreten Einzeldingen zu Selbststand und Subsistenz gelangen kann. Siewerth scheint sich der Unmöglichkeit einer genaueren sprachlichen Präzisierung bewusst zu sein und wählt deshalb vielfältige Bilder zur Klärung des Phänomenbereiches. Eines dieser Bilder ist die Beschreibung des Seins als eines einfachen Ausstromes aus Gott. Das Sein ist „eine vermittelnde Mitte, ein von Gott her ausfließender und zugleich zurückverweisender Strom, die Brücke über dem Abgrund des Unendlichen und der Endlichkeit".[64] Das hier im Hintergrund präsente Emanationsdenken brachte ihm allerdings den Vorwurf ein, er verfiele einem neuplatonischen Gnostizismus etwa im Sinne eines Pseudo-Dionysius.[65] Siewerth selbst verwahrt sich ausdrücklich gegen diesen Vorwurf und distanziert sich von jeglicher Form eines platonisch-neuplatonischen Spiritualismus. Denn gemeint sei gerade „keine [...] Auflösung der geschaffenen Substanzen in eine Überwirklichkeit, [...] kein reales Einfließen Gottes in die Dinge, sondern eine urbildliche Prägung ihres Seins nach dem Wesen des Grundes."[66] Augenscheinlich hält er also das Metaphernpaar ‚Grund-Gegründetes' doch für unverfänglicher und treffender. Zumeist betont er deshalb das Sein in seiner Eigenschaft als dasjenige, das die seienden Wesenheiten in ihrer Tiefendimension begründet und trägt, als „der entspringenlassende, der an sich haltende, der durchwaltende und enthüllende, der alles durchspielende und alles be-zieh-en-de, der alles freigebende und ereignende, der alles verwirklichende und zugleich übersteigende und in sich versammelnde Grund und Abgrund".[67] Allerdings wird an diesem Beispiel siewerthscher Metaphernwahl die Problematik deutlich, dass aus dem Bestreben nach möglichster Vollständigkeit und Dichtheit einer Aussage heraus das Gesagte schnell ins Opake und Nebulöse abzugleiten droht.

Wie auch immer man die Idealität des Seins beschreiben mag, sei es als vermittelnde Mitte, als Emanation oder Efflux, als Grund oder Gegründetes, stets ergibt sich, dass das Sein zwar erster Gedanke Gottes ist, dennoch aber mehr als bloß irreale Idee, nämlich reine Positivität und Wirklichkeit. Mit Blick auf die Problematik Idealität versus Realität zeigt sich nun, dass Sie-

---

[64] Ebd., 670. Vgl. auch *Der Thomismus als Identitätssystem*, GW II 118: Das Sein als vermittelnde Mitte steht „unter dem Bilde der 'Bewegung', die sich tätig auf ein Anderes bezieht. Man begreift es am ehesten als 'Einfließen'". Oder *Das Schicksal der Metaphysik*, GW IV 464: „Mit dem Sein bezeichnen wir daher jene höchste einfältige Verdichtung des aus Gott hervorgegangenen, in der es als Efflux die höchste mögliche Angeglichenheit an die Wirkmacht Gottes besitzt, so dass es in Gott wie in seinem 'Quellgrund' wurzelt, ohne diesen real zu zerteilen."

[65] So z.B. mit Nachdruck NEIDL, *Gustav Siewerth*, 252f, 254f und 257.

[66] *Der Thomismus als Identitätssystem*, Selbstbesprechung, 294.

[67] *Das Schicksal der Metaphysik*, GW IV 487.

werth das Gegenteil einer solchen Kontradiktion meint. Dadurch, dass das Sein als Mittleres der Idealität Gottes entspringt, Gott aber nichts Unwirkliches denkt und setzt, impliziert eine göttliche Idealität auch eine gewisse Realität. Siewerth postuliert folglich eine Interdependenz von Idealität und Realität des Seins: „Die Idealität bedeutet [...] die innerlichste Struktur des Seins als Sein. [...] Realität und Idealität sind daher 'konvertible' Bestimmungen".[68] So ergibt sich die Möglichkeit einer Schöpfung als Realität außerhalb Gottes erst aus der Idealität des Seins heraus: „Realität ist ursprünglich als 'Inhalt' der Idee nichts als deren unmittelbare schöpferische Kontinuation, die ebenso ideell wie wirklich, ebenso innerlich wie außen ist."[69] Damit ist sowohl einer pantheistischen Ineinssetzung von Idealität und Realität als auch deren theistischer Trennung vorgebeugt.

2.2.2 Nichtsubsistenz des Seins als Sein-selbst

Das Sein-selbst[70] ist zu beschreiben als reine Positivität und Wirklichkeit. Für Gott aber gelten dieselben Bestimmungen. Das ist nicht überraschend, da er nur ein sich Ähnliches schaffen kann, nichts ihm völlig Entgegengesetztes und Wesensfremdes. Deshalb „ist es unmöglich, dass das aus Gott Hervorgehende ohne dessen Einfachheit und Unendlichkeit besteht, weil Gott dann ein schlechthin Ungöttliches geschaffen hätte, das die Siegel seiner Herkunft nicht mehr an sich trüge."[71]

Damit stellt sich aber das Problem der Unterscheidbarkeit von Gott und Geschaffenem. Wenn sowohl Gott als auch das Sein-selbst mit den Termini Akt und Wirklichkeit zu benennen sind, wenn sie beide gleichermaßen absolut einfach und positiv sind, sind sie dann nicht identisch zu setzen? In Konsequenz dazu fordert Siewerth: Dieser „einfache Seinsakt, dieser Lichtgrund kann nicht verwirklicht werden, weil er dann notwendig Gott selbst wäre: reines, einfaches, subsistentes Sein."[72] Denn wäre das einfache, ungeschiedene Sein in sich subsistent, so würde das bedeuten, dass Gott sich selbst ein zweites mal geschaffen hätte. „Es gäbe eine unendliche Reihe unendlicher Götter, was eine bare Sinnlosigkeit bedeutet."[73] Um dieser Aporie zu entgehen, be-

---

[68] *Der Thomismus als Identitätssystem*, GW II 184.
[69] Ebd., 201. Die Spannung von Idealität und Realität taucht in gewandelter Form bei Siewerth wieder auf in der Differenz von Sein und Wesen, von Akt und Subsistenz.
[70] Zur besseren Verdeutlichung wird im Folgenden das Sein in Hinsicht auf seine Nichtsubsistenz als Sein-selbst, in Hinsicht auf seine Subsistenz in den Seienden hingegen als Sein des Seienden bezeichnet. Siewerth verwendet diese Termini zwar auch, hält sie aber nicht streng durch.
[71] *Das Sein als Gleichnis Gottes*, GW I 672.
[72] Ebd., 673.
[73] Ebd., 672. Vgl. auch *Der Thomismus als Identitätssystem*, GW II 295f: „Diese reine Allgemeinheit und Einheit des Seins vermag jedoch nicht real zu sein, weil das hieße, Gott habe sich selbst zum zweitenmal geschaffen, was unmöglich ist."

schreibt Siewerth - in Rückgriff auf Thomas - das emanierte Sein-selbst als „zwar 'etwas Einfaches und Vollendetes, aber ein Nicht-Subsistierendes', weil es nicht in sich selbst zu sich selbst kommen kann."[74] Unterscheidungskriterium zwischen Gott und seiner ersten Wirksamkeit, dem Sein-selbst, ist also die Nichtsubsistenz des Sein-selbst.

Das Sein-selbst als reiner, ungeschiedener Akt, als absolute Positivität kann alleine für sich, losgelöst von den Seienden, nicht subsistieren, weil es sonst Gott selbst wäre. Um das Sein wirklich als vermittelnde Mitte zwischen Gott – als dem einen, reinen, ungeschiedenen *und* dreipersonal in sich subsistierendem Seinsakt – und seiner Schöpfung denken zu können, trennt Siewerth mit Blick auf das Sein zwischen Akt und Subsistenz. Das bloße Sein-selbst ist für sich genommen nicht subsistent, sondern reiner Akt. Das bedeutet, dass es für sich betrachtet zwar etwas Wirkliches ist, aber kein eigenes Wesen besitzt. Es ist zwar real, aber doch nicht ein für sich und in sich stehendes Etwas. Siewerth wendet sich strikt gegen jegliche Hypostasierung des Seins. Statt dessen kommt das Sein-selbst erst in der Vielheit des Seienden zu vollem Selbststand. Zu Recht hält Lotz deshalb mit Blick auf Seiendes und Sein sehr sorgfältig ‚unterschieden' und ‚getrennt' auseinander: „Das Sein ist vom Seienden unterschieden, aber nicht getrennt, weil es einzig als Sein des Seienden wirklich sein kann."[75]

Die Differenzierung zwischen subsistierendem und nicht-subsistierendem Sein, die sich in Form der Differenz zwischen Akt und Subsistenz des Seins darstellt, findet sich als Ergebnis eines langen Denkprozesses erst in den späteren Werken Siewerths. Das Problem selbst beschäftigt Siewerth aber schon in seinen frühen Schriften, wird dort allerdings mit anderen Termini behandelt. Was so z.B. im *Schicksal der Metaphysik* als die Differenz zwischen Akt und Subsistenz zutage treten wird, formuliert Siewerth noch im *Thomismus als Identitätssystem* als die Differenz zwischen Aktualität und Realität des Seins. Diese, wie Schulz feststellt, „philosophische Vorform"[76] meint aber etwas ganz Ähnliches: Die für sich genommen leere Aktualität des Seins wird real erst in den Seienden, die Realität des Seins ist durch das Wesen der Seienden vermittelt.[77]

---

[74] *Das Schicksal der Metaphysik*, GW IV 103. Analog dazu ebd., 467f: „Gerade weil das reale Sein des Seienden in der Tiefe keinen Unterschied hat und dennoch als das Wirkliche schlechthin bezeichnet wird, ist ihm die Subsistenz oder das In-sich-Sein verwehrt. Denn wäre es als Sein in sich selbst subsistierend, so wäre es [...] Gott selbst [...]. Also gibt es keine Möglichkeit, dass das Sein durch sich und in sich selbst subsistiert, sofern es als einig und ungeschieden aus Gott hervorgegangen ist." Vgl. auch *Die Analogie des Seienden*, GW I 500.
[75] LOTZ, *Das Sein als Gleichnis Gottes*, 35.
[76] SCHULZ, *Sein, Welt und Mensch als Gleichnisse des dreieinen Gottes*, 262.
[77] *Der Thomismus als Identitätssystem*, GW II 142. Siewerth beschreibt den Entwicklungsprozess selbst, ebd. 142, in einer Fußnote zur zweiten Auflage des *Identitätssystems*: „Im 'Schicksal der Metaphysik' ist der 'Gleichnischarakter des Seins' durch die 'reale' (seins-

Entscheidend für das richtige Verständnis dieser originär siewerthschen Seinsdifferenz ist die mit ihrer Setzung intendierte Schlagrichtung. Siewerth wendet sich mit ihr nämlich nicht, wie es vielleicht scheinen mag, gegen Heidegger. Natürlich akzeptiert Siewerth Heideggers ontologische Differenz zwischen Sein und Seiendem.[78] Sie ist für ihn aber nur von nachgeordneter Bedeutung. Zentraler, weil die ontologische Differenz zwischen allgemeinem Sein und konkreten, einzelnen Seienden erst ermöglichend, ist die Differenz *im* Sein zwischen seiner Allgemeinheit und Ungeschiedenheit als Akt und seiner Verwesentlichung und Subsistenz in den Seienden.

Nein, die eigentliche Schlagrichtung der Differenz zwischen Akt und Subsistenz im Sein wendet sich gegen Hegels Dialektik, die mittels der Identität von Sein und Nichts Gott und Welt aneinander kettet. Denn nur durch eine ursprüngliche Differenz im Sein kann das Sein zugleich ein in sich ungeschiedenes Einfaches bleiben und dennoch zum Prinzip der Besonderung werden. Die Differenz von Akt und Subsistenz ist primär eine theologische Aussage, die Siewerth dem Mysterium der Trinität abliest. Ohne diese Differenz bliebe das göttliche Sein entweder in sich abgeschlossener, reiner Akt, eine Möglichkeit zur Schöpfung wäre undenkbar. Oder aber – soll Schöpfung als das Andere Gottes denkbar werden - es würde notwendig an das Seiende gebunden, weil es dieses bräuchte, um in sich die Differenz zu setzen und zu sich zurück zu kommen. Der hegelschen Konsequenz ist für Siewerth nur zu entgehen, wenn er die Differenz nicht von außen an das Sein heranträgt, sondern frei im Sein entspringen lässt. Nur wenn das Sein in sich als different gedacht wird, kann es zum Grund der Vielheit werden, ohne deshalb seine Positivität aufgeben zu müssen.[79]

---

hafte) Differenz von Akt und Subsistenz um eine neue Dimension erweitert, die erst der Auseinandersetzung mit Hegel ihre durchschlagende Überlegenheit verleiht, und der theologischen (trinitarischen) Gotteslehre ihre spekulative Möglichkeit gewährt. In dieser Arbeit [*Der Thomismus als Identitätssystem*, M.R.] wird diese Differenz als solche durch die Termini Aktualität und Realität herausgearbeitet, ohne schon das spätere entscheidende Gewicht zu erlangen."

[78] Die erste Erwähnung des Begriffes 'ontologische Differenz' als der 'Unterschied von Sein und Seiendem' findet sich bei Heidegger 1929 (HEIDEGGER, *Vom Wesen des Grundes*, 15). Inhaltlich ist die Thematik aber schon 1927 in *Sein und Zeit* präsent: „Das Sein als Grundthema der Philosophie ist keine Gattung eines Seienden, und doch betrifft es jedes Seiende. Seine 'Universalität' ist höher zu suchen. Sein und Seinsstruktur liegen über jedes Seiende und jede mögliche seiende Bestimmtheit eines Seienden hinaus. Sein ist das transcendens schlechthin" (HEIDEGGER, *Sein und Zeit*, 38).

[79] *Das Schicksal der Metaphysik* GW IV 367: „Nur wenn man sieht, dass die höchste und erste offenbare reale Differenz nicht die von Sein und Wesen (Potenz), sondern die von ‚Akt' und ‚Subsistenz' ist, ist es möglich, der logischen Nötigung, die in Hegels Dialektik liegt, sich zu entziehen und das Sein in der Differenz der Selbstausfaltung und Selbstdurchdringung in ihm selbst zu halten, ohne dem Zwang zu unterliegen, das absolut Eine in der Andersheit endlicher Wesen sich definieren und sich selbst kommen zu lassen oder es ins transzendente ‚Übersein' in sich abzuschließen."

Festzuhalten bleibt: Vor der ontologischen Differenz zwischen Sein und Seiendem ist von Siewerth die Differenz im Sein zwischen Akt und Subsistenz des Seins gesetzt. Damit gerät das Denken aber erneut in eine krasse Aporie. Denn hielte sich die Nichtsubsistenz des Sein-selbst durch, so träte ein „unerträglicher Widerspruch zutage: Der wirkliche, alles Wirklichsein erwirkende Aktgrund der Dinge [...] wäre für sich selbst [...] etwas Unwirkliches".[80] Der tragende Grund und das zentrale Prinzip aller Realität wäre selbst etwas Irreales!

2.2.3 Subsistenz des Seins als Sein des Seienden

Zu dieser Aporie einer Negation der Wirklichkeit des Seins käme, bliebe es bei der bloßen Nichtsubsistenz des Sein-selbst, noch eine weitere hinzu: Es ist Gott eigen, etwas sich Ähnliches entspringen zu lassen. Bliebe das Sein aber reiner, ungeschiedener Akt, so widerspräche dies in schärfster Form dem Modus der Subsistenz Gottes, welche sich ja in der realen Verschiedenheit der drei Personen zeigt. „Dieser Sichtweise gemäß ergäbe sich, dass das einfache, unterscheidungslose 'Sein selbst' als 'reiner Akt' nicht nur wegen seiner Verendlichung nicht subsistieren kann, sondern weil seine ungeschiedene Einfachheit dem Wesen des Absoluten selbst zuwider ist [...]. Deshalb ist das 'Sein selbst' als einfacher, nicht-subsistenter Akt kein 'Bild' des 'wirklichen Gottes'."[81] Auf der einen Seite ist also vom Sein-selbst die Nichtsubsistenz einzufordern, weil es sonst ein zweiter Gott wäre. Auf der anderen Seite aber scheint ein Zur-Subsistenz-Kommen des Seins denkerisch notwendig, weil es sonst weder Prinzip des Wirklichen, noch Bild Gottes werden könnte. So ergibt sich, dass das Sein-selbst durch ein Anderes, als es selber ist, in die Subsistenz kommen muss.

Dieses Andere des Seins sind die Wesenheiten.[82] Das Sein als Sein-selbst kann nur durch die Seienden zur Subsistenz als Sein des Seienden kommen. Damit kommt die Differenz im Sein zwischen Akt und Subsistenz zum Austrag in der ontologischen Differenz zwischen Sein und Seiendem bzw. in der Differenz zwischen Sein und Wesen. Dem Sein des Seienden ist es eigen, sich

---

[80] *Das Sein als Gleichnis Gottes*, GW I 665. Vgl. *Das Schicksal der Metaphysik*, GW IV 468f: „Das schlechthin Wirkliche, der Akt- und Wirklichkeitsgrund alles Wirklichen ist selbst nicht 'wirklich' [...]. Also ergibt sich hier mit Evidenz das immer wieder als Ärgernis angeprangerte Zusammenfallen von Sein und Nichtsein im 'Sein selbst'. Dieses Sein als einfacher Aktgrund kann nicht gedacht werden, ohne dass erstens das Nichtsein im Sinne der Potentialität oder Begrenzung ausgeschlossen und zweitens im Sinne der Nichtsubsistenz eingeschlossen wird."
[81] *Das Schicksal der Metaphysik*, GW IV 473. Vgl. auch *Der Thomismus... Selbstbesprechung*, GW II 296: „Dem reinen Sein mangelt das Selbstsein, das Wesen und die Realität. Es ist also als reinstes Abbild Gottes zugleich 'wider-bildlich', absolut ungleich und nichtig."
[82] Vgl. *Das Schicksal der Metaphysik*, GW IV 470.

durch die Wesenheiten auszufalten, zu vervielfältigen und zu verendlichen. „Also geht es notwendig als das einfache Sein auch in sich selbst auseinander, es verendlicht sich und wird zum entspringen lassenden Grunde der Wesenheiten und der Seienden, [...] um im Ganzen des Seienden als einem Einigen zur Entfaltung und zur Subsistenz zu kommen."[83]

Zieht die ontologische Differenz, bildhaft gesprochen, eine horizontale Trennlinie zwischen dem Sein und dem Seienden, so garantiert die vertikale Verbindung zwischen Sein und Seiendem, gegeben durch die Subsistenz des Seins als Sein des Seienden, die Seinsverwurzelung und Gottgegründetheit aller endlichen Dinge. Um aber jeglicher pantheistischen Tendenz im Sinne einer notwendigen Anbindung der Seienden an das sie begründende Sein von vornherein Einhalt zu gebieten, betont Siewerth, dass das Sein nicht in den Wesenheiten, sondern durch diese zur Subsistenz gelangt. „Also wurzelt das Sein in keinem Wesen, so dass man sagen muss, dass das Sein zwar *durch* die Wesenheiten, aber nicht *in* ihnen subsistiert und nicht *in ihnen*, sondern *durch sie* zu sich selber kommt."[84] Was auf den ersten Blick wie eine sprachliche Sophisterei scheinen mag, entpuppt sich bei näherem Hinsehen als der Freiheit des Seins und der Seienden gleichermaßen geschuldet.

Die hier skizzierte Möglichkeit einer Vervielfältigung des Seins als Sein des Seienden - trotz und gerade in der alles umgreifenden und auf ein Ganzes hin einigenden Einheit und Einfachheit des Sein-selbst - ist für Gustav Siewerth die eigentliche und tiefste Dimension des Schöpfungsgedankens. Denn für ihn ist der „eigentliche Schöpfungsakt [...] die zeugerische Selbstaktuierung des Seins im empfänglichen Schoß der Wesenspotenzen, durch die oder durch deren einigendes Innehalten das emanierende 'Sein selbst' zu Stand und Subsistenz kommt."[85] Letztlich liegt der Sinn der Seinsdifferenz zwischen Akt und Subsistenz in der Suche Siewerths nach der Denkmöglichkeit von Schöpfung bei gleichzeitiger Wahrung der Transzendenz und Freiheit Gottes begründet. Denn zum einen kommt hier nicht Gottes Wesen als solches, sondern das aus seiner Liebesfülle emanierte Sein-selbst als das erste Gleichnis Gottes zur Subsistenz durch die Seienden; dies zum anderen aber auch nicht durch eine Nötigung oder Notwendigkeit, die dem Sein von außen auferlegt wäre, sondern aufgrund einer dem Sein immanenten Differenz zwischen Akt und Subsistenz. Dass damit aber zugleich die Immanenz und Erkennbarkeit Gottes

---

[83] *Das Schicksal der Metaphysik*, GW IV, 103. Vgl. auch *Das Sein als Gleichnis Gottes*, GW I 678: Das Sein „lässt die Wesenheiten aus sich hervortreten, damit es seine Fülle darstelle und in ihrer begrenzten Mannigfaltigkeit zur Subsistenz, d. h. zu sich selbst komme."

[84] *Das Sein als Gleichnis Gottes*, GW I 683. Vgl. parallel dazu *Das Schicksal der Metaphysik*, GW IV 465: „Also subsistiert das Sein nicht '*in* der Form oder *im* Wesen', sondern es west '*durch* die Form in der eigenen, subsistenzgebenden Aktualität, die freilich der Form bedarf [...]'."

[85] *Die Differenz von Sein und Seiend*, GW III 130.

in den geschaffenen Dingen gegeben ist, wird deutlich an der exemplarischen Identität des Seins.

2.3 Die exemplarische Identität

2.3.1 Das Sein als Gleichnis Gottes

Gustav Siewerth legt in seinem metaphysischen Entwurf großen Wert auf den Gleichnischarakter des Seins. Grundlegende Bedeutung haben Begriffspaare wie Grund-Gegründetes oder Urbild-Abbild. Die tiefste Bezeichnung, die er für das subsistierende Sein des Seienden wählt, lautet daher „das Sein als Gleichnis Gottes".[86] Der Versuch einer näheren Entfaltung dieses Bildes provoziert die Frage, *wie* die Verbindung zwischen Gott und Sein zu denken ist. Welchen Sinn hat sie und auf welche Art und Weise vollzieht sie sich?

Ein Gleichnis impliziert eine gewisse Interdependenz zweier Inhalte, Fakten oder Gegebenheiten, die durch ein tertium comparationis miteinander in Verbindung stehen. Damit ist sowohl eine totale Identität, als auch eine völlige Beziehungslosigkeit ausgeschlossen. Mit dem Begriff Gleichnis ist in diesem Zusammenhang die Tatsache angesprochen, dass sich das Sein zu Gott verhält wie das Abbild zum Urbild. Die exemplarische Konstitution des endlichen Seins „besagt daher, dass es als Abbild des Absoluten in seine Geschaffenheit die urbildliche Struktur des Ungeschaffenen hinübernimmt und notwendig hinübernehmen muss, sofern ja Gott nach seinem Bilde, das heißt nach dem Bilde des Ungeschaffenen, schaffen muss."[87] Das Sein sei Gleichnis Gottes meint, dass seine metaphysische Struktur in einer gewissen Einheit mit seinem göttlichen Grund steht. Siewerth nennt dies die 'exemplarische Identität'.[88] So bedeutet die exemplarische Identität des Seins nicht einfache Selbigkeit des Seins mit seinem unendlichen Grund, „sondern die Entfaltung der Andersheit als solcher aus der reinen Sichselbstgleichheit zum 'Bilde', zur 'Nachahmung', zur exemplarischen Einheit mit dem Grund, wobei die Beziehung der Andersheit nicht 'äußerlich' an den Grund bindet, sondern das Sein als anderes ebenso ermöglicht wie überhaupt ausmacht."[89]

---

[86] *Das Sein als Gleichnis Gottes*, GW I 678. Vgl. auch ebd., 679: „Das Sein subsistiert nur in den Wesen, um durch sie zu sich selbst zu kommen, d. h. um das Gleichnis Gottes in Fülle zu sein." Des Weiteren vgl. *Der Thomismus als Identitätssystem*, GW II 224 und *Das Schicksal der Metaphysik*, GW IV 468: „Dennoch aber ist es [das Sein] kraft seiner Einfachheit und Aktualität das reinste Gleichnis Gottes." Ist hier noch - etwas verwirrend - die Einfachheit des Seins als Ursache der Gleichnishaftigkeit thematisiert, so wird doch von Siewerth an anderer Stelle das Sein des Seienden in Hinsicht auf die sich in diesem spiegelnde trinitarische Struktur das „höchste Gleichnis Gottes" (ebd., 472) genannt.
[87] *Der Thomismus... Selbstbesprechung*, GW II 294.
[88] Sehr früh schon so formuliert z.B. im Vorwort zur ersten Auflage von *Der Thomismus als Identitätssystem*, GW II 31.
[89] *Der Thomismus als Identitätssystem*, GW II 215.

Dadurch, dass sich die exemplarische Identität zwischen den beiden Polen Abbild und Urbild ausstreckt, ist sie als Gegenentwurf zu Hegels dialektischer Identität von Sein und Nichts zu werten, wie Siewerth selbst andeutet.[90] Göttliches und geschaffenes Sein stehen nicht in einem dialektischen Verhältnis zueinander im Sinne einer sich ausschließenden Negation, die dann notwendig in absolute Identität umschlägt. Mit der exemplarischen Identität ist statt dessen jener Prozess gemeint, der oben als das Gründen und Entfließen des Seins in bzw. aus Gott besprochen wurde. Das Sein steht in einer unauflöslichen Einheit mit dem göttlichen Grund, ohne dadurch diesen zu teilen oder die eigene Identität aufzugeben. Das Verhältnis beider ist nicht dialektisch, sondern gleichnishaft, abbildlich und analog.

Die exemplarische Identität lässt sich solchermaßen verdeutlichen als jene Spannungseinheit, die eine reale Zweiheit in einem ontologisch Verbundenen hält und eine göttliche Gründung des Seins in und durch das Seiende durchscheinen lässt. Deshalb ist sie nicht simpel als Bezeichnung der Ganzheit 'Gott und Sein' zu denken, sondern als Terminierung der Beziehung zwischen Gott und Sein, die vermittels der exemplarischen Identität des Seins gerade nicht einfache Gleichheit meint: „Dabei darf nicht übersehen werden, dass in der 'exemplarischen Identität' nicht vom Sein und Gott die Rede ist, sondern vom *'esse exemplatum' und dem 'esse exemplare'* oder dem esse als Idee, die zwar 'real' mit Gott identisch ist, weil Gott sie in seiner Wesenheit und ihrer Einheit schaut, die aber dennoch nicht mit ihm einfachhin zusammenfällt."[91] Weil demzufolge die eigentliche Möglichkeitsbedingung der exemplarischen Identität überhaupt in der Idealität des Seins begründet liegt, ist der Terminus exemplarische Identität in der ausschließlichen Form, wie ihn Siewerth gebraucht, nur aussagbar hinsichtlich der Beziehungseinheit von göttlichem und vermittelndem Sein. „Darum ist der Titel der 'exemplarischen Identität' nicht von Gott und Mensch oder von Gott und dem Geschöpf aussagbar [...], sondern allein vom *'Sein'*".[92]

Natürlich ist in einem weiteren Sinn dann auch mit Blick auf den Menschen und mit Blick auf die gesamte Schöpfung festzuhalten, dass hier in geschöpflicher Abbildhaftigkeit das göttliche Urbild aufscheint. Es geht Siewerth mit der Reduktion der exemplarischen Identität im engeren, eigentlichen Sinn auf das esse exemplatum und das esse exemplare nicht darum, die Gottgegründetheit der Schöpfung insgesamt oder gar die Gottebenbildlichkeit des Menschen in Frage zu stellen. Siewerth bezweckt vielmehr, dem Missverständnis einer realen Selbigkeit von Gott und Mensch vorzubeugen – eben

---

[90] Vgl. ebd., 32.
[91] *Auseinandersetzung mit Erich Przywara*, GW II 308.
[92] Ebd., GW II 309.

weil der Terminus Identität aufgrund der Besetzung durch Hegel solche pantheistischen Assoziationen hervorrufen könnte.[93]

Mit diesem Vorverständnis lässt sich auch die Frage, wie denn die parallele Differenzstruktur zwischen Akt und Subsistenz in Gott und dem Sein zu verstehen sei, klären. Wenn man das Sein als Gleichnis Gottes begreift und die Weise des Bezuges als exemplarische Identität versteht, so wird deutlich, dass auch die jeweiligen immanenten Strukturen gleichnishaft sein müssen. Die Unterscheidung zwischen subsistierendem und nicht subsistierendem Sein entspricht auf diese Weise abbildlich der formalen Differenz in Gott zwischen dem göttlichen Sein als actus purus und dem göttlichen Wesen in seiner dreipersonalen Subsistenz. Die Gestalt des durch die Seienden subsistierenden Seins des Seienden ist folglich Gleichnis des in der materialen bzw. realen Differenz dreier göttlicher Personen subsistierenden einen Gottes.

Die eigentliche Pointe der exemplarischen Identität des Seins bei Gustav Siewerth liegt darin, dass hier im Gegründeten der Grund selbst real mit anwesend ist, dass also im Abbild das Urbild zugleich mit aufscheint. Hierin liegt der ontologische – und damit für den Menschen auch der existentielle – Mehrwert der exemplarischen Identität des Seins als Gleichnis Gottes gegenüber der traditionellen Lehre von der analogia entis. Während vermittels des Analogieprinzips der göttliche Ursprung des Seienden lediglich via negationis erkennbar wird, ‚west' – wie Siewerth wohl formulieren würde - das alles Seiende begründende Sein in der exemplarischen Identität gleichsam durch die Seienden mit ‚an'. Das Urbild ist also nicht nur erkennbar durch das Abbild, sondern ist im Abbild real präsent, ohne jedoch durch dieses begrenzt oder genötigt zu werden. Damit ist eine Nähe Gottes zu seiner Schöpfung gegeben, die – jenseits aller monistischen oder pantheistischen Konzepten – nicht zu Unrecht als Immanenz Gottes in seiner Schöpfung angesehen werden kann und die der geschaffenen Welt und den konkreten Einzeldingen eine unerhörte Dignität verleiht. Um es nochmals zu wiederholen: All dies gilt natürlich nur angesichts der je größeren Transzendenz und Freiheit Gottes. Und doch wird nur durch diese Sichtweise der exemplarischen Identität des Seins nachvollziehbar, weshalb Siewerth mit solcher Heftigkeit den conceptus entis des Francisco Suarez ablehnt. Denn wenn das Sein als Gleichnis Gottes durch das Seiende wirklich und real anwesend ist, dann ist in der Tat ein abstrakter und von der konkreten Einzelwirklichkeit sich abhebender, rein formaler Seinsbegriff unzureichend. Statt dessen ist dann in den Dingen eine wirkliche und wahre conceptio entis ermöglicht. Statt Seinsbegriff also Seinsbegreifen -

---

[93] Vgl. *Der Thomismus als Identitätssystem*, GW II 215. Siewerth bestimmt hier die Einheit des endlichen Seins mit dem unendlichen Grund als eine Weise von Identität, betont im direkten Anschluss aber ausdrücklich: „Der Ausdruck ‚Identität' ist wegen seiner pantheistischen Vordeutung im Sinne einer seinshaften ‚Selbigkeit' von Gott und Mensch wohl am meisten missverstanden worden. Der Charakter der ideellen Vermittlung verbietet jedoch eine solche Deutung."

aber nicht im Sinne einer ordnenden und vermessenden Verstandestätigkeit, sondern eher als ein Schauen, als ein Vernehmen der empfangenden Vernunft. Nur aufgrund der exemplarischen Identität des Seins ist folglich – und das ist ihre zweite zentrale Bedeutung neben der Ausbalancierung von Immanenz und Transzendenz Gottes zu seiner Schöpfung – Gotteserkenntnis möglich. So wird die exemplarische Identität nicht nur zum Garanten der Nähe Gottes, sondern in eins damit zur Möglichkeitsbedingung von Wahrheitserkenntnis und Urteilsfähigkeit des endlichen Denkens.[94] Hansjürgen Verweyen hat völlig zutreffend das Phänomen des Staunens als die der exemplarischen Identität des Seins angemessenste Weise der vernehmenden conceptio entis hervorgehoben: „Wir wollen hier [...] den Augenblick des Staunens als Einblick in die Identität des begegnenden anderen mit seinem absoluten und unendlichen Grund thematisch machen".[95] Das Staunen wird von Verweyen gefasst als intuitive Einsicht in den göttlichen Grund des Seienden, die als „die ursprüngliche Wahrheit der menschlichen Vernunft"[96] noch vorgängig zur Setzung des Nichts im Vollzug des Widerspruchssatzes gegeben ist. In diesem Sinne ist das Staunen der aus der exemplarischen Identität des Seins resultierende und jenseits des cartesianischen Zweifels angesiedelte Grundakt allen Philosophierens. Das staunende Gewahrwerden des Seins ist ein in der Auseinandersetzung mit Siewerth viel zu wenig beachtetes Grundanliegen siewerthschen Denkens und als solches neu zu würdigen.[97]

2.3.2 Analogie als Modus der Darstellung

Zu klären bleibt noch die Frage, wie sich die exemplarische Identität in Sprache und Denken zur Darstellung bringen lässt. Unbeschadet des Mehrwertes der exemplarischen Identität gegenüber jeder analogia entis ist für Siewerth das analogische Sprechen der hierzu allein geeignete Modus, da der Begriff Analogie am ehesten das zur Sprache bringt, was Siewerth in der exemplarischen Identität gegeben sieht.

---

[94] Diese beiden sich gegenseitig ergänzenden Momente führt auch CABADA CASTRO, *Sein und Gott bei Gustav Siewerth*, 216, an: „Die metaphysische Erklärung der Möglichkeit der Erkenntnis einerseits und die spekulative Auffassung eines nicht von der Wirklichkeit getrennten Gottes andererseits bestimmen daher innerlich die siewerthsche ‚exemplarische Identität' oder ‚exemplarische Einheit'."
[95] VERWEYEN, *Ontologische Voraussetzungen des Glaubensaktes*, 181.
[96] Ebd., 181.
[97] Während Verweyen das Staunen als Grundphänomen philosophischer Wahrheitsfindung fruchtbar macht, hebt Ferdinand Graf seine Bedeutung für Pädagogik und Bildungsplanung hervor. Mit Blick auf Siewerths These, das Wunderbare sei das Wesen aller Bildung (*Hinführung zur exemplarischen Lehre*, 78ff), fordert Graf, an Stelle einer Fixierung auf das Prinzip Zweifel und die damit verbundene Hermeneutik des Verdachts das Staunen als Zugang zum Wunderbaren der Schöpfung wieder in den Mittelpunkt der Didaktik zu rücken. Vgl. GRAF, *Annäherung an die Pädagogik Gustav Siewerths*, 172f.

Das wird deutlich in der Art und Weise, wie Siewerth den Begriff analogia übersetzt, nämlich als „ein 'Maßverhältnis' [...], auf Grund dessen Verschiedenes in eine Ordnung oder in ein Ganzes verfügt ist [...]. In diesem Zusammenkommen erweisen sich die Verschiedenen daher zugleich als einig".[98] Schon in der übersetzenden Beschreibung des griechischen Wortes ist die Spannungseinheit von Differenz innerhalb einer umfassenderen Einheit gegeben, die ja auch als wesentliche inhaltliche Kennzeichnung der exemplarischen Identität fungiert. Näherhin beginnt nun „die wesenseigene Struktur der 'Analogie' als einer Weise von sich ins Nichtidentische kehrenden Identität aufzuleuchten, und zwar so, dass beide Aussagen die gleiche unscheidbare Sache gleich gewichtig und gleich ursprünglich kennzeichnen."[99] Weil die Analogie als Darstellungsweise der exemplarischen Identität verwendet wird, ist mit ihr eine ontologische Bewegung ausgesagt, die den Schöpfungsprozess im Ganzen betrifft. Deshalb lässt sich auch das Schöpfungsganze, wie Siewerth es beschreibt, unter dem Modus der Analogie fassen. Auf diesem Hintergrund kann das Sein in der exemplarischen Identität als analog bezeichnet werden: „Als die Einheit dieses nach Ursache und Wirkung, nach Substanz, nach Quantität und Qualität, nach Wesen und Erscheinung Geschiedenen aber ist das Sein immer und vom Ursprung her *analog*, d.h. ein durch und in Verschiedenheit Selbiges."[100] Im Gegensatz zur Dialektik, die Identität und Nichtidentität zusammenbindet, ermöglicht es der Analogiebegriff, das Gemeinsame von Gott und Welt zu sehen, ohne dabei jedoch die unendliche Distanz beider Größen aus den Augen zu verlieren.

Bringt sich also die exemplarische Identität des Seins nach Siewerth nur im Modus der Analogie zur Darstellung, so ist damit zugleich deutlich gemacht, dass Analogie mehr bedeutet als Ähnlichkeit oder begrifflich-formale Angeglichenheit. „Wäre die Analogie nämlich nur 'Ähnlichkeit', so stünden wir im 'Gleichnisspiel' zwischen verschiedenen Bildern. Die 'Analogia' entis ist aber weder eine 'Metapher' noch einfachhin 'Sinnbild' [...]. Die 'Analogie' ist ein 'logos', eine echte Sinn- und Bedeutungs*einheit*".[101] Die analoge Struktur des Seins in der exemplarischen Identität ist abschließend nur erklärbar durch den in dieser und durch diese ausgesagten Urbild-Abbild-Charakter des Seins. Denn nur so „wird deutlich, dass der analogos [und damit das Sein, M.R.] eine echte Bedeutungseinheit ist, die das Abbild im Urbild gewahrt und nur so seinen Eigencharakter fixieren und festhalten kann."[102]

---

[98] *Die Analogie des Seienden*, GW I 451.
[99] *Auseinandersetzung mit Erich Przywara*, GW II 310.
[100] *Das Sein als Gleichnis Gottes*, GW I 660.
[101] *Auseinandersetzung mit Erich Przywara*, GW II 323. Vgl. auch *Die Analogie des Seienden*, GW I 459: „Demnach können wir sagen, dass die 'Analogie' nicht 'Ähnlichkeit' von Worten und Begriffen besagt, sondern ihre durchgeklärte und durchmessene Beziehungsmannigfaltigkeit wie zugleich deren Einheit [...]."
[102] *Auseinandersetzung mit Erich Przywara*, GW II 324.

2.4 Das personierende Sein: similitudo et imago Dei

Der Punkt rückt näher, auf den die philosophische Analyse zusteuerte: der Übergang von der reinen Philosophie Siewerths zu anthropologisch relevanten Aussagen. Es ist zu zeigen, dass im personierenden Sein der Kulminationspunkt gegeben ist, in dem der philosophische Entwurf einerseits seinen Höhepunkt erfährt, in dem aber andererseits zugleich die Anthropologie ihren Ausgangspunkt nimmt, da hier die ontologische Wesenskonstitution des Menschen grundgelegt ist.

Im Hintergrund stehen zwei ineinander verwobene Sachverhalte: Zum einen ist durch die exemplarische Identität der Gleichnischarakter des Seins gegeben, und dieser besteht in einer größtmöglichen Angeglichenheit an das Wesen Gottes. Zum anderen wird das Sein nur dadurch zum Gleichnis Gottes, dass es durch die Wesenheiten zur Subsistenz als Sein des Seienden gelangt. Was folgt, wenn diese Bedingungen in eins zu denken sind? Hilfreich dabei ist die Art und Weise, wie Siewerth das Wesen der Subsistenz bestimmt: „'Subsistieren' besagt daher für das reine Sein, durch eine Weise von begrenzter Einheit in sich selbst und bei sich selbst zu sein. Es wird nicht nur 'empfangen' und 'eingeschränkt', sondern zur 'Rückkehr zu sich selbst gebracht'".[103] Wenn die Subsistenz des Seins im Letzten Reflexion ist, wird damit zugleich deutlich, dass dieser ontologische Reflexionsprozess im Sinne einer denkenden und erkennenden Rückbeugung des Seins auf sich selbst als Sein nicht in bloß materiellen Wesensformen vorstellbar ist. Denn Reflexion setzt immer die Fähigkeit zur Transzendenz im Sinne eines kognitiven Übersteigens der eigenen Wesenheit und damit auch eine Form des denkenden Selbstbesitzes voraus. „Damit aber ergibt sich, dass die Subsistenz des Seins in der Endlichkeit nur durch eine intelligente und strebende Geistform vollendet gedacht werden kann. [...] Also] muss man folgern, dass das Sein in allen Formen zwar substantiell sich verwirklicht, dass es aber als Sein nur in personaler Subsistenz im eigentlichen Sinne 'zu sich zurückkommt'."[104]

Wenn die Subsistenz des Seins nur im ontologischen Geschehen der Personierung vollendet vorstellbar ist, dann hat das Auswirkungen auf das Sprechen vom Sein als Gleichnis Gottes. Der Gott der Christen ist ja eben gerade dadurch von allen anderen Gottheiten unterschieden, dass er nicht nur reine Aktualität, sondern in der trinitarischen Differenz sich liebend und zeugend aussprechende, selbstbewusste Personalität ist. Aufgrund der exemplarischen Identität und Analogie des Seins ergibt sich auch aus diesem Gedankengang die zwingende Forderung einer Personierung und Reflexion des Seins im Pro-

---

[103] *Das Schicksal der Metaphysik*, GW IV 471.
[104] Ebd., 471. Vgl. auch ebd., 103f: Das Sein „kommt daher erst im erkennenden Geist zu sich zurück." Oder *Die Differenz von Sein und Seiend*, GW III 131: „Nur im 'Schoße der Vernunft' kann das Sein seine Reflexion zu sich selbst gewinnen und als subsistierende 'Person' ins Dasein treten."

zess der Subsistenzgewinnung, da ansonsten das Sein nicht als höchstes Gleichnis Gottes gedacht werden könnte. Erst im personierenden Sein ist sowohl die Subsistenz des Seins gänzlich realisiert und zugleich die höchste Angeglichenheit an das Wesen Gottes als seinem Urbild erreicht. „Deshalb ist es dem Sein als dem göttlichen Gleichnis gemäß, im erkennenden und liebenden Geist zu *personieren*. Erst wenn dies geschieht, tritt das Gleichnis Gottes so hervor, wie es dem Sein als dem Abbild des Geistes entspricht".[105] Damit ist aber eine - im Gegensatz zu den vorherigen Beschreibungen des Seins - neue Qualität angesprochen, denn das Sein personiert nicht in jeder Substanz, sondern nur in einem geistbegabten Wesen bzw. genauer: Erst ein geistbegabtes und selbstbewusstes Wesen bietet die Möglichkeit einer Personierung des Seins. Und genau hier ist der Übergang und die Schnittstelle von Philosophie und Anthropologie Gustav Siewerths markiert, denn dieses Wesen, in dem das Sein personiert, ist der Mensch: „Das Sein kommt daher im Universum der Wesenheiten und Dinge durch den Menschen zu sich selbst."[106]

Ausgehend von diesen Prämissen lässt sich die ontologische Wesenskonstitution des Menschen schärfer in den Blick nehmen. Zum einen ist der Mensch als metaphysischer Ort der Personierung des Seins das höchste Gleichnis Gottes. „Solchermaßen gehören der Mensch und das Sein zusammen. Beide erst sind, in der metaphysischen Einheit ihres Hervortretens, das 'reine Gleichnis Gottes'".[107] Weil im sich selbst reflexiv erkennenden und durchdringenden Menschengeist der metaphysische Ort einer Personierung des Seins zu suchen ist, ist der Mensch in dieser Hinsicht ontologisch zu beschreiben als vollendete similitudo Dei, als das dem personierenden göttlichen Geist in größtmöglicher Ähnlichkeit und Analogie entsprechende Gleichnis.

Dies ist aber nur die eine Seite seiner ontologischen Konstitution. Denn wenn sich in umgekehrter Blickrichtung mit gleichem Recht formulieren lässt, dass das Sein nicht nur *als* Menschengeist, sondern mehr noch *durch und vermittels* des aktiv tätigen, erkennenden, liebenden und sich zu sich selbst verhaltenden Bewusstseins des Menschengeistes personieren kann, so

---

[105] *Das Sein als Gleichnis Gottes*, GW I 680.
[106] *Das Schicksal der Metaphysik*, GW IV 480. Vgl. ebd., 104: „Von hier aus ist es durchaus verständlich zu sagen, dass das Sein im Menschen zu sich zurückkommt, dass der Mensch nicht als 'einzelnes Subjekt' als in sich eingegrenzte Essenz gegründet ist, sondern erst im Akt des sich enthüllenden Seins des Seienden zu sich selbst ermöglicht ist."
[107] Ebd., 480. Vgl. auch ebd., 482: Ausgehend von der Feststellung, dass das Gleichnis Gottes sowohl Gottes Selbstauszeugung, seine Schöpferkraft, als auch seine liebende Einigung und Einheit widerzuspiegeln habe, kommt Siewerth zu dem Schluss, dass „das 'höchste Gleichnis' Gottes dort erscheinen [wird], wo das Sein in seiner ganzen Dimension, d. h. in der Teilhabe an seiner aktuierenden Einfachheit wie an seiner letzten Diversifikation und Zerstreuung, sich verwirklicht. Dieses Zentrum ist der zur Natur hin verleiblichte Geist: der Mensch."

zeigt sich der Mensch nicht nur als similitudo, sondern darüber hinaus noch als imago Dei, insofern er das reinste Abbild des sich in ihm widerspiegelnden Urbildes - Gott selbst also - verkörpert. Das bedeutet, dass der Mensch aufgrund seiner Geschaffenheit und Geschöpflichkeit als similitudo, als Gleichnis Gottes zu verstehen ist. Dadurch aber, dass er sich selbst hierzu in Freiheit verhalten kann, dass er ja und nein, ich und du sagen kann, wird er zur imago, zum Abbild Gottes. Gleichnis Gottes ist er aufgrund seiner vollendeten Seinsteilhabe. Zum Abbild wird er, indem er diese göttliche Mitgift reflexiv erkennt und sie in freier Zustimmung übernimmt.

Erst diese beiden Sachverhalte in eins gedacht klären die ontologische Wesenskonstitution des Menschen, denn „nach dem Wort der Schrift ist ja der *Mensch* das 'Gleichnis und Abbild' Gottes."[108] Führt Siewerth hier als Beleg die biblische Offenbarung an, so beschreibt er an anderer Stelle den Vorgang etwas differenzierter: „Nur in dieser Sicht klärt sich die Differenz zwischen der 'similitudo des Seins zu Gott' und dem Wesen des Menschen als 'imago', das nach Thomas gegenüber der 'similitudo' dadurch ausgezeichnet ist, dass es den Ursprung (origo) an sich hält. Denn der Mensch ist dieses den Ursprung sichtbar machende 'Bild' nur, sofern er durch das Sein als Sein seinshaft und in seinem Vermögen 'aktuiert' ist, so dass die Ausfaltung des Seins als des 'höchsten Gleichnisses' zur personalen Subsistenz die 'Ebenbildlichkeit' mit dem subsistierenden Geistgrund heraufführt."[109] Similitudo et imago Dei sind also nicht einfach konvertible Begriffe, sondern bilden gemeinsam ein Interdependenzverhältnis, in dem eines das andere begründet und ermöglicht. Dabei scheint für Siewerth die similitudo zwar das ontologisch Frühere, imago jedoch in gewisser Hinsicht das Höherwertige zu sein, insofern erst die Vollendung der Gleichnishaftigkeit des Seins im Menschengeist diesen als imago, als wirkliches Abbild des göttlichen Ursprunges, hervortreten lässt.[110]

---

[108] *Das Sein als Gleichnis Gottes*, GW I 680.
[109] *Das Schicksal der Metaphysik*, GW IV 474.
[110] Siewerth bestimmt das Verhältnis von similitudo und imago also genau entgegengesetzt der alexandrinischen Patristik (hier besonders Klemens von Alexandrien und Origenes), die den Menschen ja bekanntlich geschaffen als Bild Gottes und mit einer Fähigkeit zur Ähnlichkeit und Gleichnishaftigkeit versehen ansieht. Der Mensch steht in dieser Sicht in einer Dynamik von bildhafter Anlage hin zur Gottähnlichkeit. Dabei ist die imago Dei das ontologisch Grundlegendere, weil sich der Mensch, unterstützt durch die erzieherische Hilfe Gottes, zur similitudo erst in einem Prozess der Theosis, der zunehmenden Angleichung an Gott, aufschwingen muss. Auch für Irenäus von Lyon ist der Mensch Bild von Anfang an und muss dennoch von Gott zur Ähnlichkeit erzogen werden, die erst in Christus voll verwirklicht wird. Anders Augustinus, dem Siewerth an diesem Punkt sehr nahe kommt. Für Augustinus bedeutet imago nämlich mehr als similitudo, der Begriff „Bild" drückt für ihn eine ontologische Höherwertigkeit aus gegenüber einer bloßen „Ähnlichkeit". Deshalb seien alle Geschöpfe Gott irgendwie ähnlich, aber nur der Mensch sei das Bild Gottes. Vgl. LANGEMEYER, *Theologische Anthropologie*, 540-543.

3 Der Mensch als Schöpfung: Das Wesen des Menschen

3.1 Der Mensch in seiner Existenz als Abbild Gottes

3.1.1 Personalität

Die Subsistenz des Menschen wird als metaphysische Verortung des personierenden Seins zu einem zentralen Charakteristikum für Personalität. Personalität ist für Gustav Siewerth „nicht das Für-sich-sein der Individualität oder eines sich wissenden oder fühlenden Bewusstseins, sondern nach den Aussagen einer theologisch geführten Metaphysik das denkend zu sich selbst kommende Insichsein eines gründenden Seins- oder Wesensaktes (Subsistentia)."[111] Hier ist eine erste Beschreibung von Personalität gegeben. Der Mensch ist Person, weil durch seine geistleibliche Verfasstheit das Sein selbst zur personierenden Subsistenz gelangt. Damit sind aber noch nicht alle Konstitutiva des Personbegriffes genannt, da Personalität nicht eindimensional und linear, sondern als Bezugsgefüge gedacht ist, das sich aus einer Vielzahl von Einzelbestimmungen zusammensetzt. „Nur wenn spekulativ die Subsistenz aus dem Wesen des unendlichen Seins und ihre Vollendung als Rückkehr zu sich selbst, wenn der endliche Geist als der Ort des personierenden In-sich-Seins des Seins als Gleichnis Gottes und als erkennende und strebende Transzendenz in der Teilhabe am Sein selbst begriffen wird, kommt das volle Wesen der Person in den Blick."[112] Solche und ähnliche Aussagen Siewerths lassen deutlich werden, dass die ontologische Konstitution zwar einen wesentlichen Anteil an der Personalität des Menschen hat, dass zum anderen aber der Personbegriff weiter gefasst ist und sich nicht in diesem einen Kriterium erschöpft. Denn Siewerths Ausführungen zufolge ergeben sich einige andere Merkmale, die erst in ihrer Gesamtheit den Begriff Personalität hinreichend zu charakterisieren vermögen. Ist nämlich gesagt, dass die Person der Ort der Reflexion des unendlichen Seins im endlichen Geist ist, so ist zugleich der endliche Geist selbst, also Rationalität und selbstbewusste Vernunft des Menschen, als Konstitutivum für Personalität thematisiert. Außerdem ist mit der Transzendenz eine teleologische Bewegung im Menschen als Grundlage des Personseins erwähnt. Der Mensch als Person ist sich immer schon vorweg, ist immer schon auf ein je Größeres seiner selbst aus.

Die wohl wichtigste Konsequenz des siewerthschen Subsistenzdenkens ist deshalb die Tatsache, dass Personalität und Person nur gedacht werden können als Partizipation an Gott. Die Bestimmung des Personbegriffes als Teilhabe an der Lebens- und Liebesfülle Gottes und als Einbergung in das göttliche Wesen ist im Werk Siewerths breit belegt: „Darum lässt sich das volle

---

[111] *Metaphysik der Kindheit*, 22.
[112] *Das Sein als Gleichnis Gottes*, GW I 680.

Wesen der menschlichen 'Personalität' nur fassen als eingründende Teilhabe am Sein als Sein, sowohl im Sinn der Subsistenz wie der Partizipation an der 'ersten Wahrheit' und 'Güte'."[113]

Diese Teilhabe ist durchaus real zu verstehen und meint den theologischen Terminus der Gotteskindschaft. „Das Geschöpf [hier: der Mensch, M.R.] ist aus seinem subsistenten Bestand, in seiner personalen wie naturhaft individualen Wurzel während, in auszeugender und erweckend einhauchender Liebe als 'Kind' und 'Sohn' Gottes in schauender Teilhabe und Teilnahme 'geworden wie Gott selbst'".[114] Mit der Gotteskindschaft des Menschen ist die absolute Differenz zwischen Mensch und Gott geborgen in einer Relationalität. Und gerade weil Relation und Beziehung solchermaßen grundlegende Konstitutiva für Personalität darstellen, bedeutet die Tatsache, dass der Mensch seine Subsistenz nur als Gegründetsein in Sein und Wesen Gottes zu verwirklichen vermag, auch ein 'Über-sich-hinaus-sein' bzw. ein 'Auf-etwas-hin-sein' der Person. Personierende Subsistenz im Sinne der Partizipation am Absoluten und Transzendenz auf dieses Absolute hin lassen sich auf diese Weise bildlich darstellen als das katabatische und das anabatische Element der durch die exemplarische Identität des Seins gegebenen göttlich-menschlichen Verbindung.

Deshalb ist jegliches Personsein per se ausgezeichnet durch Transzendenz: „Mit dieser seinshaften konstituierten Subsistenz oder Realität sowie mit der vernünftigen Rückbewegung in die Gründe und der Transzendenz in die Idee und in Gott tritt das hervor, was in der Theologie als 'Person' (Subsistenz und relatio) begegnet."[115] Neben der Transzendenz sind hier - wiederholend und zusammenfassend - als das Personsein mitbegründende Faktoren die Subsistenz, die Reflexionsfähigkeit, die Verstandestätigkeit und die Relationalität als Abbildhaftigkeit zu Gott genannt. Transzendenz als 'Über-sich-hinaus-gehen' und Reflexion als 'Auf-sich-zurückbeugen' fungieren als sich bedingendes Gegensatzpaar innerhalb der systematischen Ebene der Personalität.

Diese solchermaßen näher charakterisierte Personalität des Menschen trennt Siewerth scharf und zum Teil auch recht polemisch gegen den neuzeitlichen Begriff der Persönlichkeit. Vehement wendet er sich vor allem gegen

---

[113] *Das Schicksal der Metaphysik*, GW IV 90. Vgl. auch ebd., 561: „Die Person wurzelt daher im Ungegründeten des erst in der Konstitution gründenden Seins, in der 'participatio an Gott' [...]." Oder Siewerths Einleitung zu *Thomas von Aquin. Die menschliche Willensfreiheit*" (Im Folgenden verkürzt als *Menschliche Willensfreiheit* zitiert): „Personalität ist ontologisch nur ermöglicht durch die urbildliche Prägung oder die metaphysische Teilhabe des endlichen Seins und Geistes am göttlichen Sein und Leben" (*Menschliche Willensfreiheit*, 44).
[114] *Die Differenz von Sein und Seiend*, GW III 137.
[115] *Der Thomismus als Identitätssystem*, GW II 186.

den von ihm so konstatierten „Individuationspersonalismus"[116]. Denn für Siewerth ist der Mensch mitnichten ein gänzlich autonomes Subjekt oder eine monadisch abgekapselte Substanz, ein Mikrokosmos, in dem das ‚Persönliche' als das je Eigene und sich entelechial Entfaltende abstrahiert und auf den Begriff gebracht werden könne. Nein, diese Art des Persönlichkeitshumanismus sei der Seinsvergessenheit der spätmittelalterlichen und idealistischen Philosophie geschuldet und hätte mit der Gründung der menschlichen Person im Universalen und Relationalen des Seins nichts mehr gemein.

Sichert er seinen Begriff von Personalität auf der einen Seite ab gegen den modernen Individualismus und Subjektivismus, so achtet er gleichzeitig darauf, das Personsein nicht in einen wie auch immer gearteten Kollektivismus abgleiten zu lassen. Ebenso wenig wie die Person, aller wesenhaften Relationalität beraubt, als subjektivistische Monade gesehen werden dürfe, sei es auch umgekehrt möglich, „die Rechte der personalen Individualität der Gemeinschaft zu opfern und das Gemeinwohl auf die Unterdrückung menschlicher Personen zu gründen."[117]

Das Wesen der Person in der Darstellung Gustav Siewerths lässt sich nun zusammenfassend bestimmen. Person ist dasjenige Wesen, das infolge seiner ontologischen Seinspartizipation ein in sich subsistierender, zu sich selbst gekommener Seinsakt ist, das als geistbegabte Natur aus seiner individuellen, selbstursächlichen Substanz heraus zu einer vernunftgemäßen Reflexionsbewegung fähig ist und das aufgrund seiner Geschaffenheit aus Gott und der damit gesetzten wesenhaften Relationalität zu Gott sich auf diesen hin als seinem letzten Ziel und Urgrund hin transzendiert. In der Beschreibung des Personbegriffes zeigt sich sowohl die Kreisbewegung als auch die immanente Teleologie, die charakteristisch ist für die theologische Anthropologie Gustav Siewerths insgesamt: Die Personalität nimmt ihren Ausgang in der Gründung in Gott, verwirklicht sich des Weiteren in der Partizipation an Gott, kommt in

---

[116] *Person und moderner Individualismus*, 305. Zur Diskussion 'Persönlichkeit versus Personalität' vgl. auch *Wagnis und Bewahrung*, 68. Mit spürbarer Freude zitiert Siewerth hier Verse aus Goethes West-östlichem Divan, in denen er seinen Entwurf von Personalität als Bezogenheit bestätigt sieht: „Volk und Knecht und Überwinder / Sie gestehn zu jeder Zeit: / Höchstes Glück der Erdenkinder / Sei nur die Persönlichkeit. Jedes Leben sei zu führen, / Wenn man sich nicht selbst vermisst; / Alles könne man verlieren, / Wenn man bliebe, was man ist. - Kann wohl sein! So wird gemeinet; / Doch ich bin auf andrer Spur: / Alles Erdenglück vereinet / Find ich in Suleika nur. Wie sie sich an mich verschwendet, / Bin ich mir ein wertes Ich; / Hätte sie sich weggewendet, / Augenblicks verlör ich mich."
[117] *Das Personsein des Kindes und seine Bedeutung für die Gemeinschaft*, 2. In diesem Vortrag gibt Siewerth eine zusammenfassende und recht ausführliche Darstellung des Wesens der menschlichen Person, ausgehend von Aussagen Thomas von Aquins über das Wesen der Person als „individuelle Substanz einer rationalen Natur" (ebd.). Von dieser Definition ausgehend deduziert Siewerth dann als zur Personalität gehörend die individuelle Substanz, das geistige Wesen jeder rationalen Natur, das in sich selbst Gründen sowie die unmittelbare Teilhabe an Gott als Ursache jeder Freiheit und Transzendenz.

der freien Selbstursächlichkeit zur Abbildhaftigkeit mit dem Grund und enthüllt zugleich in der ihr eigenen Transzendenz eine immanente Teleologie auf Gott als letztes Ziel hin.[118] Dies alles aber setzt einen Selbstbesitz des Menschen voraus, der aus einer freigegebenen Freiheit resultiert. Freiheit und Personalität bilden ein unauflösbares Bezugsgefüge, das erst als Ganzes die Existenz des Menschen als Abbild Gottes in den Blick rücken lässt.[119]

3.1.2 Freiheit

Die menschliche Freiheit bildet im anthropologischen Entwurf Siewerths das notwendige Pendant zur Personalität, um das Wesen des Menschen als similitudo et imago Dei nicht zu verfälschen. Erst innerhalb des Korrelats Personalität und Freiheit kann die Existenz des Menschen voll ins Bild rücken: Obwohl „der Mensch oder jedes Geschöpf [...] aus dem Ursprung kommt und in ihm lebt und ist, [besitzt er] zugleich sein eigenes Wesen nur [...] in der Freiheit des urbildlichen Selbstseins, das ein unableitbar erstes, nämlich das Sein als solches ist, das nicht identisch gesetzt werden kann mit Geschaffensein."[120]

Die aus dem Ursprung entspringende Personalität und die Freiheit des Selbstbesitzes gehören zusammen und setzen sich gegenseitig ontologisch voraus. Als Grund der Möglichkeit für den freiheitlichen Selbstbesitz des Menschen gibt Siewerth hier das Sein-selbst an, welches ja aufgrund der exemplarischen Identität Gegründetsein und Selbstsein zu vereinen vermag.

---

[118] Deshalb findet der Mensch gerade in seiner Verfasstheit als Person in der beseligenden Gottesschau zu seiner Vollendung: In „der 'visio beatifica' geht ja die menschliche Personalität und Individualität nicht unter; sie wird vielmehr in der wachsenden Teilnahme auf göttliche Weise gefestigt und in absoluter Weise aktualisiert" (*Die Differenz von Sein und Seiend*, GW III 143).

[119] Die Verbindung von Personalität und Freiheit ist so eng, dass Siewerth die Freiheit auch als einen Modus der Personalität beschreibt: Die Person „ist so sehr 'Sein in sich selbst' und 'Hervorgang in sich selbst', dass sie durch keine Wirksamkeit, - auch keine göttliche, - auch nicht in der Anschauung Gottes mehr zum Erlöschen kommt. Sie ist die zur Freiheit gefreite Tiefe des Seins selbst" (*Das Schicksal der Metaphysik*, GW IV 561). Diese Aussage ist Siewerth so wichtig, dass er sie in die zweite Auflage von *Der Thomismus als Identitätssystem*, GW II 204, einarbeitet.

[120] *Der Thomismus... Selbstbesprechung*, GW II 298. Vgl. auch *Die Grenzen der Freiheit und die Verantwortung des Menschen*, 153: „Solange der Mensch in seinem personalen Grunde existent ist, ist er immer auch in einer Weise von Freiheit bei sich selbst." Oder: „Diese Person schließt alle genannten Grundzüge der Freiheit der 'Natur' ein - vor allem auch die Freiheit der Indifferenz, weil sie sich in unendlichen Möglichkeiten zu verwirklichen hat" (*Freiheit*, in: Handbuch theologischer Grundbegriffe, 394). In einem Artikel des LThK spricht Siewerth auch ausdrücklich von der 'personalen Freiheit', welche „in realer, intelligibler und moralischer Partizipation an Gottes Sein, seiner Wahrheit und Güte" gründe (*Freiheit*, in: LThK 4, [2]1960, 328).

Kern des siewerthschen anthropologischen Programms ist, dass sich die ontologische Konstitution des Menschen als similitudo et imago Dei niederschlägt in seiner geschichtlichen Existenz als freie Person. Denn nur in größtmöglicher Freiheit und Selbstursächlichkeit vermag der Mensch das wirkliche Abbild Gottes zu sein. „Der Mensch ist das Wesen, das den ganzen Kreis seines Daseins von der Wurzel her selbst hervorbringt. Er ist [...] Selbstursächlichkeit, dergestalt, dass keine Mitteilung göttlichen Lebens nicht auch aus seinem Freiheitsgrunde hervorginge als eigenes und persönliches Werk. Solchermaßen ist der Mensch durch seine zeugende und empfangende Leibverfassung allein daseiende Freiheit, die [...] das genaueste Bild des sich zeugenden und schaffend mitteilenden dreipersönlichen Gottes ist."[121]

Sind Freiheit und Personalität Konstitutiva für die Gottebenbildlichkeit des Menschen, so wird zugleich die Freiheit als Grundexistential des menschlichen Wesens gesetzt. „Freiheit gehört zum Wesen des Menschen. Da das Wesen dasjenige ist, das den Menschen zum Menschen macht und durch alle Wandlungen und Entfaltungen des Menschseins währt, so gibt es nichts Menschliches als solches, das nicht durch eine Weise von Freiheit bestimmt wäre."[122] Freiheit bestimmt und durchprägt so zentral alle menschlichen Handlungen und Vollzüge, dass erst durch sie eine Tätigkeit zu einer spezifisch menschlichen wird. Deshalb sind alle seine Handlungen, auch jene, die er mit dem Tier gemeinsam hat, durch eine spezifisch menschliche Weise von Freiheit ausgezeichnet. Das Menschsein an sich ist a priori ein freiheitliches Dasein, Freiheit gehört von vorneherein zum Wesen des Menschen und kann ihm folglich (zumindest als Wesenskonstitutivum) auch durch äußeren Zwang nicht genommen werden kann. So stellt sich die Frage, wo die Bedingungen der Möglichkeit einer solchen ontologisch verfassten Freiheitlichkeit zu suchen sind.

In erster Linie wäre hier natürlich mit Siewerth festzuhalten, dass die Freiheit in der Gottebenbildlichkeit des Menschen gründet. Die eigentliche ontologische Möglichkeitsbedingung für Freiheit ist folglich im Sein-selbst zu suchen, das als Idee und Emanation des göttlichen Seins allem Seienden Selbststand gewährt. Das Sein-selbst ist gekennzeichnet durch eine formale Indifferenz, aus der erst ein freiheitlicher Vollzug entstehen kann. „Die Indifferenz ist daher kein psychologisches, sondern ein ontologisches Problem. Das heißt: Das Seiende selbst ist in seiner Mannigfaltigkeit im Hinblick auf

---

[121] *Der Mensch und sein Leib*, 67.
[122] *Die Freiheit und das Gute*, 40. Vgl. *Wagnis und Bewahrung*, 59: Der Mensch existiert „in gesammelter und aufbrechender Freiheit, die in Antlitz und Haltung in die Erscheinung tritt." Oder Ebd., 393: „Dieses Leben [des Menschen, M.R.] aber erweist sich solchermaßen in seinem Ursprung als eine unbegrenzte, von keiner Schranke eingeforderte Freiheit." Vgl. *Metaphysik der Kindheit*, 115: „Beim Menschen ist alles, auch der Lebensursprung, in die Freiheit der schenkend waltenden Sorge wie der Selbstbestimmung oder Selbstübernahme gestellt".

seine Einheit unbestimmt."[123] Allerdings zielt diese ontologische Grundlegung der Freiheit auf einen bloßen Teilbereich des Wesens der Freiheit, nämlich die Wahlfreiheit. Denn die Freiheit der Wahl gründet in eben dieser Indifferenz in Bezug auf das angestrebte Formalobjekt - wie auch immer es zu nennen ist: Gott, das Gute oder die beatitudo. Die materiale Unbestimmtheit und inhaltliche Offenheit stellt die Freiheit in die Not der Entscheidung. Freiheit ist folglich nur wirklich realisiert als Entschiedenheit, Freiheit ist in ihrem Wesen immer eine Freiheit zu etwas. Da aber für Siewerth dasjenige, was alle Menschen erstreben, naturgemäß das Gute ist,[124] ist die Freiheit für ihn in ihrem Wesenkern „*Entschlossenheit zum Guten.*"[125] Das schließt selbstverständlich die Möglichkeit des Menschen, sich in der Freiheit der Wahl - bedingt durch die Indifferenz des Weges und des Zielobjektes - durch den Schein beirren zu lassen und in seinen konkreten Handlungen das Falsche und Schlechte zu wählen, nicht aus.[126]

Mit dem Gesagten zeigt sich die Differenz Siewerths zu einigen gegenwärtigen Freiheitsentwürfen, die menschliche Freiheit identifizieren mit der absoluten Autonomie des individuierten Subjektes im wörtlichen Sinne einer vollständigen, ausnahmslosen Selbstsetzung und Selbstgesetzgebung des Menschen. Die Absolutheit in der menschlichen Freiheit, von der Siewerth spricht, bewegt sich statt dessen innerhalb der oben genannten ontologischen Rahmenbedingungen und meint deshalb nicht völlige und bedingungslose Selbstverfügung, sondern besagt hier: 'abgelöst', nämlich von den Bedingun-

---

[123] *Menschliche Willensfreiheit*, 27.

[124] Vgl. *Die Freiheit und das Gute*, 45: „Das Gute ist daher das Naturgemäße und das Vollendende des Menschen; es ist seine Seligkeit und sein Friede, seine Liebe und ihre Erfüllung. Es ist das, was der Mensch vom Ursprung her nicht nicht wollen kann, wenn er sein Leben will." Oder ebd., 46: „Also erweist sich das Gute als das, was alle Wesen aus ihrer Natur erstreben (bonum est, quod omnes appetunt; Aristoteles), und zugleich als das, was sich dem Strebenden schenkend und verströmend mitteilt (bonum est diffusivum sui; Dionysius)."

[125] *Die Freiheit und das Gute*, 45. Vgl. auch *Menschliche Willensfreiheit*, 24f: „Diese Freiheit bedeutet zugleich 'Freiheit zum Guten'. [... Die Freiheit des Seins] ist eine seinsgemäße, dem Guten zugeneigte Erschlossenheit, die von allem freien Wollen aufgenommen und bestätigt wird". Oder *Wagnis und Bewahrung*, 175: „In der Freiheit liegt eine je größere Verantwortung."

[126] Vgl. *Menschliche Willensfreiheit*, 30: „Das 'Feld der Freiheit' ist daher der aus der Unendlichkeit entsprungenen Welt gemäß unabsehbar nach zwei Seiten hin, als Mannigfaltigkeit der Wege und Akte im Verhältnis zur Einheit der Natur, des Guten und Gottes, und als die Irrnis oder 'der Schein', durch den das Nichtige kraft seiner Ähnlichkeit mit Gott ins Ziel gerückt werden kann und Denken und Wollen verwüsten kann." Damit rückt auch die Bedeutsamkeit der Handlungsfreiheit in den Blick, welche sich erst im konkreten Vollzug, also im Durchhalten der Handlung selbst vollendet. „Durch diesen Einsatz [...] wird die Handlung erst zur persönlichen Tat und vollzieht sich in dauernder Übernahme und Verantwortung" (*Die Freiheit und das Gute*, 80).

gen der Materialität und Partikularität".¹²⁷ Denn die Freiheit des Menschen in ihren verschiedensten Wesenszügen ist zwar nicht relativ, aber doch relational im Sinne einer Verankerung in Gott und zugleich eines unaufhebbaren Selbstbesitzes des Menschen.

In diesem Sinne ist noch ein letztes, dieses Verhältnis von Entschiedenheit und Bezogenheit widerspiegelndes Kennzeichen zu nennen: die Interdependenz von Freiheit und Liebe. „Alle genannten Weisen der Freiheit haben daher Teil an der letzten und eigentlichen Freiheit des Menschen, die wir den zeugenden Überschwang der Liebe nannten. [...] Diese Freiheit ist nichts anderes als die Vollendung und der Vollzug der Freundschaft und der Herzensgemeinschaft von Mensch zu Mensch, von Mensch zu Gott und von Gott zum Menschen und alle drei in wesenhafter Durchdringung."¹²⁸

3.2   Unendliche Endlichkeit

Dieser Abschnitt ist mit einem Begriff überschrieben, den Siewerth selbst geprägt hat: „Die Endlichkeit des Geistes ist daher vom Ausgang weg immer schon unendliche Endlichkeit oder das Leben der durch die Formen der Zeit durchscheinenden Ewigkeit."¹²⁹ Damit soll die grundsätzliche Teilhabe alles Geschöpflichen am Sein und die unmittelbare Bezogenheit auf Gott als seinem Grund ausgesagt werden. Aus dieser – durch die exemplarische Identität des Seins vermittelte - Bezogenheit des Menschen auf ein ihn unendlich Übersteigendes folgt, dass er zwar endlich ist, alle Endlichkeit aber immer schon hinter sich gelassen hat, dass er zwar geschaffen ist, aber dennoch „jenseits seiner Geschaffenheit geschaffen"¹³⁰ wurde.

Bei näherem Hinsehen zeigt sich so ein weiteres Ergänzungspaar, das sich in seiner Wechselseitigkeit ins Spiel bringt. Ausgangspunkt der Überlegungen ist auch hier die ontologische Konstitution des Menschen, seine Gegründetheit im göttlichen Sein. Diese Verwurzelung in Gott macht seine wesenhafte Bezogenheit und Relationalität aus. Und deshalb erscheint der Mensch auf der einen Seite als eine substantia potentialis, als ein Wesen der Empfänglichkeit. Auf der anderen Seite aber verlangt diese Bezogenheit immer eine Ausrichtung auf den Bezugsgegenstand. Beide Weisen menschlichen Daseins zeugen

---

[127] *Menschliche Willensfreiheit*, 88.
[128] *Die Freiheit und das Gute*, 81. Vgl. *Wagnis und Bewahrung*, 137f: „Freiheit und Liebe sind schlechthin und in jedem Sinne eins. [...] Freiheit, Freundschaft und Friede haben die gleiche sprachliche Wurzel und entspringen *einer* Bedeutungseinheit. Der Freie ist der Geliebte [...]. Freiheit ist wachsende Innewerdung der Lebensgeborgenheit in der Liebe".
[129] *Der Thomismus als Identitätssystem*, GW II 61 oder gleichlautend *Der Thomismus... Selbstbesprechung*, GW II 292. Vgl. auch *Der Thomismus als Identitätssystem*, GW II 63: „Denn die Endlichkeit des Geistes ist wesenhaft die, dem Unendlichen zu entstammen, und er besitzt das eigene Wesen nur im Siegel seiner Geburt."
[130] *Der Thomismus... Selbstbesprechung*, GW II 299.

von einem extra se des Menschen, erstere als 'Passion' von einer metaphysischen Empfängnisbereitschaft, letztere als 'Aktion' von einem Über-sich-hinaus-streben des Menschen. So dienen Empfängnisbereitschaft und Transzendenz als Beleg dafür, dass er wesenhaft mehr ist als bloße empirisch fassbare Zeitlichkeit: „Also 'ist' auch der Mensch tiefer, reicher, abgründiger, einfacher, innerlicher und umfänglicher, als es in seiner humanitas, in seinem Menschsein, zur Darstellung und zum Ausdruck kommt. Denn er hat als Seiender Anteil am Sein und dadurch an Gott selbst."[131] Ein Begriff, der beide Elemente dieser Wesensverfasstheit ins Wort bringt, ist die „transzendierende Eröffnung"[132]. Der Mensch ist offen und empfänglich für das Sein und übersteigt sich zugleich aktiv auf dieses hin.

3.2.1 substantia potentialis

Die Bestimmung der unendlichen Endlichkeit des Menschen als substantia potentialis greift inhaltlich zurück auf das oben unter dem Stichwort Personalität Gesagte. Dort wurde als Ergänzungsbegriff zur Transzendenz die Reflexion des personierenden Subjektes genannt. Dieser Sachverhalt soll hier aufgegriffen und erweitert werden. Wenn Siewerth vom Menschen als einer substantia potentialis spricht, verwendet er einen thomistischen bzw. scholastischen Begriff, dessen historische Bedeutungsentwicklung hier nicht weiter verfolgt werden kann. Siewerth meint damit jedenfalls eine naturhafte Offenheit des Menschen, die jeder morphologischen Entelechie widerspricht: „Der Mensch ist im Ganzen dessen, was er ist, in Möglichkeit, oder er steht aus dem Substanzgrunde her und das heißt seinshaft oder substantiell im Werden."[133] An anderer Stelle übersetzt er substantia potentialis als „ein In-sich-Seiendes, das wesenhaft und vom Ursprung her durch ein anderes, als es selber ist, in den Akt, in die Verwirklichung oder die Existenz kommt."[134]

Die Charakterisierung der metaphysischen Empfängnisbereitschaft des Menschen als eine Passion meint hierbei nicht eine vom Menschen ablösbare, gewaltvolle Außeneinwirkung, die es zu erleiden gälte, sondern bringt lediglich die Rezeptivität des Menschen bei diesem Geschehen zum Ausdruck. Der Terminus substantia potentialis beschreibt solchermaßen das Wesen des Menschen in seiner Offenheit und Bezogenheit auf das ihn umfassende und prägende Sein. In dieser Betrachtungsrichtung erscheint das Sein als „eine wäh-

---

[131] *Das Sein als Gleichnis Gottes*, GW I 679. Vgl. *Wagnis und Bewahrung*, 327: „Wer nur Mensch sein will, wird notwendig weniger sein, als der Mensch sein kann und sein muss."
[132] *Das Schicksal der Metaphysik*, GW IV 41.
[133] *Hinführung zur exemplarischen Lehre*, 42. Wichtig hierbei ist die dieser Aussage angefügte Fußnote, wonach das Wort 'Substantiales Werden' „auf jene völlige Unerfülltheit und wesenhafte Unvollkommenheit des subsistierenden Wesensgrundes" (ebd.) hinweist, welche auf eine Aktualisierung hingeordnet ist.
[134] *Wagnis und Bewahrung*, 39.

rende Ankunft, deren der existierende Mensch nicht mächtig ist" und das die „Armut des homo humanus"[135] zutage fördert. Dieses Sein empfängt der Mensch jedoch nicht als ein von außen kommendes, sondern im Vollzug der reflexiven Seinsermächtigung (deshalb enthält der Begriff Ankunft auch eine verwirrende Komponente). Seinshafte Potentialität und Reflexivität des Menschen gehören zusammen. Beide können mit Recht als Pendant zur Transzendenz betrachtet werden.

Die Verfasstheit des Menschen als substantia potentialis bedeutet also zugleich eine metaphysische Empfänglichkeit des Menschen, die diese ontologische Offenheit erst ermöglicht: „Der Menschengeist existiert anfänglich nur in harrender Empfänglichkeit".[136] Sie bezeichnet als Wesensmerkmal gerade nicht unbeteiligte Passivität, sondern befähigt den Menschen zum selbstverantwortlichen, freien Handeln und kann deshalb als „ermächtigte Empfängnis"[137] betrachtet werden. Weil eine seinshafte Aktuierung des Menschen - wird sie im Sinne Siewerths als eine reflexe Selbstermächtigung verstanden - notwendig einen Überstieg ins Sein zur Folge hat, ist der Mensch auch nur in seiner wesenhaften Einheit von Empfänglichkeit und Transzendenz verstehbar. Wirkt also das Sein als aktuierender Grund, so erscheint der Mensch „als die den Grund *aus ihm* und *auf ihn hin* durchschwingende Potenz".[138]

3.2.2 Transzendenz

Der Mensch steht „in seinem selbstursächlichen, freien [...] Selbstsein zugleich im Vollzug [...] einer auf das Sein und den Grund bezogenen und von ihm her [...] ermöglichten Transzendenz"[139] und erscheint so im Ganzen dessen, was er ist, „im Spiegel des Absoluten als transzendierende Existenz".[140] Was genau meint Siewerth, wenn er vom Menschen als einer transzendierenden Existenz als dem Entsprechungsbegriff zur metaphysischen

---

[135] *Das Schicksal der Metaphysik*, GW IV 488.
[136] *Metaphysik der Kindheit*, 59. Oder ebd., 14: „Wer sagt, dass der Mensch am Ursprung Gottes, des Menschen und der Erde Kind ist, sagt zugleich, dass er nicht nur 'geworfen', sondern vorab 'empfangen', nicht 'ausgesetzt', sondern 'geborgen' sei." Diese „Urempfängnis [...] ist immer schon geschehen" (ebd., 39) und waltet so im Wesen des Menschen als „Grundstimmung der Lebensempfängnis" (ebd., 71). Vgl. auch *Hinführung zur exemplarischen Lehre*, 12: „Also steht der Mensch von seinem innersten Grund her in liebender Empfängnis". Diese metaphysische Verfasstheit des Menschen als harrende Empfänglichkeit bildet die Grundlage des siewerthschen Bildungs- und Begabungsbegriffes.
[137] *Metaphysik der Kindheit*, 16. Da der Mensch solchermaßen erst vom Sein her zu sich ermächtigt wird, kommt „die Einheit von selbstbestimmender Freiheit und naturhafter Empfängnis" (*Metaphysik der Kindheit*, 131) als die „geheimnisreichen Tiefen des Seins und des Daseins" (ebd.) in den Blick.
[138] *Das Schicksal der Metaphysik*, GW IV 480.
[139] *Die Differenz von Sein und Seiend*, GW III 118.
[140] *Wagnis und Bewahrung*, 48.

Empfänglichkeit des Menschen spricht? Näherhin: Was sind die ontologischen Möglichkeitsbedingungen für Transzendenz? Die bisherigen Überlegungen münden in der Aussage, dass „das 'Sein des Seienden' dem Menschen die denkende Transzendentalität gewährt".[141] Grundlegende Aussage der siewerthschen Philosophie ist, dass alle Seienden einfach aufgrund der Tatsache, dass sie als Seiende seinshaft da sind, am Sein-selbst partizipieren und so in gewissem Sinne die ontologische Differenz aus sich heraus immer schon überbrücken. Nur durch diese ontologische Teilhabe ist überhaupt die Möglichkeit gegeben, metaphysisch das Wesen einer Sache aus ihren Seinsgründen her zu erkennen und zu bestimmen. Dadurch, dass alle Wesenheiten in ihrer Tiefe im Sein-selbst gegründet sind, dieses aber in einem Urbild-Abbild-Verhältnis zum absoluten Sein steht, partizipieren auch die Seienden in Folge der analogen Struktur des Seins an dieser Absolutheit und Ungegründetheit. Genau das bezeichnet ja die exemplarische, oder wie Siewerth bisweilen auch formuliert, die substantielle Identität: Diese besagt nämlich „nicht die Einheit und Selbigkeit einer Substanz, sondern dass in der Subsistenz des endlichen, geschaffenen Seienden [...] der absolute Grund aufscheint, und zwar deshalb, weil das Sein des Seienden aus der absoluten Einheit resultiert und auf sie hin entworfen ist."[142] Für Siewerth ist es sinnlos, von der Endlichkeit der Vernunft im Sinne einer Abgrenzung gegenüber der göttlichen Unendlichkeit zu sprechen. Ebenso wenig bedeutet für ihn der Begriff Unendlichkeit des Geschöpfes eine rein formale Bestimmung, etwa wie die transzendentale Freiheitsanalytik von der apriorisch gegebenen, formalen Unbedingtheit menschlicher Freiheit spricht. Nein, die Unendlichkeit des Geschöpfes beinhaltet für Siewerth etwas sehr Konkretes: Es ist die Unendlichkeit des absoluten göttlichen Grundes selbst, in dem die Person lebt und aus dem sie ist und deshalb sogar „als bewirktes Geschöpf dem verursachenden Schöpfer wesenhaft mehr verhaftet bleibt als sich selbst."[143]

Genau in dieser Struktur liegt die ontologische Voraussetzung der Transzendenz: „Was diese Transzendenz, diesen Abstoß vom Endlichen ins Unendliche aber ermöglicht und erzwingt, ist wiederum die urbildliche Einheit des Seins"[144], wobei mit der Einheit des Seins jene exemplarische oder substantielle Identität gemeint ist, in der alles Seiende am Sein teilhat. „Am Sein 'teilhaben' besagt daher immer erstens: einen Teil des kommunikablen Aktes haben, zweitens: im Teil das Ganze des Aktes, nämlich das 'Sein selbst' haben, und drittens: im Sein selbst Gott zum Anteil haben."[145] Die Möglichkeit des Geschöpfes zur Transzendenz liegt in der Struktur der Teilhabe alles Seienden am Sein im Modus der exemplarischen und substantiellen Identität be-

---
[141] *Die Analogie des Seienden*, GW I 499.
[142] *Der Thomismus als Identitätssystem*, GW II 62.
[143] Ebd., 62.
[144] Ebd., 226.
[145] Ebd., 224.

gründet. So wird schließlich die Einsicht verständlich, „dass sich die Transzendenz in ihrer ontologischen Möglichkeit allein aus der Urbildlichkeit ermöglicht."[146] Die Ermöglichung der Transzendenz aus dem Urbild-Abbild-Bezug alles Seienden nennt Siewerth die „spekulative Urstruktur der Transzendenz"[147]. Daraus ergeben sich für das Verständnis des Menschen vielfältige Konsequenzen.

Die wohl wichtigste ist, dass sich aus dieser Grundstruktur die Verfasstheit des menschlichen Vernunftwesens herleitet. Die transzendente Ausrichtung des menschlichen Geistes wirkt unmittelbar prägend für die spezifisch menschlichen Vermögen von Vernunft und Wille. Des Weiteren bedeutet die Transzendenz des Menschen als ein Verwurzeltsein und Hingeordnetsein auf das Absolute eine in der geschichtlichen Existenz nie ganz erfüllbare unendliche Sehnsucht: „Also bestätigt es sich in allen Bereichen, dass das Menschenherz in seinem Grunde von unendlicher Sehnsucht belebt und in seinem Streben ins Wesenhafte und Währende des Seins gerufen ist."[148] Obwohl Transzendenz zuallererst einen metaphysischen Wesenszug des Menschen meint, wird sie auf diese Weise für den Menschen im konkreten Lebensvollzug wahrnehmbar und erfahrbar. Solche Transzendenzerfahrungen haben ihren Ort im Zauber des Wunderbaren, der uns immer über unser bloßes Menschsein hinweg ergreift.[149] Deshalb ist auch das durch ein unvermittelt begegnendes Wunderbares provozierte staunende Schauen ein „Grundakt der

---

[146] *Der Thomismus... Selbstbesprechung*, GW II 296. Aufgrund der metaphysischen Nichtigkeit des Abbildes in Bezug auf die unumschränkte Seinsfülle des absoluten Urbildes kann Siewerth an anderer Stelle auch formulieren, dass in der Endlichkeit des Menschen, verstanden als das „Hineingehaltensein in das Nichts" (*Das Schicksal der Metaphysik*, GW IV 100), seine Transzendenz begründet liegt: „Es ist daher im Hinblick auf die geschichtliche Verfassung des Menschseins begründet, die menschliche Natur und Existenz nicht nur vom Sein, sondern zugleich aus der Einheit aller Modi von existentialer und metaphysischer Nichtigkeit her zu begreifen und in dieser Einheit einen Grund der Möglichkeit ihrer wesenhaften Transzendenz zu sehen" (ebd., 101).
[147] *Der Thomismus... Selbstbesprechung*, GW II 297.
[148] *Die Freiheit und das Gute*, 52.
[149] Siewerth beschreibt das Wunderbare als „die Reiz- und Verlockungsmacht aller geistigen Sehnsucht bis zur Verzauberung der Herzen" (*Hinführung zur exemplarischen Lehre*, 76). Seinem transzendentalen Verweisungscharakter gemäß „geht es im gewährenden Einklang mit uns zwar in uns ein, aber es behält sich zurück im Unverlierbar-Eigenen seines Wesens. Es spielt unberechenbar aus eigenem Grund [...]. Daher liegt im Wunderbaren [...] der überbrückende Gruß der Begegnung" (ebd.). Wird das Aufscheinen der Transzendenz im Wunderbaren schon durch diese phänomenologische Umschreibung deutlich, so verstärkt sich der Befund noch durch die ontologische Analyse: „Also ist das Geheimnis des Wunderbaren das der Analogie des Seins [...]. So aber ist das Wunderbare 'die Melodie' des Seins, in dem alle Dinge zu sich selbst und zum Ganzen des Seienden in der Freiheit ihres ursprünglichsten Wesens und Waltens aus einem Abgründigen heraufgehen" (ebd., 77).

entrückenden Transzendenz"[150], in dem die ontologische Gründung des Seienden im Sein als eine göttliche Prägung erfahrbar wird. Mit der Transzendenz erfährt die ontologische Konstitution des Menschen als similitudo et imago Dei eine wichtige Präzisierung. Der Mensch hat als Bild Gottes nicht nur eine Abbildlichkeit zu eigen, sondern lässt sich durch die ihm wesenseigene teleologische Ausrichtung auf seinen göttlichen Ursprung auch als 'Hinbild' zu Gott kennzeichnen. Denn die Gottebenbildlichkeit des Menschen bedeutet „ein Dreifaches: Er ist Inbild, Abbild und Hinbild zugleich."[151] Der Mensch ist Inbild, da er ein einmalig individuiertes Wesen darstellt, das sich in Personalität und Freiheit selbst besitzt, Abbild aufgrund der urbildlichen Bestimmtheit durch Gottes Wesenheit und der Partizipation am göttlichen Sein, „und Hinbild kann man ihn nennen, sofern er [...] auf seinen Ursprung als auf sein Lebensziel hingeschaffen ist."[152]

In der Bestimmung der Transzendenz als wesenhaftes, über sich hinaus gehendes Streben des Menschen auf Gott zeigt sich nicht nur die grundsätzliche, das gesamte Wesen des Menschen durchprägende Teleologie auf Gott hin, sondern zugleich auch das exitus-reditus-Schema der theologischen Anthropologie Siewerths. Deutlich erkennbar ist es in dem ontologischen Schwung des Menschen vom Abbild zum Hinbild, der in der rückschwingenden Reflexion des Selbstbesitzes als ein Inbild zur kreisenden Vollendung gelangt. So fungiert in der transzendentalen Zielbestimmtheit des Menschen Gott als „der Ausgang und das Ende des menschlichen Strebens."[153] Eine andere Aussage Siewerths fasst das Gesagte noch einmal mit anderen Worten zusammen: „Des Weiteren wird der Mensch 'Bild Gottes' genannt. Das heißt, er ist nicht nur vom Ursprung her, sondern auf den Ursprung hin gebildet. Dieses Hinsein auf Gott gründet in der 'unendlichen Sehnsucht' seiner Natur, kraft der er sich notwendig selbst übersteigt. Der Mensch ist auf Gott hin gebildet, er übersteigt sich erkennend und liebend, und sein Herz ist unruhig auf ein Unbegrenzbares hin."[154]

---

[150] *Metaphysik der Kindheit*, 33. Wie oben bereits angedeutet, hat VERWEYEN, *Ontologische Voraussetzungen des Glaubensaktes*, 181, diese Analysen Siewerths in besonderem Maße aufgegriffen und vorangetrieben: „Nur im Rückgang auf die Phänomenalität des Staunens dürfte es möglich sein, die Frage zu beantworten, wie sich im sinnlich Begegnenden [...] Gott selbst zum Vernehmen bringen kann." Oder ebd., 184: „Nur aus dem ursprünglichen Vernehmen des Wesens eines Seienden im 'Augenblick des Staunens' ist es möglich, einen Wesensbegriff zu denken, der die In-sich-Ständigkeit (die Substanz) des Seienden wie schließlich die Transzendenz Gottes wahrt."
[151] *Hinführung zur exemplarischen Lehre*, 14.
[152] Ebd.
[153] *Menschliche Willensfreiheit*, 45. Derselbe Sachverhalt stellt sich in entgegengesetzter Blickrichtung dar wie folgt: „Was er [Gott, M.R.] aber schuf, hat er als Gutes gesetzt und ihm eine Dimension der Rückkehr aus der Endlichkeit zu Gott selbst als positive selbstursächliche Entfaltung gegeben" (ebd., 113).
[154] *Wagnis und Bewahrung*, 327.

3.3 Erkenntnisfähigkeit und Verstandestätigkeit

3.3.1 Der Erkenntnisvorgang

Ausgangspunkt der Überlegungen stellt nicht der Verstand, sondern die zur Welt hin offenen Sinne des Menschen dar. Sie werden von der sie umgebenden Welt und Wirklichkeit affiziert. Dasjenige, was ihnen von außen etwas antut (so der Wortsinn von afficere bzw. affectio), ist nicht die Welt oder die Natur in ihrer Ganzheit, sondern immer ein Einzelding bzw. eine konkrete Gruppe von Phänomenen - ein Beschränktes also, auf das die Sinne ausgerichtet sind und das sie affiziert. Ihre Offenheit bedeutet zum einen eine vollendete Wirkbereitschaft, zum anderen eine gewisse Passivität. Sie werden gereizt und angeregt, treten nicht von sich aus in Aktion: „Die ursprünglichste Tätigkeit des Sinns ist das hinnehmende Anschauen."[155]

In einem nächsten Schritt wird die rezeptiv sinnliche Erfahrung der durch ein Äußeres affizierten Sinnesorgane durch den tätigen Verstand in ein Phantasma, ein Verstandesbild umgewandelt. Dies ist Aufgabe der Phantasie oder Einbildungskraft. „Ihre Tätigkeit besteht in der Erhaltung (conservatio) des Empfangenen."[156] Der Begriff Phantasie bezeichnet hier im Gegensatz zum landläufigen Sprachgebrauch nicht die kreative Erfindungsgabe oder den Einfallsreichtum einer Person, sondern beschreibt erkenntnistheoretisch die Fähigkeit des Verstandes, sich außerhalb seiner selbst befindliche reale Einzeldinge bildlich zu vergegenwärtigen und so in gewissem Sinne zu verinnerlichen. Während die Sinne als ein Vermittelndes zwischen Welt und Verstand fungieren, ist das Phantasma das Mittlere zwischen affiziertem Sinn und verarbeitendem Verstand. Erkannt wird dabei noch nicht die Form oder das Wesen des Phänomens, sondern nur eine Fülle von Quantitäten und Akzidentien: „Es ist vielmehr, der einfachen Sicht des Geistes gemäß, zunächst nichts als eine unmittelbare Auffassung, eine 'simplex apprehensio' eines Einfachen."[157]

Nun erst beginnt der Vorgang der Abstraktion. Allerdings ist der Begriff Abstraktion in den Augen Siewerths überaus missverständlich und darf nicht als eine verstandesmäßige totale Abtrennung des Bildes vom Einzelding gelten. Es kann sich, „da es das Denken immer (auch in der Erfassung von Wahrheiten) mit dem Wirklichseienden zu tun hat, nur um eine 'Heraushebung' oder eine 'Abhebung' von Sichten handeln".[158] Weil sich der Gang des Verstandes vom Besonderen zum Allgemeinen, vom Partikulären zum Ganzen in Richtung auf je umfassendere Wahrnahme von Wesen und Sein des Erkannten vollzieht, spricht Siewerth hier statt von Abstraktion lieber von

---

[155] *Die Apriorität der menschlichen Erkenntnis*, GW I 412.
[156] Ebd., 413.
[157] *Philosophie der Sprache*, 81.
[158] *Die Analogie des Seienden*, GW I 492.

einer „Auflichtung der je seienderen Gründe".[159] Mit dem Vorgang der Loslösung des Bildes vom real affizierenden Objekt ist folglich „auch alles Gewahren, das aus inbildlicher Tiefe des Gedächtnisses kommt, ein angehendes vergleichendes Durch-messen der Erscheinung"[160] geworden. Damit ist das gemeint, was Siewerth an anderer Stelle als conclusio beschreibt, in der ein Seiendes im Vergleich des reflektierenden Verstandes mit schon erkannten und im Gedächtnis bewahrten Phänomenen als wirklich und seiend bestimmt wird.

„Hat die findige, suchend-versuchende, vergleichend hin- und herlaufende 'ratio discurrens' solch eine 'mediale' Sicht entdeckt, die Bekanntes und Unbekanntes vermittelt, dann geschieht der 'Zusammenschluss' oder die 'conclusio' und der Erkenntnisgang läuft ins Licht, in die Wahrheit des Ausgangs zurück."[161]

Nun ist es möglich, erste eingrenzende Bestimmungen vorzunehmen. Es ist deutlich geworden, „dass Begreifen sich nur vom Phänomen und der aufgelichteten Verwirklichung des Seins her ermöglicht."[162] Jede, wie Siewerth so gerne formuliert, Seinserhellung oder Seinsauflichtung impliziert aber eine Verstandestätigkeit des erkennenden Subjektes, dem sich das Sein ‚lichtet' und ‚aufhellt'. Deshalb ergibt sich, dass der Wahrnehmungsvorgang, durch den ein Seiendes als konkretes Einzelding in seiner eigentümlichen Beschaffenheit erkannt wird, in zweifacher Weise vermittelt ist, „einmal durch die allgemeine sinnliche Erkenntnis und zweitens durch die urteilende und reflektierende Vernunft".[163] Aus der Interdependenz von sinnenhafter Wahrnehmung und Verstandestätigkeit im Erkenntnisvorgang folgt, dass jede sinnliche Affiziertheit zugleich und untrennbar ein geistiger Akt ist: „Das vom Sinn Geschaute steht immer zugleich im Schaublick des Geistes."[164] Und umgekehrt gilt: Der ins Offene der Welt gerückte Verstand ist immer ausgerichtet auf Wirkliches, Seiendes und Wahres. In diesem Bestreben der Vernunft, die verstandesmäßige Erkenntnis mit der erkannten Sache zur Deckung zu bringen, eröffnet sich für Siewerth der Zugang zum Wesen der Wahrheit als „eine geschehende Vergegenwärtigung im Angeglichensein von Vernehmen und Welt."[165]

---

[159] *Das Schicksal der Metaphysik*, GW IV 472. Vgl. auch ebd., 479: „Die 'Abstraktion' ist als 'Aufhebung der Materialität und der negativen Besonderungen' [...] metaphysisch zugleich ein Vordringen der Vernunft in die konstituierenden Gründe."
[160] *Philosophie der Sprache*, 53.
[161] *Hinführung zur exemplarischen Lehre*, 68.
[162] *Philosophie der Sprache*, 28.
[163] *Die Analogie des Seienden*, GW I 496.
[164] *Philosophie der Sprache*, 56.
[165] Ebd., 69. Siewerth rezipiert hier die klassische Wahrheitsbestimmung: Wahrheit ist die „Angleichung der Vernunft an die Sache" (ebd.).

3.3.2 Das Nichts in der Vernunft

Es stellt sich nun die Frage nach der Bedingung der Möglichkeit, ein Seiendes überhaupt als ein konkretes, vereinzeltes Einzelding zu erkennen. Nimmt unser Verstand eine Wesenheit wahr, erscheint sie ihm als empirisch lokalisierbar. Mit ihrer Festschreibung in einer ganz bestimmten Raum-Zeit-Position erkennt der Verstand zugleich ihre Kontingenz. Zunächst ist für ihn also ein irgendwie entstandenes Etwas gegeben. „Das 'Entstehen' bedeutet aber für die 'verstehende Vernunft' das Nichtdagewesensein, so dass die Vernunft zur einfachen Gegenwart eines Entstandenen das vorgängige Nichtsein [...] setzt."[166] Siewerth verwendet hier zur Verdeutlichung der Problemlage das Beispiel der zeitlichen Verfasstheit eines Gegenstandes. Genauso gut lässt sich das Setzen des Nichts im Erkennen auch im Bild des Raumes darstellen: Indem die Vernunft ein Seiendes als sich an einem bestimmten Raumort befindend erkennt, erkennt sie sowohl die Tatsache, dass dieses Seiende nicht an einer anderen Stelle im Raum ist, als auch eine gewisse Nichtigkeit im Sinne der Nicht-Anwesenheit eines anderen Gegenstandes an dieser Raumposition. Bei jeder Abgrenzung eines Seienden (A) gegenüber einer Andersheit setzt der Verstand also notwendigerweise das Nichts als Nicht-A. Um deshalb Seiendes überhaupt als ein räumlich und zeitlich Vereinzeltes wahrnehmen zu können, setzt die endliche Vernunft im Vorgang der Erkenntnis notwendig das Nichts als Nichtsein.

Das Setzen des Nichts durch die endliche Vernunft beschränkt sich allerdings nicht auf die bloß phänomenologische Ebene des sinnlich Wahrnehmbaren. Denn im Vollzug des Erkenntnisvorgangs erscheint „im 'Nichtsein' nicht nur das faktische vorgängige Nichts des Entstehens, sondern zugleich der 'ideelle Abgrund' der Vernunft [...], 'in welchem sie das Nichts in sich erfasst'."[167] Damit ist aber eine neue Qualität angesprochen, denn das nun thematisierte Nichts der Vernunft meint „nicht mehr nur das faktische Nichts des Entstandes, sondern zugleich jene Nichtigkeit, in welcher das Wirkliche in seinem Wirklichsein oder in seiner Positivität ermessen wird [...]. Indem also das Wirkliche als Realität begriffen wird, ist es ursprünglich irgendwie als nicht-nichtig gesetzt und wird außerhalb des Entstandenseins angesprochen."[168] Das bedeutet also, dass die Setzung des Nichts durch die endliche

---

[166] *Der Thomismus als Identitätssystem*, GW II 260. Zur Differenzierung der hier synonym verwendeten Begriffe Vernunft und Verstand vgl. *Philosophie der Sprache*, 39f.
[167] *Der Thomismus als Identitätssystem*, GW II 260.
[168] Ebd., 260f. Vgl. auch *Philosophie der Sprache*, 88: „Also erschwingt der Geist sagend das Seiende nur, indem er zugleich alles, was nicht des Seienden ist, verneint, so dass das 'Seiende' nur in jenem Wort gesagt wird, das Eigenes vernommen wird, das das Nicht-sein oder alles Nichtseiende negiert." Oder *Die Analogie des Seienden*, GW I 477: „So gesehen, besagt der Seinsbegriff als reines 'Nicht-nicht-Sein' in seinem allgemeinsten und ersten Gehalt reine Positivität."

Vernunft nicht erst im jeweiligen Abstraktionsprozess aufbricht und sich nicht nur auf ein konkretes Einzelnes bezieht, sondern in einer grundsätzlicheren Weise ein Modus der Verstandestätigkeit selbst ist und so zur Bedingung der Möglichkeit von Denken überhaupt wird. Um verstehen zu können, muss das endliche Denken die Wirklichkeit immer schon als Negation der Nicht-Wirklichkeit erfasst haben.[169]

Für den Gang der Überlegungen ergibt sich zweierlei. Zum einen wird deutlich, dass das Nichts als Produkt der endlichen Vernunft nicht absolute Nichtigkeit darstellt, sondern ein Nichtsein im Sinne einer Relationalität auf das Sein meint. „So wird das Nichts zum Nicht-*Sein* und damit eine Weise des Seins."[170] Es ergibt sich eine „problematische Identität von Sein und Nichtsein *aus dem Sein her*".[171] Wird aber das Nichts als Nichtsein durch das Denken immer auf das Sein hin ausgesagt, so ist es die Vernunft, die das Nichts ontologisch mit dem Sein verknüpft und somit als ein Mittleres zwischen Nichts und Sein wirkt. Denn wenn einerseits gilt, dass das Sein als Positivität durch das Nichts nicht affizierbar ist, andererseits aber das Nichtsein als ein dem Sein Äußerliches doch eine gewisse Bezogenheit zu jenem aufweist, „so muss es ein 'Mittleres' geben, das Sein und Nichts ursprünglich einigt, ohne dem Sein seine Positivität, dem Nichts aber seine Nichtigkeit zu nehmen. [...] Dieses Wesen aber ist die Vernunft oder *der Geist*."[172]

---

[169] Die Thematik taucht in ähnlicher Form schon bei Heideggers Antrittsvorlesung in Freiburg 1929 auf. Heidegger nähert sich der Frage, 'wie es um das Nichts stehe', im Rückgriff auf das Phänomen der Angst: „Die Angst offenbart das Nichts" (HEIDEGGER, *Was ist Metaphysik?*, 32). Von hier ausgehend kommt er dann auf die Bedeutung des Nichts für das Seinsverstehen zu sprechen: „In der hellen Nacht des Nichts der Angst ersteht erst die ursprüngliche Offenheit des Seienden als eines solchen: dass es Seiendes ist - und nicht Nichts. Dieses von uns in der Rede dazugesagte 'und nicht Nichts' ist aber keine nachgetragene Erklärung, sondern die vorgängige Ermöglichung der Offenbarkeit von Seiendem überhaupt [...]. Das Nichts ist die Ermöglichung der Offenbarkeit des Seienden als eines solchen für das menschliche Dasein" (ebd., 34f).
[170] *Der Thomismus als Identitätssystem*, GW II 261.
[171] Ebd., 261. Vgl. auch *Die Analogie des Seienden*, GW I 477: „Also ist die Differenz im Seienden nur begrifflich, wenn das im Denken ausgeschlossene Nichtsein zugleich nicht der völligen Nichtigkeit anheim fällt, sondern als zum Sein gehörig begriffen wird. [...] Dann aber wird das Sein zum gründenden, hervorgehen lassenden Grund, wie das Nichtsein sich als Potenz der Ermöglichung enthüllt."
[172] *Der Thomismus als Identitätssystem*, GW II 73. Siewerth ist sich der Tatsache bewusst, dass er mit diesen Thesen in die Nähe zu Hegel rückt, obwohl er dessen dialektischen Entwurf einer Identität von Sein und Nichts streng ablehnt: „In diesem Hin- und Hergang, der für alle Wesensgestalten des Wirklichen gilt, ist die Vernunft 'dialektische Vernunft'. [...] Die spekulative Bewegung des Denkens zwischen Akt und Potenz, Sein und Nichtsein [...] entspricht weithin der dialektischen Bewegung bei Hegel" (ebd., 277). Zur Kritik Siewerths an der hegelschen Identität von Sein und Nichts vgl. ebd., 72.

3.3.3 Das intuitive Urteil

Wenn das Denken immer schon im Erfassen des Wirklichen dieses als Nicht-Unwirkliches erkennt, wenn dieser Prozess außerdem nicht erlernt, sondern immer schon gewusst ist, dann ist damit impliziert, dass die menschliche Verstandestätigkeit sich nicht erst in einem entwicklungspsychologischen Vorgang entfalten muss, sondern von Ursprung und Ausgang her vollendet aktuiert ist. Das bedeutet, dass die Vernunft des Menschen unter einer apriorischen Erkenntnis steht, die alle aposteriorischen Verstandestätigkeiten bedingt. Es gilt also: „wer erkennt, hat schon erkannt".[173]

Siewerth geht davon aus, dass Vernunft und Geist des Menschen vom Ursprung her in der Wahrheit verwurzelt sind und von der Wahrheit her - im Vollzug einer ursprünglichen Partizipation an ihr - ermächtigt werden. Thomas von Aquin zitierend bezeichnet Siewerth das als „die Teilnahme der Vernunft an der Ersten Wahrheit [...]. Deshalb ist auch das Licht des tätigen Verstandes [...] 'ein Eindruck der Ersten Wahrheit, durch welchen wir erkennen, welcher jedoch selbst nicht erkannt wird'."[174] Ohne die erste Wahrheit (in theologischer Terminierung also die Wahrheit Gottes) als solche zu erkennen, ist der Verstand des Menschen durch die Teilhabe an dieser zu Wahrheitserkenntnis erst befähigt. Sehr anschaulich ist dabei das Bild des Lichtes: Wie das Licht alles Sehen erst ermöglicht und als reines Licht doch nicht gesehen wird, so erleuchtet und aktuiert die erste Wahrheit wie ein Blitz das menschliche Denken.

Siewerth verwendet hierfür auch den thomistischen Begriff des intuitus. Der menschliche Verstand erfasst in einem apriorischen intuitiven Urteil unmittelbar die Wahrheit des Seins. „Deshalb ist der apprehendierende Intellekt am Ursprung immer schon in die intuitiven, vollendeten Urteile des intellectus dividens et componens principiorum entis übergegangen, deren Wahrheit

---

[173] *Philosophie der Sprache*, 17. Vgl. *Das Schicksal der Metaphysik*, GW IV 88: „Daher erkennt der Mensch nur, wenn er erkannt hat und in der Wahrheit steht".
[174] *Der Thomismus als Identitätssystem*, GW II 235. Die Teilnahme der Vernunft an der ersten Wahrheit ist im Werk Siewerths breit belegt. Vgl. ebd., 123, oder *Menschliche Willensfreiheit*, 38: „Diese Urwahrheit der Vernunft ist daher eine immer schon vollendete Reflexion und Einkehr bei sich selbst, in der die Vernunft in ihrem Seinsurteil und ihrer Wahrheitsgewissheit sich vollendete. Wenn sie also ein Urteil als wahr beurteilen will, so muss sie selber schon in der Wahrheit sein. [...] Die Urvollendung in [...] der Wahrheit [...] ist in jedem Erkenntnisakt bereits vollkommen verwirklicht." Vgl. *Die Freiheit und das Gute*, 51: „Unser Erkennen ist eine Teilhabe an der Wahrheit Gottes." An anderer Stelle: „Also geht mit dem sinnenhaften Erkennen vom Erwirkten oder Späteren her [...] eine apriorische Vernunftschau zusammen, kraft deren wir immer schon ins Anwesen des Seienden und ins Licht der Wahrheit verfügt sind" (*Vernunft*, in: Handbuch theologischer Grundbegriffe, 775f).

er später nicht mehr auslöschen kann."[175] Einige Seiten weiter dann die zentrale Aussage: „Diese 'Einsicht' (in-tuitus) in den Grund, diese vertraute Innigkeit mit dem esse ipsum rei ist der Ursprung alles Denkens und aller Wahrheit."[176] In diesem Sinne stellt die Befähigung zur Erkenntnis von Wahrheit durch die intuitive, apriorische Teilhabe an der Wahrheit Gottes die grundlegende Wesensverfasstheit der menschlichen Vernunft dar.

Ist aber das intuitive Urteil eine Einsicht in der Innigkeit mit dem Sein selbst, wie Siewerth es oben in dem ihm eigenen Sprachduktus ausdrückt, so ist mit dieser Aussage die Möglichkeit gegeben, das Wesen der menschlichen Vernunft noch aus einer zusätzlichen Perspektive zu beleuchten. Denn demzufolge vollzieht sich die Apriorität der Erkenntnis im intuitiven Urteil in einer - ebenso aller aposteriorischen Erfahrung vorgängigen - Einheit mit dem Sein. Das impliziert eine ursprüngliche Seinserfahrung: „Die Vernunft [...] ist immer die Vernunft des Seins oder seinsverständiges Denken."[177] Damit wird das Sein zu einer Urbestimmung der Vernunft. Das Denken zeichnet sich durch seine wesenhafte Partizipation am Sein-selbst aus und kann daher als durch die exemplarische Identität vermitteltes Denken gelten. Denn die exemplarische Identität, die sich zwischen dem Sein Gottes und dem Sein-selbst spannt, trägt alle anderen Identitätsformen und damit auch jede Form analoger Partizipation. Es wird deutlich, „dass der Vollzug der Erkenntnis durch die konstituierende Ursächlichkeit und die exemplarische Identität von Akt und Wesen in der Realität (worin das Wesen Akt und der Akt Wesen ist) vermittelt ist."[178] Mit einem Wort: Vermittels der exemplarischen Identität ist im intuitiven Urteil eine ursprüngliche Seinserfahrung gegeben. Hierin liegt die Ursache, weshalb Siewerth sich vehement gegen die Verbegrifflichung des Seins als eines abstrakten, formal-logischen conceptus entis wendet und dagegen für ein dynamisch-aktivisches Seinsbegreifen im ontologischen Voll-

---

[175] *Die Analogie des Seienden*, GW I 466. Vgl. *Philosophie der Sprache*, 30: „Nie käme er [der Mensch, M.R.] in die Wahrheit, d.h. ins Offenbare des Seins, wenn er nicht immer schon darin wäre. Dieses Licht hat im Blitz des Durchschauens (Intuitus = Thomas) das benennende Wort geboren".
[176] *Die Analogie des Seienden*, GW I 485. Vgl. *Das Schicksal der Metaphysik*, GW IV 197: „Die mögliche 'Verstandessicht' (intentio logica) ist daher immer durch das intuitive Urteil schon in das wirklich waltende Sein des Seienden verwiesen und vollzieht sich denkend in den ana-logen Verweisungen der verschiedenen Seinsarten auf die Substanz, der Substanzen auf des actus essendi, des actus essendi auf das esse ipsum."
[177] *Der Thomismus als Identitätssystem*, GW II 97. Vgl. *Hinführung zur exemplarischen Lehre*, 26: „Dem Denken und Erkennen geht es ursprünglich immer und primär um das Ganze. [...] Dass er [der Mensch, M.R.] solches erfragen kann, setzt voraus, dass er das Sein selbst erfuhr und seines Sinnes gewahr wurde." Oder *Metaphysik der Kindheit*, 52: „Dieses Sein ist von einigender, alles umfassender Allgemeinheit [...]; in ihm leuchten unmittelbar die Urwahrheiten auf [...]. In dieser anfänglichen Intuition gibt sich das Sein in seinem waltenden, währenden, mit sich selbigen Wesen".
[178] *Der Thomismus als Identitätssystem*, GW II 227.

zug der conceptio entis einsteht. Der Mensch konstruiert das Sein nicht in intellektuellen Abstraktionsprozessen als den formalsten Gattungsbegriff, sondern partizipiert an ihm als einer ihn selbst erst zur Tätigkeit befähigenden Realität. Für Siewerth gibt es deshalb „nur analoge 'Erwägungen' oder ein analoges 'Begreifen'. Es gibt keinen conceptus, sondern nur eine conceptio entis."[179]

Des Weiteren wird im intuitiven Urteil der Vernunft als eines apriorischen Seinsbegreifens zugleich die wesenhaft transzendentale Ausgerichtetheit der menschlichen, endlichen Vernunft deutlich. Im Erfassen der ersten Wahrheit des Seins transzendiert die Vernunft sich immer schon in diese Wahrheit hinein. Wenn man, bildhaft gesprochen, die menschliche Vernunft als einen Spiegel versteht, in dem das Licht des Seins aufscheint, dann folgt daraus die Gegenbewegung der Vernunft: „In dieser spiegelnden Bekundung schaut die Vernunft einfachhin den Grund an (videre Deum in speculo) und ist in dieser 'Berührung' Gottes 'spekulative', 'intellektuell anschauende', 'transzendente' oder 'ekstatische' Vernunft."[180]

In der transzendentalen Verfasstheit der gesamtem leibseelischen Existenz des Menschen ließ sich die exitus-reditus-Struktur der Siewerthschen Anthropologie im Ganzen erkennen. Dieser Befund wiederholt sich auf der Ebene der reinen Verstandestätigkeit. Die Vernunft des Menschen kommt wesenhaft aus der erfahrenen Eingründung in das Sein und die Wahrheit in den tätigen Selbstvollzug und richtet sich dann wieder auf das Sein und die Wahrheit hin aus. Hier wird für Siewerth die in der ontologischen Struktur der Verstandestätigkeit gesetzte Verbindung von Deszendenz und Transzendenz zu einer kreisenden Bewegung deutlich. Denn Deszendenz fasst er als ein „Schauen im Grund oder durch den Grund"[181] auf. Und „nur unter dieser 'Deszendenz' des ursprünglich im einfachen (nicht verstehenden) Anblick transzendierenden Geistes [ist] Wahrheit, d.h. begreifende Erkenntnis möglich".[182] Nur die vorgängige, rezeptive Deszendenz der Vernunft ermöglicht ihre Transzendenz.

---

[179] *Die Analogie des Seienden*, GW I 458. In Konsequenz dann ebd., 503: „Daraus ergibt sich, dass es unmöglich ist und ein barer Schein, aus der Analogie des Seinsbegreifens in die Univozität eines Seinsbegriffs auszuweichen." Vgl. *Philosophie der Sprache*, 88f und *Der Thomismus als Identitätssystem*, GW II 244.
[180] *Der Thomismus als Identitätssystem*, GW II 267.
[181] Ebd., 268.
[182] Ebd., 269. Vgl. die z.T. gleichlautende Beschreibung des transzendierenden Vernunftwesens, „das als transzendierendes zugleich deszendierend ist oder als analoges Erkennen zugleich apriorisch und katalektisch ist, d.h., unser Erkennen ist ein 'Schauen im Grund oder durch den Grund'" (ebd., 297). Oder *Die Analogie des Seienden*, GW I 473: Das seinsgerechte Denken besagt „stets einen Kreisschluss, der alle Phänomene als 'modi oder genera entis' vom Grund her als 'partizipierende Teile' aufschließt und sie zugleich mit ihm zusammenschließt." Vgl. auch *Die Freiheit und das Gute*, 27: „Wir kommen vielmehr nur aus der immer schon vollendeten Wahrheit, in der Helle, am Maß und in der versicherten Mächtigkeit des Anfänglichen in die Entfaltung der Wahrheit".

3.3.4 Die ersten Prinzipien des Denkens

Aus dem bisher Erarbeiteten fällt es nun nicht mehr schwer, die ersten Denkprinzipien zu eruieren, weil sie in den obigen Aussagen schon implizit erkennbar sind. Die Analyse des Nichts in der endlichen Vernunft machte deutlich, dass die Differenz von Sein und Nichtsein der auffassenden Vernunft entspringt, die das Sein unter die Hinsicht des Nichtseins stellen muss, um überhaupt Seiendes als Seiendes erkennen zu können. Dieser ontologische Vorgang ist aber als Satz vom Widerspruch zugleich das erste Denkprinzip des menschlichen Verstandes. Er entspringt als Grundbewegung aller späteren Denkakte notwendig der Negativität des ersten Urteils, insofern es jene Bewegung bedeutet, „durch welche der Geist als Geist die einfache Positivität ermisst, indem er das Nichtsein entwirft, um darin die Positivität als solche zu begreifen."[183]

Wenn die Verstandestätigkeit im Prozess der exemplarischen Identität verwurzelt ist, dann ergibt sich in Konsequenz dazu als zweites grundlegend wichtiges Prinzip unseres Denkens das Kausalprinzip bzw. der Kausalitätssatz. Wenn nämlich das Denken durch die analogen Strukturen des Seins in einer Teilhabe an der Wahrheit gründet, dann impliziert das, dass diese Wahrheit - eben exemplarisch - im Wahrgenommenen präsent ist und sich so wie die Ursache zu einer Wirkung verhält. Damit wird zugleich deutlich, dass der Kausalitätssatz in der von Siewerth verwendeten Form eine Erweiterung erfährt. Kausalität als Prinzip des endlichen Denkens meint nicht einfach den denkerischen Rückschluss, dass allem Phänomenalen ein Ursache-Wirkungs-Schema zugrunde liegen muss, denn „das Hauptmoment der transzendierenden Vermittlung (dass das endlich Seiende von einem absoluten und einfachen Sein her sei, das in der 'Idee des Seins' ursprünglich angesprochen ist) ist in diesem Satz [dass jedes Wesen eine Ursache habe, M.R.] nicht enthalten."[184] Der Kausalsatz, wie Siewerth ihn interpretiert, meint demgegenüber die reale Anwesenheit und Gegenwärtigkeit des Grundes im Gegründeten, das Aufscheinen der Ursache in der Wirkung und damit aber die Einheit der Wirkung und der Ursache im Wesen. „Was hier nämlich ursprünglich vorliegt, ist die Einheit von Unendlichkeit und Endlichkeit, der Wirkung und der Ursache, so dass der Satz nicht lautet 'jedes Wesen hat eine Ursache', sondern 'jedes endliche Wesen ist in dem es selbst konstituierenden Mitsein seiner Ursache' oder 'jedes Wesen ist ideell seine Ursache'".[185]

Erst dadurch, dass im siewerthschen Verständnis vom Satz der Kausalität ausgesagt ist, im Sein des gewirkten Wesens zeige und gebe sich das Sein der Ursache selbst mit, ist es möglich, das Kausalitätsprinzip aus der exemplarischen Identität herzuleiten. Da im Kausalschluss die ursprüngliche Erfassung

---
[183] *Der Thomismus als Identitätssystem*, GW II 247.
[184] Ebd., 228.
[185] Ebd.

der urbildlichen Identität gegeben ist, erscheint die exemplarische Identität als Ursache des Kausalprinzips. „Der 'Grundsatz der Kausalität' aber bedeutet nichts anderes als die ursprünglichste Folge, Manifestation, Aufweisung, Rechtfertigung und Ermöglichung der im Denken sich bekundenden exemplarischen Identität."[186] Wenn jedoch gilt, dass das Prinzip des Kausalschlusses und mit ihm alles endliche Denken sich im ontologischen Prozess der exemplarischen Identität vollzieht, so ist damit auch eine Aussage über die Möglichkeit der Gotteserkenntnis durch die menschliche Vernunft getroffen. Denn wenn im Kausalsatz nicht einfach von einer Wirkung auf eine Ursache geschlossen wird, sondern im Geschaffenen zugleich auch das Ungeschaffene aufscheint, besitzt der Mensch kraft der ihm eigenen Denkprinzipien die Möglichkeit zu aktiver Gotteserkenntnis. So kommt Siewerth zu der folgenden These: „Das Kausalprinzip ist nicht nur 'Prämisse' der Erkenntnis, sondern in Wahrheit die Urform oder die unentfaltete Gotteserkenntnis selbst."[187]

3.4 Der Wille

Da Wille und Verstand als grundlegende Vermögen der Seele gelten, ist zunächst das Verhältnis zu klären, in dem sich Wille und Verstand befinden. Bei einer ersten Lektüre ergibt sich ein verwirrender Befund: Sowohl für die These, der Verstand besitze gegenüber dem Willen die ontologische Vorrangstellung, als auch für die Gegenthese, dieser Primat gebühre dem Willen, lassen sich Argumente finden. Für die Vorrangstellung des Verstandes spricht folgende Überlegung: Mit Thomas ist Siewerth der Überzeugung, der Wille besteht in einer naturhaften Hinneigung zum Guten. Sie kann aber sich aber nur entfalten, wenn das Gute als Gutes bereits erkannt wurde. Da diese apriorische Erkenntnis ein Vernunftakt ist, kommt der Vernunft also die ontologische Vorrangstellung innerhalb des Paares Verstand und Wille zu. „Die Urneigung des Willens zum Guten entspringt daher einer ontologisch früheren Erkenntnis des Guten im Allgemeinen, so dass in der Tat jedes moralische Urteil auf dem Selbstbesitz der Seele durch Erkenntnis aufruht und die Vernunft als 'Ursache und Wurzel der Freiheit' sich erweist."[188]

Es lassen sich aber auch für die Gegenposition Gründe anführen. Hier verläuft die Argumentation zweigleisig. Zum einen kann man sagen, dass der Wille deshalb einen gewissen ontologischen Vorrang vor der Vernunft hat, weil er diese durch eine konkrete Zielvorgabe lenken und beherrschen kann

---

[186] Ebd., 229. Vgl. ebd., 240: „Daher entspringt das Gesetz der Kausalität erst durch die Entfaltung der exemplarischen Einheit des Seins". Im Folgenden unternimmt Siewerth den breit angelegten Versuch, Verbindungslinien zwischen dem Satz der Kausalität und dem Satz vom Widerspruch aufzuzeigen. Dem kann hier nicht nachgegangen werden. Es sei deshalb auf die entsprechenden Stellen verwiesen.
[187] Ebd., 258.
[188] *Menschliche Willensfreiheit*, 40.

und so als übergeordnet erscheint. „Der Wille besitzt erstens 'die Herrschaft über seine Tätigkeit, da er aus der Natur seines Vermögens befehlend ist und von niemandem Befehle empfängt'. Dadurch ist er 'auf gewisse Weise übergeordnet, sofern er die Herrschaft über alle Kräfte der Seele (auch über die Vernunft) ausübt, und zwar deshalb, weil sein Gegenstand das Ziel ist'."[189] Der zweite Argumentationsstrang bezieht sich auf die tiefere Transzendenz des Willens gegenüber der bloßen Verstandestätigkeit. Die metaphysisch tiefere Transzendenz des Willens ist dadurch bedingt, dass es zum Wesen des Willens gehört, ein Ziel zu haben, das er wollen kann. „Dieser Drang zu den Dingen und zum Letzten erhöht sich [...] in seinem Vorrang, sofern die erstrebten Wirklichkeiten im Seinsrang über der Vernunft liegen oder gar mit Gott identisch sind [...]. Der Wille durchstößt also strebend die endliche Verfassungsweise der Vernunft auf das göttliche Sein selbst hin."[190]

Mit der Unmöglichkeit, eine Vorrangstellung für eines der beiden Vermögen auszumachen, zeigt sich zugleich das Problematische dieses Versuches. Denn Wille und Verstand durchdringen und bedingen sich gegenseitig und kommen erst miteinander in den Vollzug. Nur die Interdependenz von Vernunft und Wille befähigt den Menschen zu freiem, selbstverantwortlichem Tun und ermöglicht so das spezifisch Menschliche in seinen Handlungen und Tätigkeiten. „In der naturhaften Neigung des Willens wie in der Urerkenntnis der Vernunft sind die Vermögen so aktualisiert, dass sie sich an der Wurzel bereits durchdrangen und das transzendentale Subjekt [...] zu einer apriorischen sittlichen Selbstmächtigkeit erweckten. Nicht der Wille handelt also fortan, sondern der 'Ich will' sagende, transzendental gewillte und zu sich aufgelichtete Geist, dessen Vermögen 'von der Wurzel her' geeint sind und sich gegenseitig in dieser Wurzel einschließen."[191] Diese sich gegenseitig tragende Verbindung stellt Siewerth als einen Kreislauf ohne eine innere Hierarchisierung dar: „Der in sich kreisende Kreis der gegenseitigen Bestimmung, der als Einheit das transzendentale Subjekt in seinem Selbstsein ausmacht, hat daher kein Früheres oder Späteres, da sich jeder Bezug innerlich umkehren lässt."[192]

---

[189] Ebd., 124.
[190] Ebd., 125. Vgl. ebd., 46: „Der Wille ist daher [...] allen möglichen Erkenntnisakten immer schon vorweg, weil er die Seligkeit, d.h. die Anschauung Gottes, vom Ursprung her anstrebt und deshalb in endlicher Erkenntnis kein Genüge findet, sondern sie übersteigt."
[191] Ebd., 55. Vgl. ebd., 65: „Ist aber der Wille geweckt und erfüllt durch das Walten der Vernunft, dann wird diese ebenso unmittelbar durchlichtet durch den Aktzusammenhang selbst, so dass sie nun das Wahre als Ziel, als das Erstrebbare und als das Vollendende, also als Gut erkennt." Oder ebd., 125: „Schließlich stehen Vernunft und Wille in der transzendentalen Lebenseinheit des Geistes; sie durchdringen einander und kommen nur in der Einheit beider zu persönlichem, menschlichem Tun."
[192] Ebd., 73. Vgl. ebd., 51: „Darum stellen auch die Vermögen in ihrem Leben einen 'Kreis' dar, in dem es kein schlechthin Früheres oder Späteres gibt, sondern jeder Teil, 'der zuerst war', nachher als später' erscheint."

In dieser Verhältnisbestimmung von Wille und Verstand sind bereits wesentliche Bestimmungen des menschlichen Willens impliziert. Grundsätzlich ist er auf Wirkliches aus, das als Wirklichkeit erstrebt und gewollt wird. Denn wenn der Wille zielgerichtet ist, und dieses Ziel durch die Vernunft als ein Wahres erkannt wird, folgt daraus „eindeutig, dass der zielende und abzielende Wille immer etwas, ein Wirkliches will, durch dessen Erkenntnis er 'bestimmt' wird".[193] Außerdem wird deutlich, dass der Wille dieses Wirkliche als ein Gutes will und er solchermaßen stets auf das Gute im Allgemeinen zielt. Hintergrund dieser wesenhaften Teleologie des Willens zum Guten ist die metaphysische Identität von Wirklichkeit und Gutheit. „Das Gute ist das Wirkliche; das Gute ist in den Dingen, und die Strebeakte des Guten binden Leben an Leben."[194]

Aus dieser ursprünglichen, sich zum Guten hinneigenden Gewilltheit des Wollens ergibt sich in Konsequenz ein Dreifaches: Weil der Wille das allgemeine Gute will, ist erstens auch die Unbestimmtheit des Willens in bezug auf konkrete Ziele und Handlungsoptionen gegeben. Diese ontologische Indifferenz des Wollens ist in sich noch einmal dreifach gegliedert: „die erste im Hinblick auf den Gegenstand des Wollens, [...] die zweite im Hinblick auf die Tätigkeit selbst und die dritte im Hinblick auf die 'Ordnung zum Ziel'."[195] Zweitens ergibt sich eine grundsätzliche Transzendenz des Willens in Bezug auf sein Wesen und seine Akte. Das bezeichnet Siewerth als die „wurzelhafte Transzendenz des Willens", als seine „transzendentale Zielbestimmtheit". Oder er spricht von der „transzendentalen Geneigtheit und Gewilltheit" des menschlichen Wollens.[196] Wenn drittens schließlich der Wille des Menschen transzendental bestimmt ist und immer auf ein Gutes hinstrebt, das eigentlich Gute aber Gott selbst ist, dann folgt daraus, dass der Wille sich stets auf Gott hin transzendiert und Gott als das Ziel seines Wollens erstrebt. „Der Wille schwingt daher in der transzendentalen Grundspannung in einer unermesslichen Dimension, in deren intellektuellen Helle er seiner selbst versichert ist und sie [...] auf Gott als sein letztes Ziel hinüberdrängt. [... Also ist er, M.R.] ein 'göttlich gebundener und göttlich entbundener' Wille zugleich".[197]

Der Wille des Menschen ist das Vermögen, etwas zu wollen und zu erstreben. Da jedoch die Strebevermögen des Menschen nicht einheitlich, einfach und linear sind, ist eine letzte Distinktion angezeigt. Die Strebekräfte des Menschen lassen sich unterscheiden in niedere und höhere Strebeakte. Ent-

---

[193] Ebd., 60.
[194] *Wagnis und Bewahrung*, 207.
[195] *Menschliche Willensfreiheit*, 28.
[196] Ebd., 46, 47 und 49.
[197] Ebd., 63. Fast schon poetisch ist dieser Sachverhalt dargestellt in *Die Freiheit und das Gute*, 53: „Wenn jedoch der nach Seligkeit strebende Wille den Tod negiert und deshalb zum Unendlichen [...] entschlossen ist, so ergibt sich, dass in seinem Grunde ein verborgenes Feuer glüht, das ihn zu Gott hin begeistet."

sprechend dazu ergibt sich die systematische Einteilung des Willens in einen Natur- und einen Verstandeswillen. Zielt der Naturwille auf Lebenserhaltung, Zeugung und Regeneration, so intendiert der Vernunftwille die Sittlichkeit. Beide Momente sind jedoch eng miteinander verwoben: „Nur wenn der Naturwille waltet [...], kann der Geistwille wesenhaft zum Austrag kommen; dann kann er aus seiner Helle und Einfachheit überströmend den Naturwillen befeuern, [...] in eine sittliche Handlung übergehen."[198] Damit ist zugleich eine Hierarchisierung postuliert, innerhalb welcher der Geistwille den Naturwillen zu steuern hat. Das Bild der Herrschaftseinheit Mensch, innerhalb derer der vernünftige Wille die naturhaften Strebungen versittlicht, ist unschwer zu erkennen. „Der transzendentale Wille kommt nur durch das untere Naturstreben zu einer ihm gemäßen 'Realisierung' [...], so dass die königliche Beherrschung, die Erkräftigung, Bereitung und Mäßigung, die Ausweitung und Verwandlung des Naturwillens als zentrale sittliche Aufgabe heraustritt."[199] Mit diesem Postulat ist sowohl die Freiheit der menschlichen Handlungen gewährleistet, als auch die unbedingte Verantwortung des Menschen im Gebrauch des freien Willens herausgestellt: „Gleichviel welche Neigungen und Leidenschaften in einem Menschen vorwalten, durch die Bewegungsmacht des dem Geist untertanen Herzens behält der Wille eine verantwortliche Verfügung über jede Ausführung und in jeder Handlung."[200]

3.5 Das Herz

Bisher wurde versucht, das Wesen des Menschen als Schöpfung in seinen verschiedensten Ausprägungen und in dem Facettenreichtum, in dem Siewerth es sieht und zeichnet, darzustellen. Jetzt stellt sich die Frage, ob es in Siewerths Anthropologie so etwas wie eine innerste Mitte des Menschen gibt, in dem die oben entfalteten Wesensmerkmale konzentriert sind. Sehr schnell lässt sich das Herz als terminus technicus eines solchen ontologischen Zentrums der menschlichen Existenz ausmachen. Gustav Siewerth betrachtet das Herz des Menschen als einen metaphysischen Ort der Kulmination, an dem sich das Wesen des Menschen in der Tiefe versammelt, doch nur, um sich von hier aus auszustrecken auf Welt und Mitmensch. Ausgehend von der These, dass zum einen die Seele von innen den ganzen Menschen durchforme und

---

[198] *Die Grenzen der Freiheit und die Verantwortung des Menschen*, 160.
[199] *Menschliche Willensfreiheit*, 86. Im Prozess der Versittlichung besitzt der Mensch allerdings keine vollständige Macht über den Naturwillen, so dass Siewerth mit Thomas das Bild einer politischen Ordnung gebraucht, in welcher der Vernunftwille die niederen Strebungen ihrer Natur gemäß kanalisieren muss. Dieser politischen Ordnung „gemäß untersteht die untere Natur 'nicht wie ein Sklave einer despotischen Gewaltherrschaft', sondern einer königlichen oder politischen Leitung, der gegenüber sie eine gewisse Freiheit behauptet" (ebd., 84).
[200] Ebd., 82.

dass zum anderen die Sinne von außen den ganzen Menschen affizierten, postuliert Siewerth eine „vermittelnde Mitte, in der das Leben als Mannigfaltiges sich eint und als Einiges ins Mannigfaltige ausströmt und es zu sich begeistet. Diese Mitte des Menschen ist das Herz."[201] Sie lässt sich nach verschiedenen Seiten hin entfalten. Wenn das Herz als ein zentrales Medium der metaphysischen Wesensverfasstheit des Menschen bezeichnet werden kann, so muss es auch der Ort sein, an dem der Mensch als Person zu Selbststand, Selbstursächlichkeit und Subsistenz kommt. Das Herz „ist der Ort der Selbsterfahrung, des Selbstbesitzes und der Selbsthingabe. So aber ist es die Wurzel und die Quelle [...] der personalen Subsistenz für den einzelnen Menschen".[202]

Es ist bezeichnend, dass Siewerth oft im Anschluss an Beschreibungen der Strebevermögen und Leidenschaften des Menschen das Herz thematisiert. Denn in einer metaphysisch konzipierten Anthropologie, wie sie Siewerth entwirft und konzipiert, ist das Herz der eigentliche Träger der Sinnlichkeit, der Gefühle und Emotionen des Menschen. In ihm fließen alle Kräfte der Natur des Menschen zusammen. So sagt Siewerth, ausgehend von einer Beschreibung der beiden Grundvermögen des unteren Strebens, der potentia concupiscibilis und der potentia irascibilis: „Das Ganze dieses strebenden Begehrens und Wirkens aber wurzelt im 'Herzen', in dem das Äußerste und das Innerste zusammengeht."[203] Diesen Sachverhalt erweiternd, erscheint es „nach thomistischer Lehre [als] der vom Lebensgrund her angetriebene Motor aller Bewegung, die Einheit der vegetativen, der sinnlichen und seelenhaften Natur, der tragende Grund aller Leidenschaften".[204]

---

[201] *Hinführung zur exemplarischen Lehre*, 44. In *Der Mensch und sein Leib*, 15, beschreibt Siewerth die vielfältige Vermögensorganisation des Menschen. Aus der Feststellung, dass dieser Vielfalt eine ontologisch tiefere Einheit zugrunde liegen müsse, folgert er: „Es muss daher einen inneren Einheits- und Lebensgrund geben, eine Wesenswurzel, von dem die teilhafte, gestufte und geordnete Organisation her ausgeht, in dem sie sich entfaltet, und in den sie immer zurückgeht. Es ist dies ohne Zweifel der Herz- und Wurzelgrund, die Lebensmitte des *einen* Menschen [...]. Alles, was der Mensch ist, ist er durch sein Herz". Ebd., 60, dann „ist das Herz die vom Ganzen des Daseins durchstimmte undurchdringliche Mitte und Dichte der menschlichen Existenz." Vgl. dazu *Das Schicksal der Metaphysik*, GW IV 507f.
[202] *Das Personsein des Kindes und seine Bedeutung für die Gemeinschaft*, 4. Vgl. *Der Mensch und sein Leib*, 56: Das Herz „ist die Mitte und Dichte unserer Personalität, der Grund, in dem wir sind und uns als Selbst wissen und besitzen."
[203] *Menschliche Willensfreiheit*, 79. Ausgehend vom Herzen als dem „Lebensgrund der Natur" (ebd., 79) rezipiert Siewerth - auf dieser Grundlage aufbauend - die bei Thomas genannten Grundleidenschaften des Menschen: Freude und Trauer, Hoffnung und Furcht, Liebe, Sehnsucht, Hass und Flucht, Verzweiflung, Kühnheit und Zorn. Alle diese Emotionen münden im Herzen „als das 'Vermögen des Zornmutes und der verlangenden Liebe'. Diese 'untere Strebenatur' ist daher der tragende und vermittelnde Lebensgrund der menschlichen Existenz" (ebd., 80).
[204] *Hinführung zur exemplarischen Lehre*, 44.

Aus dieser Sicht heraus wird es verständlich, wenn Siewerth mit Thomas nicht Verstand oder Wille, sondern das Herz als Ursprungsort der Tugenden benennt. Wenn auch Verstand und Wille als Träger der Geistnatur die sinnlichen Vermögen des Menschen versittlichen, so ist doch in der Weite oder Enge des Herzens als eigentlichem Träger der Sinnlichkeit auch die Bedingung der Möglichkeit für sittliche Kraft gegeben, die dann als Tugend in Erscheinung tritt.[205] Denn weil das Herz das Innerste und Mittlere des ganzen Menschen ausmacht, sind die vegetativen und sinnlichen Kräfte der Natur immer schon apriorisch geistig informiert. Das Herz erscheint solchermaßen als der metaphysische Ort im Wesen des Menschen, in dem sich die geistige und die leibliche Natur des Menschen durchdringen und befruchten. Es „ist jene Lebens-, Liebes- und Strebetiefe, in welcher alles Leibliche zusammengeht und zu solcher Flüssigkeit sublimiert ist, dass es unter der befeuernden Informationskraft des Geistes sich substantiell verinnert, wie es auch zugleich von der einigenden, einwandelnden Wesenskraft der Seele durchströmt wird."[206] In diesem Mittelpunkt kulminieren die sittlich-geistigen und sinnlich-leiblichen Anlagen des Menschen in untrennbarer Verbundenheit, um sich von hier ausgehend tätig und gestaltend nach außen hin zu entwerfen. Im anthropologischen Entwurf Siewerths lässt sich sowohl eine Bewegung hin zum Herzen als dem inneren Grund und der tiefen Wurzel der Menschennatur konstatieren, als auch eine Ausfaltung der Herzenskräfte mittels der Leiblichkeit hin zu Welt und Mitmensch. Definitorisch expliziert Siewerth: „Ich nenne diese zwiefache Innigkeit des sich Welt einbildenden und zur Welt hin öffnenden Lebensursprungs den 'Reif und Ring des Herzens'."[207]

Die Schwierigkeit, diese metaphysische Mitte der menschlichen Existenz sprachlich präzise darzustellen, legt offen, dass an diesem Punkt der philosophische Begriff an eine Grenze gelangt. Dieser Bereich des menschlichen Wesens ist wohl in der Tat logisch nicht völlig stringent zu durchdringen. Weil sich die Tiefe menschlicher Wirklichkeit dem denkenden Zugriff im Letzten entzieht, gebraucht Siewerth sehr viele Wortverbindungen, wie z.B. Herzraum, Herzgrund, Herzkraft, Herzensgedächtnis, Herzensmitte oder Her-

---

[205] Vgl. *Die Menschliche Willensfreiheit*, 79: „Daher liegt in der 'Schwäche oder Stärke (debilitas et fortitudo) des Herzens', in seiner 'Weite oder verstrickten Enge' die eigentliche sittliche Kraft des Menschen beschlossen. Die 'sittliche Tugend' liegt nicht im Willen, sondern 'in den Kräften der Sinnlichkeit', d.h. im Herzen, dem Ort des innersten Erleidens und innerlichsten Wirkens und Bewegens der Natur." Vgl. dazu fast gleichlautend *Der Mensch und sein Leib*, 58.
[206] *Die Grenzen der Freiheit und die Verantwortung des Menschen*, 158.
[207] *Wagnis und Bewahrung*, 126. Oder *Metaphysik der Kindheit*, 93: „Wie also das Dasein in der Grundstimmung des Herzens im Vernehmen ekstatisch ausgespannt ist, so ist es auch zugleich zu seiner Wurzel- und Lebenstiefe hin gesammelt." Das ekstatische Moment in dieser Bewegung des Herzens thematisiert *Philosophie der Sprache*, 49: „Unsere Sinne sind wesenhaft das geöffnete Herz des Menschen. Sie sind die Wege, auf denen die mögende Liebe des Herzens [...] ins Vermögen kommt."

zensantwort, um dieses sich etwas diffus zeigende Feld begrifflich zu umspannen. Eben weil für Siewerth das Herz das undurchdringliche und verborgene „Mysterium des Menschseins"[208] schlechthin darstellt, nähert er sich ihm sprachlich nicht ausschließlich in wissenschaftlichen Termini, sondern in vielfältigsten Bildern und Metaphern, welche die verschiedenen Saiten des schillernden Begriffes zum Klingen bringen sollen. Dieser dichtende Sprachmodus ist in Kombination mit wissenschaftlichem Gültigkeitsanspruch allerdings hochgradig problematisch, weil er die Grenzen des Sagbaren verwischt und so die Aussage ins Opake und Fabulöse oder gar Ideologische überborden lässt. Damit werden leider auch Begriffsinhalte konterkariert, die es eigentlich wert wären, genauer durchdacht zu werden. Wer also eine Metaphysik, die vom Herzen als der ‚blühenden Rose der Brautschaft', der ‚härtenden Esse gewillter Leidenschaft' oder dem ‚Wehschoss aller Fruchtbarkeit' spricht, nicht ganz zu Unrecht als romantisierenden Kitsch abtut, übersieht leicht das inhaltliche Potential, das Siewerths Betrachtung des menschlichen Herzens bietet, und das durch etwas behutsamere Sprachwahl erst ins rechte Licht zu rücken wäre.[209] Denn die Erkenntnis, dass es etwas im Menschen gibt, das sich gegen jeden rationalisierenden Zugriff sperrt, eine Tiefe, in der Sinnlichkeit und Sittlichkeit, Leiblichkeit und Geistigkeit zusammenlaufen und das nur in dieser Einheit den Mensch zum Menschen und zum Bild Gottes gleichermaßen macht, trifft doch ins Mark einer Gesellschaft, in der die Grenzen einer rein technischen Rationalität längst offensichtlich sind und die fast verzweifelt versucht, mittels Selbsterfahrungskursen für Manager und Abfrage des ‚emotional quotient' als Einstellungskriterium diese ganzheitlichen Ressourcen abzuschöpfen. Wie auch immer: In der Weite und Indifferenz des sprachlichen Ausdruckes ist wohl auch der Grund zu sehen, weshalb Siewerth oft im Kontext explizit religiöser Erfahrungen vom Herzen spricht als dem Ort, an dem der Mensch fähig ist, Gottes Liebe zu vernehmen: „Unsterblich ist die Liebe, denn sie ist Gottes Heiliger Geist in unseren Herzen".[210]

---

[208] *Der Mensch und sein Leib*, 56.
[209] Ein eindrückliches Beispiel ebd., 56f: „Das Herz ist die Versammlung unseres Lebens, das Gedächtnis unserer Existenz, der sich verzweigende Baum unseres Daseins, die Ankunftstätte alles Zukünftigen, das gestaute Strombett der Gegenwart und der Talgrund für alle verrinnenden Wasser des Vergehens. [...] Es ist die blühende Rose der Brautschaft und der schäumende Kelch aller Wonne und Entzückung. [...] Es ist die härtende Esse gewillter Leidenschaft, der Wehschoss aller Fruchtbarkeit, die enge Kammer sprengender Sehnsucht wie der Modergrund alles unfruchtbaren, ausgegossenen Verderbens. Abgrund aller Tugenden, Ungrund aller Erschlaffung, Tempel des Heiligen Geistes oder Wüste der Dämonen!" Auch BEHLER, *Pädagogik und Metaphysik*, 77, zeigt an diesem Beispiel die Verlegenheit auf, in die Siewerth mit solch einem Sprachmodus gerät: „Die im spekulativ erfassten Prinzip versammelte Fülle der Wirklichkeit ist so dicht, dass der Versuch, sie ins Bild zu setzen, in der Gefahr steht zu überborden."
[210] *Wagnis und Bewahrung*, 31.

3.6 Wesentliche Konsequenzen

Sowohl die Begabung als auch das Gewissen lassen sich systematisch ableiten aus dem Wesen des Menschen, wie es sich bisher in der Sichtweise Gustav Siewerths darstellte. Beide bestimmen die Existenz des Menschen wesenhaft mit. Da sie aber nur mittelbar, nämlich vermittelt und bedingt durch andere Wesensmerkmale, seiner ontologischen Konstitution entspringen, werden beide Themenbereiche als wesentliche Konsequenzen an das Ende dieses Kapitels gestellt.

3.6.1 Begabung

Der Begabungsbegriff Siewerths lässt sich nicht in die gängige pädagogische Bandbreite zwischen statischer und dynamischer Begabung einspannen. Begabung, wie Siewerth sie denkt, ist mehr als die Fähigkeit zu einer bestimmten Leistung unter bestimmten Rahmenbedingungen. Der Begabungsbegriff Siewerths kann nicht ausschließlich der pädagogischen Diskussion zugeordnet werden, sondern entstammt ursprünglich dem anthropologisch-metaphysischen Kontext. Wie sehr häufig, geht er auch hier von der eigentlichen Wortbedeutung aus: „Das Wort 'Begabung' aber besagt als Verbalsubstantiv das konträre Gegenteil seiner heutigen Bedeutung, denn es verweist (wie Belieferung, Beschenkung) auf den Vollzug des Begabens".[211] Es geht nicht um eine entelechiale, ontogenetische oder morphologische Ausfaltung von im Menschen angelegten Fähigkeiten, sondern der Begriff Begabung weist hin auf die Dynamik des Geschehens, auf ein 'mit Gaben versehen' oder auf ein 'mit Gaben beschenkt' werden.

Hintergrund des siewerthschen Begabungsbegriffes ist seine von Thomas v. Aquin herrührende Lehre vom Menschen als einer substantia potentialis. Mit diesem Terminus meint Siewerth das Wesen des Menschen als ein vom Ursprung her durch ein anderes seiner selbst in die Existenz kommendes. Der Mensch ist durch eine wesenhafte Offenheit für das ihn umgebende und durchdringende Sein geprägt, auf das er sich in der Weise einer harrenden Empfänglichkeit bezieht und dessen er sich im Vollzug einer reflexiven Seinsermächtigung vergewissert. Von diesem ontologischen Ansatz her lässt sich nun der Begabungsbegriff ableiten. Folge der substantiellen Möglichkeit, in der sich der Mensch vom Ursprung her befindet, ist, dass die Vermögen, mit denen er ausgestattet ist, zwar potentiell vollendet, aber noch nicht aktuiert sind. Deshalb muss er erst aus der Möglichkeit in die Verwirklichung seiner Wesensnatur gelangen. Hier greift der Begabungsgedanke Siewerths. Begabung meint für ihn jenen Prozess, in dem der Mensch durch das Sein ermächtigt und durch Sein und Seiendes gleichermaßen be-gabt wird: „Diese

---

[211] *Hinführung zur exemplarischen Lehre*, 45.

Ermächtigung nennen wir die 'Begabung' des Kindes, die durch und durch ein Akt der 'Empfängnis ist'."[212] Daraus ergibt sich eine zweifache Konsequenz. Zum einen ist die Eingründung ins Sein die eine und zentrale Begabung, die jeder Mensch von Anfang an zu eigen hat. Daraus folgt aber zweitens, dass ursprünglich alle Menschen die gleiche Begabung haben: „In der Reifekraft des Ursprungs scheint daher (wie in der Wahrheit und im Guten) jedes Kind von gleicher Begabung, weil durch diese Gabe den Kindern das Leben erst ermöglicht wird."[213]

Begabung geschieht allerdings nicht nur durch die apriorische Empfängnis des Seins, sondern durch die Welt, in die der Mensch eingelassen ist und durch die Mitmenschen, denen er anvertraut ist. Zentrale Be-gabung, die der Mensch erfährt, ist deshalb die Liebe, die ihm von seinen ersten Bezugspersonen entgegengebracht wird. „Dies ist das Wesen aller Liebe, die [...] als weckende Gabe kommt, dass sie das Leben zur Freiheit des Selbstseins begabt".[214] Solchermaßen wird der Mensch auch durch das in der Welt vorfindbare Seiende begabt. Begabung ereignet sich aus der „Wesenstiefe der Dinge"[215] im Prozess der Ein-bildung und Aneignung von Welt und kann als eine Art Weltverhältnis beschrieben werden. „Sofern der Mensch sein geistiges Leben nicht aus sich selbst hat, sondern von den Dingen [...] her erst zu sich ermächtigt wird, ist alle ursprüngliche Begabung weniger durch eine seelische 'Organisation' als durch ein Daseins- und Weltverhältnis bestimmt."[216]

---

[212] *Die Grenzen der Freiheit und die Verantwortung des Menschen*, 161. Vgl. *Wagnis und Bewahrung*, 125: „Der Mensch aber ist im Wesen nicht nur durch die seienden Dinge zu sich selbst be-gabt, sondern durch das 'Sein des Seienden'."
[213] *Metaphysik der Kindheit*, 115. In dieser Aussage wird die Schwierigkeit deutlich, in welcher der siewerthsche Begabungsbegriff steht. Denn bei dem Versuch, jeder Deutung von Begabung als einer anlagemäßigen Entfaltung zu wehren, läuft Siewerth Gefahr, ins andere Extrem umzukippen und einem Begabungsbegriff, der sich aus Umweltdeterminationen bildet, das Wort zu reden. Er weiß um die Problematik und wehrt sich mit Vehemenz gegen diesen Fehlschluss: „Es wäre daher ein primitives Missverständnis, wollte man nun im Gegensatz zu einem morphologischen Dispositionsdenken der sogenannten 'Milieutheorie' huldigen, die alle menschliche Entwicklung aus der Gunst äußerer Einflüsse und Verhältnisse herleitet" (*Hinführung zur exemplarischen Lehre*, 46).
[214] *Metaphysik der Kindheit*, 65. Vgl. ebd., 31: „Die Liebe aber dringt durch zum Grund und begabt die Kinder mit ihrer Kraft und Tiefe."
[215] *Wagnis und Bewahrung*, 75.
[216] Ebd., 176. Auch hier taucht wieder die Spannung zwischen Erb- und Milieutheorie auf. Dass Siewerth aber tatsächlich - entgegen dem durch das obige Zitat erweckten Anschein - nicht der Milieutheorie zustimmt, ergibt seine in scholastischen Termini gehaltene Definition von Begabung, welche nämlich „eine aktuierende Information darstellt, die, je nach Grad der Erweckbarkeit einer Empfängnisbereitschaft, [...] geschieht" (*Hinführung zur exemplarischen Lehre*, 54). Obwohl also z.B. Goethe die Sprache ebenso durch seine Eltern empfangen musste wie alle anderen Kinder auch, zeichnete sich seine Genialität durch einen hohen Grad an Erweckbarkeit seiner Potentialität aus (vgl. hierzu: *Die Grenzen der Freiheit und die Verantwortung des Menschen*, 162).

Jenseits aller Erb- und Milieutheorie gleichermaßen ist die Begabung in ihrem eigentlichen Wesen eine Ermächtigung durch das Sein, das der Mensch empfängt. Weil sich diese – mit Siewerth gesprochen - Seinsermächtigung nur im reflexiven Selbstvollzug des Menschen verwirklichen kann, folgt daraus die Forderung, der Mensch müsse sich selbst empfangen und begaben. „Wird im Hinblick auf diesen Zusammenhang erinnert, dass der Mensch eine substantia potentialis sei, so folgt, dass der Mensch sich selbst empfangen muss [...]. Daher ist die Menschwerdung am Ursprung durch eine dauernde mitwaltende Selbstempfängnis bestimmt".[217] Der Begabungsbegriff Siewerths spannt sich also zwischen drei Polen: Das Sein-selbst, das als die Urbegabung jedes Menschen diesen erst befähigt, als Mensch ins Dasein zu treten; des Weiteren seine Umwelt, hier besonders die tragende und begleitende Liebe der ersten Bezugspersonen; schließlich aber die Person selbst, die ihre konkrete Existenz tätig und gestaltend verwirklichen muss, indem sie die ihr gegebenen Fähigkeiten annimmt, bejaht und kreativ entfaltet.

3.6.2 Gewissen

Auch das Gewissen des Menschen, wie Siewerth es zeichnet, ist bestimmt durch zu Grunde gelegte anthropologische Prämissen, die aus der ontologischen Konstitution des Menschen bzw. aus den grundsätzlichen Axiomen siewerthscher Philosophie resultieren. Im Hintergrund steht dabei die apriorische Erkenntnisfähigkeit des Menschen. Grundlegendes Wesenskonstitutivum jedes Menschen ist, dass er in einem intuitiven ersten Urteilsakt die Wahrheit des Seins erfährt. Damit einhergehend erlebt der Mensch auch das Gute als den Grund aller Wirklichkeit und als Ziel seines Strebens. Bedingung der Möglichkeit dieser apriorischen Verfasstheit des menschlichen Geistes ist die exemplarische Struktur aller Wirklichkeit. Diese wiederum basiert auf der in Gottes Idealität gründenden exemplarischen Identität des Seins. Aufgrund der so vermittelten apriorischen Partizipation des Menschen an Gottes Wahrheit und Gutheit folgt zum einen eine wesentliche Gründung des Menschen in eben dieser Wahrheit und Gutheit, zum anderen ein allgemeines Wissen um das Wahre und Gute an sich und schließlich drittens eine naturgemäße Hinneigung des Menschen auf das Gute hin.

Aus den grundlegenden Wesensmerkmalen des Menschen ist also in logischer Stringenz eine - wenn auch noch nicht ausgefaltete, so doch potentiell grundsätzlich vorhandene - Moralfähigkeit ableitbar. Diesen Sachverhalt beschreibt Siewerth als treuer Gefolgsmann der thomistischen Tradition als

---

[217] *Hinführung zur exemplarischen Lehre*, 46. Vgl. *Metaphysik der Kindheit*, 122: Das Kind „ist nicht durch eine subjektive Verfassung - wie das sich eingeborene Tier - begabt, sondern allein aus der Wesenstiefe des Seins, das sein vernehmendes Mögen erst zum Vermögen ermächtigt. [...] Das Kind begabt sich im einwandelnden Kreisen seines vernehmenden und übenden Lebens."

Synderesis[218] und meint damit einen wesentlichen Teilbereich der menschlichen Gewissensanlage. „Beide zusammen: die Erkenntnis des Guten und die Urneigung des Herzens oder die Grundgewilltheit des Willens machen das Wesen des Gewissens als Syntheresis aus."[219] Mit Synderesis ist das Ganze einer kreisenden Doppelbewegung gemeint: Sowohl das katabatisch sich in der intuitiven Seinserkenntnis dem Menschen eröffnende Wesen des Guten als auch die anabatisch-teleologische Hinneigung des Menschen zum Guten als Ziel seines Wollens bilden zusammen die Grundanlage menschlicher Moralität und Sittlichkeit.

Hinsichtlich der Bezogenheit des Gewissensgrundes auf das Gute lässt sich dieses in dreifacher Weise differenzieren. Zum einen stellt sich das Gute dem menschlichen Gewissen als das Gute im Allgemeinen dar. Diese allgemeine Gutheit erfährt der Mensch in der Wirklichkeit als das Gute in den ihm begegnenden Seienden, den Dingen und Lebewesen seiner Umwelt. Außerdem eröffnet sich das Gute dem menschlichen Gewissen als ein angemessenes Gutes, das den Neigungen der menschlichen Vermögen entgegenkommt und deshalb von Natur aus begehrt wird. Ein solches Gut wäre z. B. das natürliche Streben des Menschen nach Wissen. Drittens schließlich erscheint das Gute des Gewissens als das anfänglich offenbare letzte Ziel des Menschen, als die erstrebte und ersehnte Gutheit Gottes, als Seligkeit oder beatitudo.[220]

---

[218] Siewerth ist in der Schreibweise des Begriffes nicht konsequent. In der Mehrzahl der Fälle verwendet er die Formulierung Synderesis, manchmal aber taucht auch als zweite Variante Syntheresis auf (vgl. z.B. *Das Gewissen als conscientia und seine Bildung* oder *Das Gewissen als sittliches Urwissen [Syntheresis] und seine Bildung*). Da die Wortwurzel des scholastischen Begriffs im griechischen συνείδησις zu suchen ist, was soviel meint wie Mitwissen, Bewusstsein, Gewissen (vgl. GEMOLL, 711), und da des Weiteren Mieth im Verweis auf Thomas ebenfalls die erste Variante favorisiert (MIETH, *Gewissen/Verantwortung*, 222 - hier ist auch die lange Tradition des Begriffes dargestellt), wird in dieser Untersuchung die Schreibweise Synderesis verwendet.

[219] *Das Gewissen als sittliches Urwissen (Syntheresis) und seine Bildung*, 299. Die Lehre vom Wesen des Gewissens als Synderesis ist oft vermerkt im Werk Siewerths. So bestimmt er in *Metaphysik der Kindheit*, 80, „das Gewissen als Synderesis als die Urneigung des geistigen Strebegrundes auf Grund einer intuitiven allgemeinen Erkenntnis des Guten als Guten." Rückgreifend auf die Darlegung der naturhaften Erkenntnis der ersten Wahrheiten expliziert Siewerth in *Menschliche Willensfreiheit*, 39: „Dieses intelligible Grundwissen, die sittliche Ur- und Grundgewissheit nennt Thomas mit Hieronymus die 'Synderesis'." Schließlich noch die bündige Erklärung in *Wagnis und Bewahrung*, 201, in der Siewerth Synderesis als „die ursprüngliche allgemeine Erkenntnis des Guten" bezeichnet.

[220] Vgl. hierzu *Vom Wesen des Kindes und von der Bildung seines Gewissens*, 193f. Breit ausgeführt hat Siewerth Wesen und Bedeutung des Guten für das Gewissen auch in seinem Aufsatz „Von der Bildung des Gewissens" (*Wagnis und Bewahrung*, 201ff.), besonders an folgender Stelle: „Das Wirkliche selbst ist das Gute. [...] Gut sind die Seienden, weil sie sich erstreben, sich mitteilen [...]. Gut aber sind die Dinge der Natur, die Pflanzen, Tiere und die Welt selbst, mehr noch der Mensch in der lebendigen Wirklichkeit seines Daseins [...]. Vor allem aber ist der Wirkliche aller Wirklichkeiten gut, Gott" (ebd., 202).

Durch die Apriorität dieser Bezogenheit ist eine Unfehlbarkeit und Letztgültigkeit des Gewissensgrundes als Syneresis gegeben, die den Menschen in eine grundsätzliche Verantwortung stellt. Der Mensch „existiert nach der Maßgabe der Infallibilität seines Gewissens in absolutem Anruf und unaufhebbarer Verantwortung."[221] Dass das Gewissen des Menschen dennoch irren und fehlgehen kann, folgt ebenfalls aus der Allgemeinheit des Guten. Ein Allgemeines an sich ist immer zugleich ein Unkonkretes, unbeschadet der Tatsache, dass es sich in phänomenalen Einzeldingen zeigt. Deshalb bedarf die Syneresis, verstanden als der Weisheitsgrund des Gewissens, einer Konkretisierung durch praktische Urteile in je einmaligen, individuierten Handlungsakten.

In diesem Sinn beinhaltet das Gewissen, über seine mit Syneresis bezeichnete unbestimmte Grundausrichtung hinausgehend, die Fähigkeit des Menschen, das im intuitiven Urteil erkannte allgemeine Gute umzusetzen und in den eigenen, persönlichen Handlungsvollzug zu integrieren. Diese praktische Moralität nennt Siewerth, wiederum mit Thomas, das Gewissen als conscientia. Deshalb ist der Gewissensgrund (Syneresis) „vom Gewissen als 'conscientia' unterschieden, das als ein Vermögen der Anwendungen der sittlichen Grunderkenntnisse auf das vereinzelte, konkrete Handeln zu begreifen ist."[222] Allerdings ist von der Erkenntnis des allgemeinen Guten keine logische - im Sinne einer eindeutig zwingenden und unvermittelten - Verbindung zu der unter individuellen Bedingungen stehenden Handlung der jeweiligen Person herstellbar.

Aus dieser in der Indifferenz der Wahlfreiheit gründenden Offenheit der Entscheidung ergibt sich die Notwendigkeit zur Gewissensbildung. Es ist hier nicht notwendig, die pädagogischen Forderungen zur Gewissensbildung, wie Siewerth sie formuliert, im Detail vorzustellen. Deshalb mag ein kurzes Schlaglicht genügen. Maßgeblich ist für Siewerth der durch die 'Mittlerschaft' der Eltern gegebene Lebensbereich innerhalb der Familie, der einen Spielraum bietet, in dem selbstverantwortliches, persönliches Handeln geprobt und das Gewissen geschärft und gefestigt werden kann. Solchermaßen soll der Mut, selbst zu entscheiden und die Übung der Wahrhaftigkeit durch die Erziehenden gefördert werden.[223] Wichtig hierbei ist, dass Gesetze nur bedingt zur Gewissensbildung taugen. „Das negative Gesetz ist [...] immer nur

---

[221] *Menschliche Willensfreiheit*, 89.
[222] *Das Gewissen als sittliches Urwissen (Syntheresis) und seine Bildung*, 297. Vgl. auch *Die Grenzen der Freiheit und die Verantwortung des Menschen*, 164. Ausgehend von der Darlegung des Gewissensgrundes als Syneresis kommt Siewerth zu folgendem Schluss: „Da aber die sittliche Handlung [...] nie allgemein ist, sondern konkret, so bildet sich zugleich [...] auch die Tugend praktischer Lebenserfahrung oder die sittliche Urteilskraft. Diese Urteilskraft ist das Gewissen als conscientia, d.h. die Fähigkeit, das allgemeine Gesetz auf konkrete Lebensverhältnisse anzuwenden."
[223] Vgl. *Das Gewissen als conscientia und seine Bildung*, 51ff.

eine 'verwehrende Grenze', die ich nicht überschreiten darf, wenn das Gute nicht erlöschen oder Böses sich ereignen soll."[224]

Prägnant zusammengefasst, findet sich Siewerths Sicht des Gewissens in der folgenden Aussage, die mit der unerhörten Dignität, die er dem Menschen zumisst, zugleich auch die fast überschwängliche Positivität seiner gesamten Anthropologie zu Tage treten lässt: „Gott schafft und will [...] den zum Guten begabten und im Gewissen aufgerufenen, in Freiheit 'geschaffenen Gott', dessen Entscheidungen jetzt und hier fallen und der selbst keinen Grund in sich und im Sein findet, dass Gott nicht sein Gutes will."[225]

---

[224] *Grundsätzliches zur Frage nach der Bildung des Gewissens*, 57. Vgl. die z.T. identischen Aussagen in *Das Gewissen als conscientia und seine Bildung* oder in *Wagnis und Bewahrung*, 207 ff. Erwähnt sei schließlich auch folgende Formulierung Siewerths: „Dabei ist von höchster Wichtigkeit, dass alle Gesetzlichkeit immer nur ein Schutzrahmen bleibt, während die konkrete Existenz in einer unendlichen Freiheit schöpferischer unableitbarer Entfaltung steht" (*Die Grenzen der Freiheit und die Verantwortung des Menschen*, 165).
[225] *Menschliche Willensfreiheit*, 115.

4 Der Mensch auf die Schöpfung hin: Welt und Mitmensch

Der Mensch ist nicht nur aus dem Schöpfungsganzen als ein Geschöpf Gottes entwickelt, sondern verhält sich auch als freie, aktive Person zu dieser ihn umgebenden und prägenden Schöpfung. Von Grund auf ist er verwoben in das große Spiel der Welt, deren untrennbarer Bestandteil er ist, zu der er sich aber auch reflexiv und gestaltend verhalten kann und muss. Der Mensch ist „als strebender naturhaft in eine Welt eingelassen und im Maße seiner Einheit mit ihr von der Welt her wurzelhaft durchstimmt."[226] Bei diesem In-der-Welt-Sein geht es um die empirisch wahrnehmbare Welt im Sinne der affizierenden Natur und Umwelt *und* um die Mitmenschen, die Bezugspersonen, mit denen der Mensch in Interaktion tritt. Erst beide Bereiche gemeinsam machen seine Bezogenheit auf die Schöpfung aus. „Der Mensch ist verleibte Natur. Das besagt, dass er sein Leben hat aus der Gemeinschaft der Menschen und im Mitsein mit den Dingen der Welt."[227] Beide Bezugsfelder sind von gleicher Bedeutung sowohl für die transzendentale Offenheit, als auch für die Bildungsfähigkeit und Gestaltungskraft des Menschen: „Dem Menschen aber wird das bildende Geheimnis des Seins offenbar im Heraufgang der Natur und im Gang des geschichtlich zu sich kommenden Menschen."[228]

4.1 Mensch und Welt

4.1.1 Leiblichkeit

Elementarster Ausdruck der Bezogenheit des Menschen auf die ihn umgebende Natur und Welt ist seine leibliche Verfasstheit, aufgrund derer er selbst als materiale Natur einen untrennbaren Bestandteil der Welt darstellt. Der Mensch hat nicht nur einen Leib, sondern er ist selbst wesenhaft Leib. Der Leib ist dasjenige, was dem Menschen das Dasein auf dieser Erde erst möglich macht. Er ist für das Verständnis siewerthscher Anthropologie von zent-

---

[226] *Das Schicksal der Metaphysik*, GW IV 97. Vgl. *Philosophie der Sprache*, 47: „Jedes wirkliche Wesen ist dadurch bestimmt, dass es sich wirklichend erwirkt und in einer Welt verwirklicht ist." In *Metaphysik der Kindheit*, 27, formuliert Siewerth: „Das menschliche Dasein ist von der Wurzel her nicht bei sich selbst, sondern entäußert, so dass es sich nur aus einem Jenseitigen seiner selbst zurückgewinnt." Dieses Entäußertsein bezeichnet Siewerth, ebd. 27, mit Heidegger als „In-der-Welt-sein des Menschen".

[227] *Die Freiheit und das Gute*, 55. Ähnlich beschreibt Siewerth in *Hinführung zur exemplarischen Lehre*, 16, die zweifache Bezogenheit des Menschen auf die Schöpfung: „Der Mensch ist von Grund auf eingelassen ins Walten der Welt und des Daseins." Der Terminus Dasein dient auch Siewerth (wie Heidegger) ausschließlich als Chiffre für menschliches Dasein.

[228] *Wagnis und Bewahrung*, 51.

raler Bedeutung: „Da der Mensch wesenhaft leiblich ist, so hat er auch Stand und Mitte im Leibe."[229] Hierbei ist der Leib nicht ein von Geist und Seele zu trennender Wesensbestandteil, sondern Leib, Seele und Geist durchdringen einander und stehen in einer unauflösbaren Verflochtenheit miteinander. „Also ist der Mensch [...] eine wesenhafte, substantiale Einheit von Geistseele und Leib dergestalt, dass die Seele nur in der Einheit mit dem Leibe und der Leib nur in und durch die Seele das sind, was sie sind."[230] Ausgehend von der Lehre des Thomas von Aquin über die Wesenseinheit von Leib und Seele kommt Siewerth zu der Aussage, „dass Leib und Seele *ein* einiges, von einem Formgrund her gebautes, durchwaltetes und belebtes *Wesen* seien, das im Ganzen dessen, was es ist, durch diese innere Durchdringung der beiden Seinsgründe bestimmt ist."[231] Wenn folglich mit Siewerth festzuhalten bleibt, dass Seele und Leib sich gegenseitig durchdringen und beleben, so ist damit eine Zweiheit in einer umfassenderen Wesenseinheit intendiert, eine gegenseitige Verwobenheit, die jedoch nicht zur Verschmelzung führt. Dieses Verhältnis lässt sich recht gut als Spannungseinheit charakterisieren.[232]

Die Einheit in der Zweiheit wird z. B. deutlich in der folgenden Aussage: „Kraft dieser substantialen Wesenseinheit durchdringt die Geistseele [...] alles Leibliche bis in seine tiefsten materiellen Gründe, wie das Leibliche als vom Geiste belebte Potenz das Geistige erschwingt, dergestalt, dass es keine menschlichen Akte geben kann, an denen nicht auch das Leibliche [...] partizipierte."[233] Andererseits gilt es, auch die Zweiheit in der Einheit zu beachten.

---

[229] *Der Mensch und sein Leib*, 44.
[230] *Die Grenzen der Freiheit und die Verantwortung des Menschen*, 157. Die Interdependenz von Geistseele und Leib wird ebenfalls deutlich, wenn Siewerth vom Menschen als dem 'naturverwurzelten, verleibten Geist' spricht (so z.B. in *Hinführung zur exemplarischen Lehre*, 56).
[231] *Der Mensch und sein Leib*, 12. Ähnlich formuliert Siewerth ebd., 25f. Ausgehend von der Feststellung, dass das Menschenwesen unteilbar geistig und leiblich sei, schreibt er dort: „Denn die Seele ist 'die Form eines beseelten Leibes', und wo Form und Materie sich einen, konstituieren sie das Sein einer ganzen, unauflöslichen Wesenheit." Das ist Siewerth so wichtig, dass er in *Die Grenzen der Freiheit und die Verantwortung des Menschen*, 157, fordert: „Die alte, aristotelische, kirchlich sogar dogmatisierte Formel, dass 'die Seele ohne Vermittlung Form eines beseelten Leibes' sei, muss sogar von ihren platonischen Restbeständen durch ein entschiedenes und geklärtes Denken befreit werden."
[232] Der Begriff Spannungseinheit als Charakteristikum für das Leib-Seele-Verhältnis stammt von SCHULZE, *Leibhaft und unsterblich*, 94ff, der ihn bei der Analyse der thomistischen Seelenlehre einführt. Aufgrund des ausdrücklichen Thomasbezuges, den Siewerth immer wieder geltend macht, trifft er auch das von Siewerth Gemeinte recht genau.
[233] *Die Grenzen der Freiheit und die Verantwortung des Menschen*, 158. In Verbindung mit dieser Aussage wird deutlich, dass zum einen auch die rein körperlichen Vorgänge im Menschen, bzw. diejenigen Handlungsabläufe, die der Mensch mit den Tieren gemeinsam hat, doch immer aufgrund der alles Leibliche durchdringenden Geistseele spezifisch menschliche Akte sind und dass zum anderen aber auch geistige Prozesse im Menschen, wie z.B. das Erkennen und Denken, leibhaft vermittelt sind.

Diese zeigt sich in der ontologischen Hierarchisierung, in welcher der Leib als eine Vermögensordnung erscheint, die von der Geistseele nicht nur aktiviert und informiert, sondern auch gelenkt und gesteuert wird. Innerhalb der Spannungseinheit Leib-Seele zeigt sich folglich das Phänomen, „dass das Seelische und Geistige die leiblich-organischen Bedingungen völlig übersteigt. Der Mensch ist also hierarchisch gebaut".[234]

Aus dieser Sicht der Spannungseinheit von Leib und Seele ergeben sich einige Konsequenzen. Eine erste wurde schon erwähnt: Der Mensch ist durch den Leib in die Welt ausgesetzt, wird durch den Leib zum Wesen, das an der Welt als Umwelt partizipiert und sie als Mitwelt gestaltet und formt. Die leibliche Affiziertheit wird besonders deutlich im Erkenntnisakt. „Durch den räumlich organisierten Sinnenleib ist der Mensch im sinnlichen Erkennen primär und eigentlich nicht bei sich und in sich, sondern er ist in die Welt 'entrückt'. Er ist 'in der Welt' und umgreift Welt, von der er zugleich umgriffen ist."[235] Durch die im Leib gegebene Weltentrückung, die bei Siewerth das genaue Gegenteil von Weltflucht und Weltenthobenheit meint, ist zum einen überhaupt erst geistiges Erkennen ermöglicht, zum anderen besitzt der Mensch durch sie die Natur wie einen Wesensanteil, ist er selbst als ganzes Wesen Natur.[236]

Auf diese Weise wird der Leib für Siewerth zu einer Urhandlung des Menschen, enthüllt sich ihm die „Werkzeuglichkeit des Menschenleibes".[237] Vermittels dieses Weltbezuges tritt der Mensch handelnd und gestaltend ein in die Welt, wobei ihm der Leib als ein Werkzeug und Gerät dient, durch das er auf die Welt einwirkt und zwangsläufig aufgrund seiner räumlich-zeitlichen Existenz auch immer schon eingewirkt hat. „Das leibhafte Selbst des Menschen lässt sich nicht scharf abgrenzen gegen die Natur, sondern stellt eine Urhandlung dar, in der der Mensch sich eines Stückes Welt bemächtigt hat, um aus dieser Ermächtigung tätig ausgreifen zu können. [...] Wo Leibliches in die Welt ragt und sich nach außen erstreckt, gibt es diesen werkzeuglichen Bezug."[238] Von besonderer Bedeutung ist dabei die Hand des

---

[234] *Der Mensch und sein Leib*, 13. Noch deutlicher ebd., 14: „Das Sein des Menschen als Einheit von Leib und Seele tritt damit zur Seite vor dem Unterschied im Gefüge seiner Vermögen. [...] Der 'organisierte' Leib ist daher eine Vermögensordnung, deren Wirksamkeit dem umgreifenden Vermögensganzen des Geistes zu- und hingeordnet ist."
[235] Ebd., 30.
[236] Ebd., 31, thematisiert Siewerth die sinnenhafte Leiblichkeit als ein „unerhörtes Mysterium des Geistes" und versucht, die naturhafte Verfassung des Menschen darzustellen, indem er den Menschen als „Kind und Braut der Natur" beschreibt.
[237] *Wagnis und Bewahrung*, 76.
[238] *Der Mensch und sein Leib*, 35. Vgl. *Wagnis und Bewahrung*, 149: „Durch den Leib ist der Mensch der Welt geöffnet, ausgespannt in ihre Weite und auf innig vertraute Nähe gewiesen, durch ihn 'greift' er werkzeuglich handelnd aus in seinem Lebensraum [...], durch die 'Werkzeuglichkeit' des Leibes, in der alle Ding- und Sachbezüge schon verwirklicht sind, kann er wirken, verknüpfen, lösen, formen und ordnen."

Menschen. Sie ist für Siewerth das Werkzeug aller Werkzeuge, gewissermaßen das menschliche Urwerkzeug. Mit ihr greift er aus auf die Welt und wird ein im wörtlichen Sinne Handelnder.[239]

Wenn also die Materialität des Leibes zur Verwirklichung und Substantiierung der Form dient, wenn des Weiteren der Leib dasjenige ist, das die räumliche und zeitliche Einmaligkeit des Menschen ausmacht, wenn schließlich der Mensch durch den Leib und als Leib seinen je eigenen Platz in der Welt einnimmt, dann wird einsichtig, dass der Leib Bedingung der Möglichkeit für die Individuation des Menschen ist. Die Lehre von der Individuation besagt nämlich, „dass der Mensch nicht durch seine geistige Form, nicht durch sein Sein je Einzelner ist, sondern erst durch seine Verleiblichung."[240] Nicht der Geist des Menschen wird je ein einzelner, sondern erst der ganze Mensch ist Individuum. Die Bedeutung der Leiblichkeit für die Personalität und Freiheit des Menschen liegt klar auf der Hand: ohne Leiblichkeit keine Personwerdung, ohne Leiblichkeit keine Freiheit des Menschen. Individuation im Sinne Siewerths meint, „dass der Mensch auch als Geistform nur individualisiert sein kann als 'diese Seele für diesen Leib' und durch das Dasein im Leibe sich empfangend und handelnd erst in Freiheit bestimmt."[241] Ausgehend von der Feststellung, dass der Mensch allein durch seine zeugende und empfangende Leibverfassung daseiende Freiheit und solchermaßen Abbild Gottes sei, folgert Siewerth dann an anderer Stelle: „Die Materie ist daher nicht nur der ermöglichende Grund der waltenden Welt, sondern auch der selbstursächlichen Freiheit".[242]

Durch seine leibliche Verfassung als geistbegabte Natur kann der Mensch sich in Freiheit selbstursächlich bestimmen. So wird er zur Krone der Schöpfung, zum Gipfelpunkt der Natur.[243] Weil aber außerdem im Leib Natur und Geist, Materie und Form zur größtmöglichen gegenseitigen Verflochtenheit gelangen, spiegelt sich die gesamte Natur in der leibseelischen Ganzheit des Menschen wider: „Solchermaßen ist der Mensch als leibliches Wesen die höchste Lebenseinigung aller kosmischen Bezüge, [...] ein 'Mikrokosmos',

---

[239] Vgl. *Der Mensch und sein Leib*, 36.
[240] *Der Mensch und sein Leib*, 45.
[241] Ebd., 46.
[242] Ebd., 67f. Eine Folge des Zusammenhanges von personaler Freiheit und Leiblichkeit ist die Intensität, mit der Siewerth die kirchliche Lehre von der leiblichen Auferstehung propagiert. Wenn Personalität und Freiheit nur mittels der Leiblichkeit denkbar sind und diese eine Seele für genau diesen einen Leib geschaffen ist (vgl. ebd., 66), dann wird verständlich, dass in den Augen Siewerths eine Auferstehung nur denkbar ist als leibliche Auferstehung. Ausgehend von der Argumentation, dass eine Trennung vom Leib für die Seele wesenswidrig sei und dass das Menschenherz nur selig sein könne in der Auferstehung des ganzen Menschen, folgert er: „So erst ist durch den Leib und seine Auferstehung 'Reich Gottes', die Wiederkunft der Freiheit" (ebd., 80).
[243] Vgl. *Die Freiheit und das Gute*, 68: „So begegnet der Mensch im Menschen dem Thron und König der Natur, der persönlichen und subsistenten Einheit des Geschaffenen".

die 'Welt im Kleinen'."[244] Die hier durchscheinende Anthropozentrik ist sicherlich nur zu einem kleinen Teil der biblischen und religiösen Prägung Siewerths geschuldet. Weitaus mehr ist sie Folge seiner philosophischen Systematik. Denn im metaphysischen System Siewerths ist der Mensch ja in der Tat der Gipfelpunkt und die Krone allen Seins, weil nur in ihm das Sein subsistiert und so zu Selbststand und Personalität gelangt.

4.1.2 Natur als Wohnung und Haus des Menschen

Die obigen Zeilen deuten es bereits an: In dem Maß, in dem der Mensch auf Gott hingeordnet ist, ist die Natur in ihrem Streben auf den Menschen hingeordnet. Die Natur besitzt eine immanente Teleologie auf den Menschen, vergleichbar der des Menschen auf Gott: „Solchermaßen ist die ganze Natur auf den Menschen als 'Urbild' hin entworfen und gerichtet, so dass die ganze Dimension des Seins im Menschen zur 'Verwirklichung' und 'Einheit' gelangt. Der Mensch ist das Ziel des gesamten Werdens in der Natur."[245] Um die Bedeutung von Natur und Landschaft für das Wesen des Menschen zu klären, müssen einige Prämissen beachtet werden, die dieser Thematik grundgelegt sind. Da ist zum einen das erkenntnistheoretische Axiom, dass Geist und Wille immer ausgehen auf ein Wahres und Gutes, dieses sich aber nur in den wirklichen Dingen zeigt. Deshalb sind geistige Prozesse - wie z.B. Erkenntnisvorgänge oder Willensentscheidungen - nur möglich aufgrund der an die Welt ausgekehrten sinnenhaften Wahrnehmung. Zum anderen gilt auch in diesem Zusammenhang die philosophische Grundaussage Gustav Siewerths, dass in den seienden Dingen und sinnenfälligen Wesenheiten für den Menschen das Sein des Seienden aufscheint, in dem er den tragenden und einenden Urgrund aller Wirklichkeit erkennt und das ihn wieder auf Gott als den Schöpfer der Welt verweist.

Damit wird die eigentliche Bedeutung von Natur und Landschaft deutlich. In der Welt und der Natur lichtet sich, wie Siewerth sagen würde, für den Menschen das Sein des Seienden. Über die Verwurzelung in der Welt bzw. das Ausgesetztsein an die Natur kommt er zum Seinsbegreifen. Das widerspricht nicht dem intuitiven, apriorischen Seinserfassen, wie Siewerth aus-

---

[244] *Der Mensch und sein Leib*, 51. Die Hochachtung, mit der Siewerth vom Leib des Menschen spricht, zeigt sich auch in *Wagnis und Bewahrung*, 150: „In der Tiefe seiner [des Menschen, M.R.] durchseelten, liebespendenden, zeugenden Leiblichkeit ist das Mysterium des Lebens beschlossen."

[245] *Das Schicksal der Metaphysik* GW IV 484. Vgl. *Wagnis und Bewahrung*, 51: „Ist aber schon der Mensch ein 'Bild des Seins', so ist die Natur [...] auch ein 'Nachbild des Menschen'. Der Aquinate kann deshalb sagen, dass die ganze nichtmenschliche Natur 'auf den Menschen als einen urbildlichen Typos hin entworfen sei' [...]. Solchermaßen erscheint der Mensch als 'Urbild' und als 'Krone' der Natur." Ähnlich lautende Stellen, ebenfalls mit entsprechenden Thomaszitaten, finden sich in *Wagnis und Bewahrung*, 124, oder in *Die Freiheit und das Gute*, 68.

drücklich betont: „Da dieses Sein das erste ist, das die Vernunft erkennt - da ferner das Sein sich nie lichtet, ohne dass es im Seienden, das den Sinnen erscheint, anwest, so kommt der Mensch nicht zur Existenz, wenn er nicht im Ursprung vernehmend ins Seiende der Dinge und Wesen entrückt ist."[246] In diesen Seienden 'lichtet' sich das Sein und lässt sie als Welt, Natur und Landschaft erscheinen, als einen Daseinsraum, in dem der Mensch sich existierend entfalten kann. Auf diese Weise erscheinen Natur und Landschaft als „das unmittelbare Anwesen des Seins des Seienden, [als] seine ursprünglichste Eröffnung."[247]

Das Weltverhältnis des Menschen ist als eine Grundweise seines Daseins sowie als Bedingung der Möglichkeit für sein Denken und Erkennen zugleich auch eine Weise seiner metaphysischen Existenz: „Existieren heißt immer dies, sich wohnend und fügend einzuräumen in den eröffneten Raum der Lichtung des Seins."[248] So wird die den Menschen umgebende Welt zu einem Ort der Geborgenheit. Die Landschaft wirkt prägend auf das Wesen des Menschen, dieser wiederum richtet sich ein in der Natur, verändert sie und macht sie sich dienlich. Mensch und Natur verhalten sich nicht zueinander in einem Subjekt-Objekt-Verhältnis, sondern bilden gemeinsam ein Interdependenzgefüge, von dem ausgehend der Mensch erst ins Denken, Handeln und Gestalten kommen kann. Bezugnehmend auf Maria Montessori nennt Siewerth dieses Phänomen „eine *'Inkarnation'*, d.h. eine in 'Fleisch und Blut' übergegangene, eine Herz-gewordene Wirklichkeit."[249] Der metaphysische Ort im Menschen, an dem dieses Weltverhältnis zum Klingen kommt, an dem sich das Sein der Welt dem Menschen eröffnet und von dem ausgreifend er Welt gestaltet, ist das Herz. Deshalb nennt Siewerth diesen „eröffnenden, verinnerten Ursprungsraum des Daseins" auch den „Reif und Ring des Herzens" bzw. den „Ursprungs- oder Wohnring" des Herzens.[250] Auch hierbei sei noch einmal auf die in dieser Aussage enthaltene Doppelbewegung des menschlichen Weltverhältnisses hingewiesen: Es geht sowohl um den sich Welt verinnerlichenden als auch um den sich zur Welt hin öffnenden Lebensraum des Menschen.

---

[246] *Wagnis und Bewahrung*, 125.
[247] Ebd., 125. Vgl. *Das Schicksal der Metaphysik*, GW IV 485f: „Ist aber die Natur der Heraufgang des Seins des Seienden, [...] so ist es selbstverständlich, dass nur der im Empfängnisgrund der Natur verwurzelte, der sich erzeugende und liebend wohnende Mensch des 'Wesenhaften' aller Dinge inne ist". In dieser Sicht von Welt erscheint für Siewerth, ebd. 486, alles Wesenhafte und Besondere der Natur „zugleich als ein urspringend Ursprüngliches, als eine kostbare Epiphanie, die ins Wunderbare des Seins selbst verweist".
[248] Ebd., 493.
[249] *Hinführung zur exemplarischen Lehre*, 52.
[250] Vgl. ebd., 52. Im Anschluss ist die exakte Bedeutung der einzelnen Begriffe Reif, Ring, Ursprungsring und Wohnring detailliert aufgeschlüsselt. Oder in *Wagnis und Bewahrung*, 134: „Also ist die Landschaft ein durchwohnter Herzraum des Daseins."

So wird deutlich, was Siewerth im Sinn hat, wenn er von der Natur als Wohnung des Menschen spricht. Wohnen meint für ihn ein sich gewöhnendes Vertrautwerden, eine langsame Verinnerlichung und Einschmiegung der Natur in das Menschenherz: „Wohnen besagt mehr als unmittelbares Dasein. Es geschieht nur, wenn die lang bekannte, liebend durchlebte Welt sich dem Herzen einbildete, wenn die Dinge und Räume so in unserer Einbildung unser eigen wurden, dass sie sich einhüllten in das innerste Weben und Glühen unseres Herzens".[251] Das ist allerdings noch nicht eine umfassende Bestimmung des Wohnens. Denn Wohnen meint nicht nur den Ursprungsraum des sich Welt einbildenden Daseins, sondern immer auch die Urlebensgemeinschaften, in denen der Mensch steht. Wohnen ist so ursprünglich eine Form von Interaktion und Zusammenleben. Sehr oft wiederholt Siewerth in seinen verschiedenen Publikationen deshalb - in fast definitorisch klingender Form - den für ihn eigentlichen Charakter des Wohnens. Ausgehend von der ursprünglichen Wortverwandtschaft von Wohnen mit dem Namen der Liebesgöttin Venus formuliert er: „Wohnen besagte daher am Anfang, aus der Herzens- und Natur-macht der zeugenden Liebe versammelt sein und liebend verweilen."[252] Hier schwingt ein empathischer Unterton mit, der auf einen von Liebe und Leben durchdrungenen Raum hindeutet, von dem aus der Mensch sich handelnd entfalten kann.

Deshalb ist die Verfasstheit des Menschen als ein Wesen der Sozialität und der Interpersonalität konstitutiv für den eigentlichen Sinn von Wohnen. Der Mensch findet Wohnung und Heimat nur in einer von Liebe durchprägten Umgebung. Die Tatsache, dass diese Liebe gleichzeitig Wesen und Ziel des Menschen ist, bestimmt die Sichtweise Siewerths vom Wesen des Wohnens: „Wenn aber dies so ist [dass der Mensch sein Wesen nur in der Gemeinschaft der zeugenden Liebe entfalten kann, M.R.], dann besagt 'Wohnen': Aus den Wurzeln und Kräften der zeugenden Liebe den Menschen in der Gemeinschaft der Familie in sein Wesensbild kommen lassen."[253]

---

[251] *Wagnis und Bewahrung*, 126. Passend dazu ebd., 77: „Wohnen bedeutet hier jene liebende Verinnerung und Vereignung, in welcher die Wesenstiefe der Dinge im Herzraum des Menschen eingehüllt und ihm so 'vertraut' werden, dass sie ihm in 'Fleisch und Blut' übergehen, während er sich zugleich als Wohnender in sie begibt und in ihnen 'zu Hause' ist."
[252] *Vom Sinn des Wohnens*, 218. Gleichlautend in *Das Wesen des Wohnens und seine Bedeutung für die Erziehung*, 65. Vgl. *Hinführung zur exemplarischen Lehre*, 53: „Wohnen heißt daher (auch seinem ersten Wortsinn gemäß): In Liebe versammelt sein." Oder in *Wagnis und Bewahrung*, 84: „Wohnen bedeutet ursprünglich: Sich freuen, aneinander Gefallen haben und darum gesellig verweilen."
[253] *Vom Sinn des Wohnens*, 218. Gleichlautend in *Das Wesen des Wohnens und seine Bedeutung für die Erziehung*, 66. Solchermaßen wird Wohnen für Siewerth zu einem Ort der Kindschaft, an dem sich die „Urbildung des Menschen" durch das Eingefügtsein in eine liebende Gemeinschaft ereignen kann (*Hinführung zur exemplarischen Lehre*, 17). Wohnen meint so auch einen 'Urlebensakt des Vertrauens' (vgl. *Wagnis und Bewahrung*, 85).

Dasjenige, das den Ort des Wohnens auf idealtypische Weise zum Ausdruck bringt, ist das Haus des Menschen. Auch in diesem Fall geht Siewerth von der eigentlichen Wortbedeutung aus und folgert: „Das Wort 'Haus' aber leitet sich her von Hut (Hus) und meint daher das Schützende."[254] Ein Haus bewohnen bzw. im ganz wörtlichen Sinn ‚hausen' bezeichnet den Vorgang der schützenden Ingewahrnahme des Lebens. Das Haus ist der Ort, an dem der Mensch wohnt, an dem sich die Liebe entfalten kann. Obwohl bei dieser Metapher selbstverständlich das Bild des bäuerlichen Hofes im Hintergrund erkennbar ist,[255] enthält der Begriff Haus immer einen über den bloßen Ort des physischen Verweilens hinausgehenden semantischen Mehrwert: „Was der Mensch in Auftrag und Geschick ursprünglich besorgt und fugt, ist das Haus, der Urraum des Lebens. Dieses Haus kommt nicht äußerlich und beiläufig zum Menschen hinzu. Der Mensch 'haust' immerfort in seinem Existieren, das aus einem Innern ergeht".[256] So wird dem Menschen auch die Natur zu Haus und Wohnung, aus der heraus er seine Existenz entfaltet: „Indem der Mensch im weiten Hause der Natur wie in seinem Eigenen wohnt, kann er aus den Dingen *das Haus* errichten, um sein Daseinkönnen dem Walten der Welt abzuringen."[257]

Indem der Mensch sich in der Natur einrichtet, seine Welt prägt und gestaltet, wird er zum Kulturschaffenden. Auch hier geht Siewerth von der ursprünglichen Wortbedeutung aus und meint: „Dies aber ist das Wesen aller Kultur [...], in der es stets in einiger Einheit um die 'Bebauung der Erde', um die 'Errichtung und Fügung des Hauses', um die 'Pflege des Kindes', um die 'Verehrung der Väter und des Gottes' geht."[258] Wenn Kultur also eine Form des Wohnens in der Natur bedeutet, der wohnende Mensch aber im Grundvollzug der zeugenden und empfangenden Liebe steht, dann wird deutlich, dass für Siewerth auch Kultur im letzten eine Weise der Liebe darstellt. „Be-

---

[254] *Vom Sinn des Wohnens*, 218. Gleichlautend in *Das Wesen des Wohnens und seine Bedeutung für die Erziehung*, 66. Vgl. *Metaphysik der Kindheit*, 85: „Die bergende Hut des Menschen aber ist das Haus (Hus-Hut), in das er sich selbst 'in der Welt' und gegen sie geborgen hat."
[255] Deutlich wird das z. B. in *Wagnis und Bewahrung*, 127: „Immer aber breitet sich alles um das Haus, das hoch in den Himmel ragt, das die Gärten und Raine, ja noch den Wald und die Straße innig an sich zieht und versammelt." Oder ebd., 101: „In den Wohnungen der Städte fehlt der Werkraum und der Speicher des Vorrates."
[256] Ebd., 83.
[257] Ebd., 57.
[258] *Das Schicksal der Metaphysik*, GW IV 490. Oder an anderer Stelle: „Kultur - das hieß: Die Erde bebauen; das Haus errichten, ordnen und schmücken, die Kinder in Gewahr nehmen, Sitte und Brauch pflegen und Gott verehren" (*Vom Sinn des Wohnens*, 219. Gleichlautend in *Das Wesen des Wohnens und seine Bedeutung für die Erziehung*, 66f). Vgl. auch: „Darum bedeutet das Wort Kultur am Sprung [Druckfehler, gemeint ist sicherlich Ursprung, M.R.] die Bebauung der Erde und des Ackers, die Einrichtung des Hauses, die Ingewahrnahme des Kindes, die Verehrung Gottes und die Bewahrung und Pflege des Wortes" (*Die schwarzen Engel und der Mensch*, 70).

nennen wir nun das Menschenwerk in allen seinen Weisen mit dem Wort Kultur, so zeigt es sich notwendig, dass ihr eigentliches Wesen und ihr inneres Leben Liebe sei, die sich im Werk bezeugt und sich liebendem Leben weiht."[259] Weil die Liebe immer auch ein Phänomen der Transzendenz ist, liegt es nahe, dass mit Kultur und Wohnen auch der gesamte Weltbezug des Menschen eine religiöse Dimension erhält: „Immer geht es in der Kultur wie im Schicksalsgang der Menschheit um Mysterium und Heil der Liebe aus menschlich-sittlichem oder göttlich-gnadenhaftem Walten."[260] Auch hier schlägt also das exitus-reditus-Schema der theologischen Anthropologie deutlich durch: Der Mensch kommt ins Wohnen durch eine Eröffnung des Seins, in das er sich 'einwohnt', und gleichzeitig wird ihm alle Kultur doch zum Ausdruck seines Strebens nach Gott. Der Mensch „eröffnet sich vernehmend und handelnd in die Welt, um sich zugleich in die Wahrheit des Seins und die Seligkeit göttlichen Lebens und Geheißes zu transzendieren."[261] Auch das Weltverhältnis des Menschen fügt sich nahtlos ein in das Ganze siewerthscher Anthropologie als einer Bewegung des Menschen von Gott durch die Welt hin zu Gott.

4.2 Mensch und Mitmensch

Die Frage nach dem Verhältnis des Menschen zur Schöpfung, in die er eingefügt ist, stellt sich in besonderem Maß in Bezug auf sein Verhältnis zu den Mitmenschen. Es geht um die Thematik seiner sozialen und interpersonalen Verfasstheit, die wiederum prägend auf seinen Selbst-, Welt- und Gottesbezug einwirkt. Der Mensch kann sich seiner selbst und seiner transzendentalen Ausrichtung nur in und durch Interaktion mit anderen bewusst werden.

---

[259] *Die schwarzen Engel und der Mensch*, 70.
[260] *Der Mensch und seine Kultur*, 286. Das zeigt sich auch, wenn Siewerth in *Wagnis und Bewahrung*, 101, „alles Seiende als Haus Gottes" bezeichnet und ebd., 123 folgert: „Der Christ aber [...] wohnt als Gotteskind im 'Hause Gottes', in der Familie oder im Volke Gottes, in der gläubigen Hinnahme der Wahrheit und der Gnade Christi im Inneren seiner Kirche." Deshalb liegt für Siewerth in der Inkarnation Gottes in Jesus Christus auch „die Erfüllung alles wohnenden Versammeltseins" (*Der Mensch und seine Kultur*, 285).
[261] *Philosophie der Sprache*, 138. Vgl. *Hinführung zur exemplarischen Lehre*, 34: „Die Mitte aller Kultur ist die Frage nach dem Sein, nach Gott, nach dem transzendentalen Ziel, d.h. nach dem Guten und dem Heil des Menschen." Deshalb birgt sich in diesem gestaltenden Weltverhältnis des Menschen „zugleich das Geheimnis seines Heilseinwollens, der Freude über sein dauerndes Wachsen und Gedeihen. In dieser Freude bekundet sich die verborgene Tiefe aller Kultur, der ruhelose, unendliche Drang des Herzens und des Geistes, die höchste und letzte Befriedigung und Erfüllung des Daseins zu verkosten" (*Der Mensch und seine Kultur*, 283).

4.2.1   Der Mensch als zeugendes und gezeugtes Wesen

Von grundlegender Bedeutung ist das Phänomen der zeugenden Liebe. Gemeint ist die Tatsache, dass der Mensch ein zeugendes und gezeugtes Wesen ist. Eng damit verbundene Bereiche der Anthropologie Siewerths sind seine Aussagen zum Menschen als einer substantia potentialis, als eines Wesens der mögenden Empfänglichkeit und zur Leiblichkeit des Menschen. Spricht Siewerth vom Menschen als dem „Erzeuger des Menschen"[262], so ist natürlich zuerst einmal die geschlechtliche Vereinigung von Mann und Frau gemeint. Durch die mit der Leiblichkeit gegebene Geschlechtlichkeit wird die Personalität bis in ihre Tiefe hinein bestimmt. Die in der geschlechtlichen Liebe sich vollziehende Zeugung des Menschen hat in der Anthropologie Siewerths großes Gewicht, weil im Geschlechtsakt „gemäß der metaphysischen Einheit der Menschennatur und ihrer substantiellen Liebeskraft [...] sich die Liebe des Herzens von der Wurzel her bekundet und ins Werk kommt."[263] Deshalb ist für Siewerth „die Liebe des Geschlechtes ein königliches Geheimnis."[264]

Die Rede vom Menschen als einem zeugenden und erzeugten Wesen ist allerdings nicht auf den Akt der geschlechtlichen Vereinigung von Mann und Frau zu beschränken. Zeugung und Erzeugtsein ist eine Grundweise des menschlichen Daseins. Auf diesen Phänomenbereich wirken verschiedene Komponenten mit ein. Da ist zum einen die philosophische Theorie der Auszeugung, Vereinzelung und Konkretion der Materie durch die sie bestimmende Form, die in diesem Zusammenhang zum Tragen kommt. Ausgehend von der Darlegung einer „Einwandlung des Stofflichen", durch welche sich die Form erst verwesentlicht, spricht Siewerth von einer „Vermählung" von Form und Materie, in der sich das konkrete Einzelwesen in „auszeugender Herstellung" ereigne, um dann den Gedankengang wie folgt zu beenden: „In Zeugung und Empfängnis wird der Lebensakt selbst ekstatisch, sich in Lust und Wonne übersteigend und in liebender Hingabe vermählend."[265]

Hier ist zudem ein weiterer Begriff erwähnt, der für ein entsprechendes Verständnis von Zeugung bedeutsam ist: die rezeptive Empfängnis als ein zum Zeugungsgeschehen interdependenter Bereich. Der Begriff Empfänglichkeit bringt ja die metaphysische Offenheit des Menschen für das ihn ins Wesen bringende Sein zum Ausdruck. Dieser Hintergrund findet nun Anwendung bei der metaphysischen Deutung der Werde- und Reifevorgänge des menschlichen Lebens. Denn für Gustav Siewerth besagt Kindsein: „Erzeugt-

---

[262] Vgl. *Der Mensch und sein Leib*, 65. An anderer Stelle: „Der Mensch erzeugt und verantwortet den Menschen" (*Die Grenzen der Freiheit und die Verantwortung des Menschen*, 169).
[263] *Metaphysik der Kindheit*, 16.
[264] *Die Freiheit und das Gute*, 68. In *Der Mensch und sein Leib*, 65 ist die Rede von einem 'undurchdringlichen Geheimnis'.
[265] *Der Mensch und sein Leib*, 53.

sein und im Geschehen zeugender Empfängnis stehen."[266] Dabei wird deutlich: Das Geschehen der zeugenden Empfängnis ist kein einmaliger Akt, sondern eine grundsätzliche Weise menschlichen Existierens und In-der-Welt-seins. Jeder Mensch muss sich selbst immer wieder neu auszeugen, im Sinne eines sich Einbringens in Spiel und Walten der Welt. Ebenso wird der Mensch nicht nur empfangen, sondern ist wesenhaft ein Empfangender. Folgerichtig betont Siewerth nicht nur die Notwendigkeit einer seelischen und geistigen Selbstempfängnis des Menschen,[267] sondern bezeichnet auch das Phänomen der Zeugung als „ein Werk des gesamten Menschen. Sie ist in ihrer uneingeschränkten Erstreckung seine höchste, substantiellste, naturhafte Möglichkeit, wofern man sie nicht wesenswidrig auf den geschlechtlichen Zeugungsakt eingrenzt."[268] Über das Verhältnis von Zeugung und Empfängnis als metaphysische Interpretationsmuster biologischer Vorgänge und deren Auswirkungen auf die Anthropologie Siewerths wird unten noch einiges zu sagen sein. Erwähnt sei an dieser Stelle nur, dass er aus seiner Abneigung gegenüber einer biologischen Deutung keinen Hehl macht: „Diese Selbstauszeugung des leiblichen Lebens ist das tiefste, offenbare Geheimnis der Schöpfung, an dem die naturwissenschaftliche Messkunst schmählich zuschanden ward."[269]

Zusammenfassend lässt sich also festhalten, dass der Mensch vermittels seiner Leiblichkeit als „schöpferisch zeugende Liebe"[270] sich selbst erfährt und besitzt. Diese schöpferische, zeugende Liebe ist für Siewerth auch deshalb so zentral, weil in ihrem freiheitlichen Vollzug der Mensch auf genaueste Weise seine Ebenbildlichkeit mit Gott vollzieht. „Die Liebe des zeugenden Herzens aber ist das eigentliche Abbild der göttlichen Liebe".[271] In der Verwirklichung dieser Abbildhaftigkeit wird der Mensch aus Liebe heraus zum Erzeuger des Menschen. Und unbeschadet der Tatsache, dass er sich als Ganzheit und im Ganzen auszeugt, verbindet sich in der Zeugung göttliches und menschliches Handeln. So schwingt auch in biologischen Vorgängen eine religiöse Dimension mit: „Wie Gott den ganzen Menschen schöpferisch hervorbringt, so erzeugt der Mensch auch den ganzen Menschen."[272]

---

[266] *Wagnis und Bewahrung*, 107. Die hier anklingende interpersonale Dynamik versucht Splett, ausdrücklich bezugnehmend auf den Vorgang des Zeugens und Erzeugtwerdens in der Anthropologie Gustav Siewerths, wie folgt ins Wort zu bringen: „Wobei freilich das Erzeugtwerden als Sich-erzeugen-lassen gedacht werden muss: weder aktiv noch passiv, sondern 'medial' - *rezeptiv*" (SPLETT, *Freiheits-Erfahrung*, 172).
[267] Vgl. *Metaphysik der Kindheit*, 26.
[268] Ebd., 15.
[269] *Der Mensch und sein Leib*, 54.
[270] Ebd.
[271] *Die Freiheit und das Gute*, 56.
[272] *Das Personsein des Kindes und seine Bedeutung für die Gemeinschaft*, 3. Vgl. *Der Mensch und sein Leib*, 66. Auch in *Metaphysik der Kindheit*, 19, betont Siewerth, „dass der Mensch im Ganzen dessen, was er ist, aus Gott wie aus dem Menschen wird."

4.2.2 Der Mensch als Wesensgestalt der Liebe

Wenn die Rede von Zeugung und Empfängnis des Menschen ist, dann ist damit immer zugleich auch ausgesagt, dass der Mensch nicht als ein isoliertes Einzelwesen betrachtet werden kann. Der Mensch als geschaffenes und von Menschen gezeugtes Wesen steht von Anfang an in Bindungen und Beziehungen zu anderen Menschen, ist eingebettet in einen sozialen und interpersonalen Kontext.

Ausgangspunkt der Überlegungen ist ein Satz, der das Werk Gustav Siewerths wie ein roter Faden durchzieht und, ob explizit formuliert oder nicht, allen seinen anthropologischen Aussagen zugrunde liegt: „Das Wesen des Menschen ist die Liebe".[273] Liebe aber setzt Freiheit und Beziehung voraus und ist so ein interpersonales Geschehen. Der Mensch liebt im eigentlichen Sinne nicht Gegenstände, Ideen oder Werte, sondern Personen - konkret: ein Du. Ist der Mensch also als Liebe und aus zeugender Liebe ins Dasein getreten, so existiert er immer nur als eine Wesensgestalt dieser Liebe. Er kann nur Individuum und Subjekt sein, wenn er vorher in der Welt und in der Geschichte der Menschheit seinen Platz eingenommen hat. „Also ist er niemals 'Mensch im allgemeinen', wenn er nicht zuvor Kind, Bruder und Schwester, Vater und Mutter, Gatte und Gattin, Braut und Bräutigam geworden ist [...]. Das Menschsein stellt am Ursprung nicht eine blasse, allgemeine Humanität dar, sondern es ist primär die Urlebensgemeinschaft der schöpferisch zeugenden Liebe, in der sich Gottes Bild darstellt."[274]

---

[273] *Hinführung zur exemplarischen Lehre*, 15. Noch ausdrücklicher in *Der Mensch und sein Leib*, 54: „Diese Liebe ist sein [des Menschen, M.R.] Sein wie seine alle Vermögen durchwaltende Macht. Sie ist sein Heiligstes, Höchstes, Innigstes und Tiefstes zugleich. Sie ist er selbst. Es gibt wesenhaft nur eine Liebe [...]. Die Liebe ist unser Leben."

[274] *Hinführung zur exemplarischen Lehre*, 15. Die Aufzählung dieser Wesensgestalten und Urgestalten der Liebe ist im Werk Siewerths breit belegt. Allein in *Wagnis und Bewahrung* wird sie dreimal aufgegriffen, so z.B. in folgender Formulierung: „Im Raum dieser Liebe [...] aber erscheint der Mensch als Vater und Mutter, als Gatte und Gattin, als Braut und Bräutigam, als Sohn und Tochter und als Kind. Es gibt den Menschen nicht außerhalb dieser Liebesgestalten, es sei denn in unerträglicher Wesensverkürzung" (*Wagnis und Bewahrung*, 57. Vgl. dazu parallel auch 206 und 313). Des Weiteren lässt sie sich in verschiedenen Artikeln Gustav Siewerths wiederfinden. Vgl. *Vom Sinn des Wohnens*, 218; *Das Wesen des Wohnens und seine Bedeutung für die Erziehung*, 66; *Der Mensch und seine Kultur*, 282; *Das Personsein des Kindes und seine Bedeutung für die Gemeinschaft*, 9f. Ausdrücklich erwähnt sei an dieser Stelle noch eine Auflistung, die zugleich ein eindrückliches Beispiel für Siewerths eigenwilligen Umgang mit Sprache darstellt: Die sich in Urgestalten auszeugende Liebe „waltet in der Majestät der väterlichen Verantwortung [...]; sie beseelt die Huld der mütterlichen Pflege und Wartung; sie waltet im Vertrauen des Kindes, im freundlichen Einvernehmen der Geschwister, in der Mitsorge der Söhne und Töchter, im Erblühen der Jungfrau, in der Ehrliebe des Jünglings, im Herzensüberschwang der Braut wie in der Innigkeit und in der Treue der Gatten" (*Die Freiheit und das Gute*, 56f).

Zu diesen Wesensgestalten ist zweierlei zu bemerken. Zum einen sind sie es, die den Menschen in die sittliche Verantwortung gegenüber seinen Mitmenschen rufen und so vor die Aufgabe der Bewährung am Guten stellen. Zum anderen sind sie aufeinander hin geöffnet und bringen sich erst gegenseitig hervor: Vaterschaft bedeutet zugleich für einen anderen Menschen Kindschaft, und jedes Neugeborene macht eine Frau zur Mutter. Der Mensch ist „verwurzelt im heiligen undurchdringlichen, persönlich schöpferischen Lebensgrund der Familie und Sippe."[275] In diesem Sinn erscheint die Familie als Verbindung der Wesensgestalten zu eben jener Urlebensgemeinschaft, von der gerade die Rede war. Auch zur Darstellung der Familie in der Anthropologie Gustav Sieverths wird an späterer Stelle noch mehr zu sagen sein. Hier sollen zwei kurze Hinweise genügen: Unbestreitbar ist, dass er von einer intakten Familie eine äußerst hohe Meinung hat und ihr eine nicht zu überschätzende Bedeutung zumisst.[276] Unbestreitbar aber ist ebenfalls, dass sein Familienbild mit klaren Rollenzuschreibungen belegt ist: „Ehrwürdige Weisheit nennt mit Recht die Mutter das Herz, den Vater das Haupt der Familie."[277] Hier deutet sich eine bestimmte Sicht von geschlechtsspezifischen Verhaltensmustern an, die ebenfalls noch zu problematisieren sein werden.

Wie auch immer: Ausgehend von den Wesensgestalten der Liebe und von der Familie lässt sich das metaphysische Wesen der Kindschaft darstellen. Denn das Wesen der Kindschaft definiert Siewerth ja als ein Erzeugt- und Empfangenwerden durch die Elternliebe und in diese hinein.[278] Ebenso wenig

---

[275] *Wagnis und Bewahrung*, 327.
[276] In direktem Anschluss an obige Aussage formuliert Siewerth ebd.: „Es gibt einen persönlichen und zugleich naturhaften Urraum des Lebens, den der Mensch nicht fügte und setzte, den deshalb auch keine Organisation antasten und einebnen darf." Siewerths großer Respekt vor der Familie zeigt sich auch in *Der Mensch und sein Leib*, 70: „Solchermaßen birgt die Familie das Urgeheimnis der zeugend waltenden und sich im Herzen besondernden Liebe." Aus diesem Grund ist eine intakte Familie auch von hoher pädagogischer Relevanz, wie er in *Wagnis und Bewahrung*, 144, bemerkt: „Im Schoße der guten Familie walten Vertrauen, Innigkeit, Spiel, Ernst und Sorge und durchdringen einander in geheimnisvollem Einklang. [...] Ist diese Welt der Familie heil, so ist ihre erzieherische Kraft durch nichts zu ersetzen."
[277] Ebd., 16.
[278] Die siewerthsche Interpretation der Kindschaft hat Einzug gefunden in Balthasars theologische Spekulationen um das Wesen der Trinität. Für ihn wird sie sogar zum „entscheidenden Beweis", dass sich die innertrinitarische Struktur einer Liebe verdanke, die metaphysisch noch über das Sein des Vaters hinausgehe. Als ontologische Begründung dient ihm folgende Aussage Siewerths: „Liebe ist solchermaßen umfassender als das Sein selbst, das Transzendentale schlechthin, das die Wirklichkeit des Seins, der Wahrheit und der Güte zusammenfasst" (*Metaphysik der Kindheit*, 63; zitiert nach BALTHASAR, *Theologik II*, 162). „Den entscheidenden Beweis für diese Aussage liefert das Kind, das ohne Empfangenwerden in den Raum elterlicher Liebe niemals als Mensch zu sich selbst gelangen könnte; es kommt 'metaphysisch früher durch die Liebe ins Verstehen'" (BALTHASAR, *Theologik II*, 162; eingeschlossenes Zitat aus SIEWERTH, *Metaphysik der Kindheit*, 28).

wie Zeugung und Empfängnis ist auch die Kindschaft ein ausschließlich biologisches Phänomen, sondern eine Grundweise menschlicher Wesensverfasstheit. „Kindschaft ist eine Weise der menschlichen Existenz schlechthin."[279] Der Mensch ist zeitlebens Kind: Kind seiner Eltern, Kind der Welt und Kind Gottes. Weil Kindschaft für Siewerth eine Metapher für menschliches Dasein im Ganzen ist, beinhaltet sie auch eine religiöse Dimension. Jede Form der Kindschaft findet ihre volle Gestalt und Einmündung in der Gotteskindschaft. Diesbezüglich formuliert Siewerth in einer zusammenfassenden und ausblickenden Bemerkung: „Es wäre die Aufgabe, im Fortgang zu zeigen, dass und wie alles Kindsein in der seinsbegründeten Kindschaft des Geschöpfes und in der Gliedschaft des Erlösten zu wesenhafter Vollendung kommt. Das Kindsein verstehen heißt, die Existenz des Menschen in ihrem religiösen Wesen zu enthüllen."[280]

4.2.3 Die Sprache

In einem ersten Schritt geht es darum, das Gegenstandsgebiet zu umgrenzen und den Zusammenhang des Phänomens Sprache mit anderen anthropologischen Prämissen Gustav Siewerths abzuklären. Hierbei ist zuerst zu bemerken, dass sie unabdingbar ist für geistige Prozesse, für Denk- und Erkenntnisvorgänge. Sprache und Denken sind nicht losgelöst voneinander vorstellbar, sondern bringen sich erst gegenseitig ins Wirken. Sprache fungiert als Bedingung der Möglichkeit für Intelligibilität überhaupt. Umgekehrt kann nur ein denkendes Wesen auch sprachbegabt sein. Deshalb ist eine Seinserkenntnis durch den Verstand nur möglich vermittels der Sprache und des Wortes: „Wie die Vernunft nichts vernimmt ohne ein Geschautes und der Verstand nichts verknüpft ohne Vorgestelltes, so gewännen beide weder Erkenntnis, noch kämen sie zum Erkenntniswerk der Enthüllung und Mitteilung des Seins ohne das leibhafte Sprachwerk".[281]

Damit ist ein weiterer Themenkreis tangiert - die Leiblichkeit des Menschen. Sprachwerkzeuge und Sprache sind dasjenige Organ, in dem sich Geist und Leib des Menschen gegenseitig durchdringen. Siewerth spricht in diesem Zusammenhang von einer „bildenden Verleiblichung des Denkens"[282] oder einer „Verleiblichung im Wort"[283]. In der leibhaften Verwurzelung allen Sprechens erschließt sich auch der Weltbezug von Sprache. Durch die Spra-

---

[279] Ebd., 19.
[280] *Metaphysik der Kindheit*, 133.
[281] *Der Mensch und sein Leib*, 43. Solchermaßen ist Sprache auch konstitutiv für Gotteserkenntnis: „Ja, man kann sagen, dass das höchste Werk des Geistes, und wäre es die Gotteserkenntnis und das Erkennen des Seins, erst dann [...] im eigentlichen Sinne geschieht, wenn es sich im äußeren Wort ereignet und bekundet" (ebd., 43).
[282] *Philosophie der Sprache*, 32.
[283] *Der Mensch und sein Leib*, 43.

che eignet sich der Mensch Welt an, wie er sich zugleich an und in Welt aussetzt. Sichtbares Zeichen dieser Verbindung ist die unlösbare Verschmelzung von Welt und Mensch im Vorgang des Sprechens: „Auch die Sprache ist ein von Grund auf Welthaftes. Die Rede, die sich in ihr formt, entspringt einem Organ, das im Luftraum selber schwingt und sich nicht gegen ihn abgrenzen lässt."[284] Sprache ist in dieser Hinsicht gewissermaßen beziehungsstiftend; denn im gesprochenen Wort wird Welt und Landschaft beredt, wie der Mensch sich im Sprechen zugleich auf Welt ausstreckt. „Die Rede ist daher [...] der beziehende Zug zwischen dem Fernen der bebilderten Landschaft und dem Innersten unseres Herzens."[285] Siewerth artikuliert auf verschiedene Weise diesen durch die Sprache gebildeten Bogen von Welt zu Mensch und von Mensch zu Welt. So spricht er z. B. im Bild eines 'Aufganges' der Sprache aus dem 'intuitiv erlichteten Seienden' und eines 'verweisenden Unterganges in die Helle der offenbaren Wirklichkeit'.[286] Neben der Notwendigkeit von Sprache als Medium der interpersonalen Kommunikation und Interaktion ergibt sich so eine dreifache Bezogenheit menschlichen Sprechens: der Bezug auf den Geist, der Bezug auf den Leib und der Bezug auf die Welt. Diese drei Bezüge stecken den Rahmen ab, innerhalb dessen sich Siewerths Sprachphilosophie bewegt.

In dem Maße, in dem Sprache auf die Wirklichkeit der Welt und der Dinge hinweist, wird sie zum verweisenden Zeichen. Ein Verweis, ein Zeichen ist dadurch gekennzeichnet, dass er bzw. es über das die Sinne affizierende Dinghafte hinaus auf anderes deutet. „Daher bringt das ansprechende 'Wort' immer etwas ins Spiel, das die unmittelbare Erscheinung übersteigt und auf ein Tieferes hin verweist".[287] Sprache benennt nicht nur die sich dem gestaltenden Zugriff darbietenden empirisch greifbaren Wirklichkeiten der Natur mit Namen, sondern wird auch zu Zeichen und Hinweis auf die durch alles Seiende hindurch aufscheinende Tiefe des Seins. Deshalb wird sie zum Verweis auf die Berührungspunkte von Seiendem und Sein und stellt sich so der denkenden Vergegenwärtigung in einer horizontalen wie vertikalen Dimension dar. Denn die menschliche Rede ist in diesem Sinne „nicht nur vom Seienden beansprucht, sondern gleich ursprünglich [...] aus einem Früheren her gesprochen, das im Partizipium 'seiend' in Anteil genommen ist: nämlich dem 'Sein des Seienden'."[288] Die Sprache ist nicht Produkt und Werk des mensch-

---

[284] Ebd., 42.
[285] *Philosophie der Sprache*, 59. Oder ebd., 61: „Den Dingen ihren Namen geben heißt, sie ins Leben des Herzens einzeugen."
[286] Vgl. ebd., 92. Ein weiteres Beispiel dieser Kreisbewegung sei erwähnt: „Indem sie festigend benennt und sich zugleich einschwingend vergibt, sagt sie mit dem Namen das dem Ding zu, was das Wesen des Dings im Aufscheinen ihr zuvor gewährte und was das Ding von sich aus 'heißt'" (ebd., 131).
[287] Ebd., 103.
[288] Ebd., 94.

lichen Geistes, sondern hat nur in der Weise ihre Heimat im Menschengeist, in der dieser durch das Sein zur intuitiven Wahrheitserkenntnis ermächtigt ist. Ihr eigentlicher Ursprung liegt in der Tiefe des Seins. „Die Wurzel der Sprache ist ihre Vergebenheit an die Wahrheit des Seienden und des Seins."[289] Für Siewerth stellt die menschliche Sprache nicht einfach nur eine Folgeerscheinung der evolutionären Erweiterung des Hirnvolumens dar und ist so Eigentum und Produkt des Menschen, sondern sie ist ihm gegeben und geschenkt. Aufgrund ihrer vertikalen Dimension im Sinne ihrer Verwurzelung im Sein wird sie zu einer Urbegabung des Menschen. Der Mensch wird erst von der Sprache her zu sich selbst ermächtigt.

Weil sie in der Tiefe des Seins ihre Heimat und Wurzel hat, kann sie das Sein und die Wahrheit in die menschliche Rede und ins gesprochene Wort bringen. „Nur im entwerfenden Urspruch brechen die Ursprünge auf. Sie haben ihre verweisende Macht allein in der Verfestigung des Wortes".[290] So partizipiert die Sprache sowohl an der Wahrheit wie am Guten, am Sein wie an den Seienden, am Menschengeist wie an der göttlichen Idee. Siewerth benutzt das Bild des Kreises: „Weil alle Rede dem Erkennen folgt, dieses aber dem Seienden, weil sie zugleich als Licht allen Dingen vorweg ist, so sind Wahrheit, Sein und Rede in einen unauflöslichen Kreis verfügt, in dem jedes Moment das andere voraussetzt und zu seinem Wesenhaften ermächtigt."[291] Aufgrund der Tatsache, dass dieser Kreis apriori immer schon geschlossen ist,

---

[289] Ebd., 125. Ebd., 108, verdeutlicht Siewerth, dass das Wort nicht nur der Zeigekraft des Seienden, sondern auch der Wahrheit mächtig sei, „weil es [...] in der gründenden Tiefe des Seins, wie in der universalen Offenheit und Helle des seinserlichteten Geistes seine Wurzel hat." Diese Gedanken haben ihre Wurzeln in der Sprachphilosophie Martin Heideggers. Dieser schreibt: „Das Gefüge des menschlichen Sprechens kann nur die Weise [...] sein, in die das Sprechen der Sprache, das Geläut der Stille des Unter-Schiedes, die Sterblichen [...] vereignet. Die Weise, nach der die Sterblichen [...] ihrerseits sprechen, ist: das Entsprechen" (HEIDEGGER, *Unterwegs zur Sprache*, 31f). Gerade im Vergleich mit Heidegger wird die spezifisch theologische Ausrichtung der Metaphysik Siewerths besonders deutlich. Kommt Heidegger zur Aussage: „die Sprache spricht" (HEIDEGGER, *Unterwegs zur Sprache*, 33), so erhält die Thematik bei Siewerth eine theologische Schlagrichtung. Seiner Ansicht nach kann die Rede nur deshalb das Seiende ins Sein fügen, „weil sie nicht menschlich erzeugt, sondern auf göttliche Weise dem Menschen zugesprochen wurde" (*Philosophie der Sprache*, 95). Noch ausdrücklicher ebd., 137: „Wie ein Gewitter durch die Landschaft der Erde, wie ein himmlischer Anhauch durch menschliches Lieben geht, so geht Gottes Macht und Gottes Liebe erschütternd und erweckend durch die Sprache des Menschen."
[290] *Philosophie der Sprache*, 29. Auf diesen, durch die Verwurzelung der Sprache im Sein gegebenen Verweisungscharakter allen Sprechens, den Siewerth hier erarbeitet, bezieht sich auch Balthasar. Allerdings zitiert er eine diesbezügliche Aussage Siewerths nur, um eine breit angelegte Polemik gegen die von Wittgenstein ausgehende Sprachanalytik zu stützen. Vgl. BALTHASAR, *Homo creatus est*, 248f.
[291] *Philosophie der Sprache*, 146.

wenn er ins Walten kommt, wird Sprache zu einem Wesenskonstitutivum des Menschen, das mit seiner Existenz ursprünglich schon gegeben ist.

Auf diese Weise tritt ein weiteres zentrales Merkmal der Sprache zutage: Sie ist nicht nur Ausdruck, sondern zugleich Möglichkeitsbedingung für Transzendenz. Denn dadurch, dass der Mensch sprechend und die Dinge benennend Wahrheit erkennt, damit aber zugleich seine intuitive Einwohnung in der Wahrheit bekundet, transzendiert er sich in die eröffnete Helle des Seins. Dieses gesamte, durch die exemplarische Identität des Seins getragene, sprachphilosophische System Siewerths schließt sich zu einem Kreis. Die in der Sprache sich zeigende - und vor allem auch sich ereignende - seinseröffnende Transzendenz ermöglicht nämlich die katabatische Gegenbewegung der Deszendenz. „Weil der Mensch sprechend bildet und entbildet und darin das Abbild zum spiegelnden Gleichnis auflichtet, kann im Sprechen das Urbild selbst sich bekunden."[292]

Mit Blick auf Siewerths anthropologischen Entwurf im Ganzen zeigt sich, dass durch die Sprache auch der große Kreisbogen seiner Anthropologie geschlossen wird. „Da die Sprache 'das vom Sein ereignete und aus ihm durchfügte Haus des Seins ist', d. h. die letzte und höchste Gewähr seines intelligiblen In-sich- und Bei-sich-Seins in der Zerstreuung und Ausfaltung des Seienden, so ist sie auch der Weg der geordneten Rückspiegelung und Heimkunft des Seienden ins Sein."[293] Die Sprache steht am Anfang des menschlichen Daseins aufgrund ihrer für die intuitive Wahrheitserkenntnis und Seinsempfängnis konstitutiven Bedeutung. Sie verhilft dem Menschen zur Aneignung und Bewältigung von Welt und wird so zur wichtigen Komponente seines Weltverhältnisses. Sie eröffnet außerdem durch ihre mediale, vermittelnde Funktion die interpersonale Dimension des Menschseins und trägt so seine soziale Verfasstheit. Im gesprochenen Wort wird der Mensch sich seiner Transzendenz bewusst und übersteigt sich denkend und liebend hin auf das ihn umgreifende Sein und Gott. Schließlich ist die Sprache für Gustav Siewerth - wie aus obigem Zitat zu entnehmen ist - die Gewähr für das intelligible In-sich- und Bei-sich-Sein des Seinsaktes und solchermaßen für die personale Subsistenz des Seins. Deshalb bringt die Sprachlichkeit des Menschen in besonderer Weise seine Abbildhaftigkeit und Gleichnishaftigkeit zu Gott zum Ausdruck. So wird Sprache zu Zeichen und Ausdruck der unantastbaren, freiheitlichen und personalen Würde des Menschen.

---

[292] Ebd., 35.
[293] *Das Schicksal der Metaphysik*, GW IV 497.

5 Zur Problematik einer deduktiven Anthropologie

5.1 Reflexion auf den Befund der anthropologischen Struktur

5.1.1 Theologische Anthropologie: Das exitus-reditus-Schema

Nicht nur die siewerthsche Sprachphilosophie, sondern der gesamte bisherige Gang der Untersuchung bestätigt die erste der beiden eingangs aufgestellten Thesen: Gustav Siewerths Anthropologie ist theologisch. Sie ist streng nach dem klassischen exitus-reditus-Schema strukturiert und stellt sich solchermaßen dar als eine große Kreisbewegung mit einer immanenten Teleologie. Der anthropologische Entwurf lässt einen ontologischen Bogen erkennen, der seinen Ausgang nimmt bei Gott und sich dann im Gang des Menschen durch die Welt und in Interaktion mit dem Mitmensch erstreckt auf Gott hin als das letzte und eigentliche Ziel des Menschen. Dieser Befund ist an und für sich eine Selbstverständlichkeit. Siewerth selbst nennt den Grund: „Was er [Gott, M.R.] aber schuf, hat er als Gutes gesetzt und ihm eine innerliche Dimension der Rückkehr aus der Endlichkeit zu Gott selbst als positive selbstursächliche Entfaltung gegeben".[294] Auf den Menschen hin gewendet, erscheint dieser folglich „als die den Grund *aus ihm* und *auf ihn hin* durchschwingende Potenz".[295] Am deutlichsten dann in der folgenden Aussage: „Des Weiteren wird der Mensch 'Bild Gottes' genannt. Das heißt, er ist nicht nur vom Ursprung her, sondern auf den Ursprung hin gebildet."[296] Kurz: Jede theologisch geprägte Anthropologie muss diese - oder eine vergleichbare - Struktur der transzendentalen Bezogenheit des Menschen auf Gott aufweisen, will sie ihren theologischen Prämissen gerecht werden. Eben weil für christliches Denken das erste Wort des Menschen nicht er selbst, sondern Gott als sein Schöpfer, Erlöser und Vollender ist, kann sich eine Anthropologie mit theologischem Anspruch gar nicht isoliert darstellen, sondern muss auf ein wie auch immer geartetes Anruf-Antwort-Schema rekurrieren. Dass dabei aber der Anruf Gottes metaphysisch früher als die Antwort des Menschen sein muss, braucht nicht näher begründet zu werden.

In Zusammenhang damit wurde zusätzlich postuliert, dieselbe Struktur ließe sich auch im Kleinen, also innerhalb der verschiedenen anthropologischen Teilbereiche und Themengebiete, erkennen. Gemeint sind sich inhaltlich ergänzende Begriffspaare, die sich gegenseitig erst ins Spiel bringen und so die gleiche strukturelle Dynamik eines sich zu einem Bogen verbindenden

---

[294] *Die menschliche Willensfreiheit*, 113.
[295] *Das Schicksal der Metaphysik*, GW IV 480.
[296] *Wagnis und Bewahrung*, 327.

katalogischen und analogischen Geschehens aufweisen.[297] Jetzt zeigt sich, dass dieser Strukturbogen zwar nicht in allen anthropologisch relevanten Themenkreisen zu finden ist, sich aber doch an verschiedensten Punkten immer wieder nachweisen lässt.

Zum ersten Mal tritt das Phänomen an der Nahtstelle zwischen Philosophie und Anthropologie auf, bei der Frage nach der ontologischen Konstitution des Menschen. Diese zeichnet sich ja aus durch das Ineinandergreifen der beiden Teilbereiche similitudo Dei und imago Dei. Die Aussage Siewerths, der Mensch sei das reinste und tiefste Gleichnis Gottes, ist am Ende einer logischen Kette angesiedelt, die sich in einer katabatischen Bewegung aus dem Schöpfungshandeln Gottes her entwickelt. Der Mensch ist Gleichnis, similitudo Gottes, weil er der Ort der metaphysischen Personierung des Seins ist. Doch diese Ausfaltung des Seins zum höchsten Gleichnis Gottes im Menschen bringt einen ontologischen Rückschwung mit sich. Dadurch, dass der Selbstreflexionsprozess des Seins sich nur im denkend sich selbst erkennenden Menschengeist vollzieht, der Mensch sich also zu diesem Geschehen verhalten kann und - aufgrund der Faktizität seines Daseins - notwendig auch verhalten muss, wird er zum Abbild des sich in Freiheit verhaltenden Gottes. Die sich aus einer katabatischen Bewegung her ergebende Gleichnishaftigkeit vollendet sich im anabatischen Rücklauf zur Abbildhaftigkeit, zur ontologischen Konstitution des Menschen als imago Dei.

Die gleichen Strukturen finden sich auch in der Beschreibung der menschlichen Existenz als Abbild Gottes. Das zentrale Begriffspaar Personalität und Freiheit als grundlegende Determinanten der menschlichen Wesensverfasstheit leitet sich ja gerade aus der ontologischen Konstitution des Menschen als similitudo et imago Dei ab. Das Personsein ist wesentlich bedingt durch die sich aus philosophischen Prämissen ergebende Gleichnishaftigkeit zu Gott. Letztlich verwirklicht werden kann Personalität aber erst im freiheitlichen Selbstvollzug. Diese Freiheit führt die Abbildlichkeit des Menschen zu seinem ihn begründenden Grund herauf. Selbst innerhalb des - nun isoliert betrachteten - Phänomenbereiches Personalität lässt sich eine Kreisbewegung konstatieren: Personalität ist für Siewerth wesenhaft ein Beziehungsgeschehen. Die das Personsein begründende Dynamik aus Anruf und Antwort manifestiert sich in dem die Personalität tragenden Ergänzungspaar, bestehend aus Partizipation am Sein einerseits und Transzendenz auf das Sein andererseits.

Ähnlich auch bei der Beschreibung des Menschen als unendlicher Endlichkeit. Die Aussage, der Mensch sei eine substantia potentialis, meint, dass er erst durch ein anderes seiner selbst, nämlich durch das sich zeigende und schenkende Sein, in die Existenz kommt. Der katabatisch verfassten ontologischen Empfänglichkeit korrespondiert als Gegenbegriff die anabatisch sich

---

[297] Interessanterweise glaubt BERNET, *Das Sein als Gleichnis Gottes*, anhand der Begriffe katalogisch und analogisch auch einen Überblick über die Philosophie, insbesondere die Ontologie und Erkenntnistheorie Gustav Siewerths bieten zu können.

auf das Sein hin erstreckende und dieses erstrebende Transzendenz. Hier wird der Ausgangspunkt der Dynamik deutlich: Das metaphysisch Frühere ist die Offenheit des Menschen. Erst das sich zeigende Sein schenkt ihm die Transzendenz. Die erste Aktivität innerhalb des göttlich-menschlichen Beziehungsgeschehens geht im anthropologischen Entwurf Siewerths immer vom seinsbegründenden und tragenden Wesen des Absoluten aus.

Auch mit Blick auf die Verstandestätigkeit des Menschen lässt sich eine klare Kreisstruktur erkennen. Auf ein - in einer katalogischen Dynamik stehendes - intuitives, apriorisches Erfassen von Wahrheit und Sein folgt als analogischer Interdependenzprozess das denkende und begreifende Durchmessen von Welt und Seiendem auf das gründende Sein, auf eine unbedingte erste Wahrheit hin. Wieder wird deutlich, dass die Bewegungsrichtung nicht einfach umkehrbar ist. Die Teleologie nimmt ihren Ausgang im metaphysisch Ursprünglichen der sich im intuitiven Urteil zeigenden Wahrheit und dynamisiert sich in den verschiedensten Erkenntnisvorgängen des Menschen wieder auf diese Wahrheit hin. Ähnliches ist zu konstatieren bei der Betrachtung der Synderesis: Das Gewissen wird vom Guten erweckt und aktualisiert sich in der ihm wesenseigenen Hinneigung zur absoluten Gutheit Gottes. Oder hinsichtlich des Weltverhältnisses des Menschen: Er wohnt sich ein in der Welt durch eine Eröffnung des Seins, das sich in und durch Landschaft zeigt. Gleichzeitig verhält er sich aktiv zu der ihn umgebenden Welt, er prägt und gestaltet sie. Weil aber das Kulturschaffen für Siewerth Ausdruck des Strebens nach Gott ist, erhält auch dieser Bereich seiner Anthropologie jene kreisartig-teleologische Struktur, die in dieser oder ähnlicher Form immer wieder aufzufinden ist. Ein letztes Beispiel stellt das Phänomen Sprache dar. Auch die Sprache wurzelt im Sein und schenkt sich dem Menschen solchermaßen von außen. Gleichzeitig wird sie zur Möglichkeitsbedingung für Transzendenz, weil der Mensch nur redend und benennend die Dinge in ihrem Gleichnischarakter deuten und sich so selbst zum Urbild hin übersteigen kann.

5.1.2   Metaphysische Anthropologie: Die Deduktionshypothese

Ein aufmerksamer Blick in die aktuelle Diskussionslage zu Siewerth lässt eine interessante Entdeckung zu Tage treten: Entgegen dem Vorgehen Neidls, der die pädagogischen und spezifisch anthropologischen Texte Siewerths zum Zwecke eines angemessenen Verständnisses seiner Metaphysik augenscheinlich für irrelevant hält und sie deshalb ausspart,[298] scheint insbesondere in den Beiträgen des Mainzer Siewerth-Symposions das Gegenteil der Fall zu sein. Fast durchgängig wird dort im Zuge der Explikation und Konkretion siewerthscher Metaphysik auf anthropologische Fragestellungen zurückgegrif-

---

[298] Vgl. NEIDL, *Gustav Siewerth*, 250.

fen. Insbesondere die *Metaphysik der Kindheit* steht hier bei Lambinet, Grätzel, Bieler und Reiter hoch im Kurs.[299] Die enge Verflechtung von Philosophie und Anthropologie bei Siewerth wird also inzwischen zumindest zur Kenntnis genommen und rezipiert. Keiner der Genannten unternimmt aber auch nur annähernd den Versuch einer Problematisierung dieses Ineinanders von theologischer Metaphysik und Beschreibungen des Menschseins.

An diesem Punkt setzt die Deduktionshypothese an. Sie bringt die Annahme zum Ausdruck, dass Siewerths Anthropologie als Ganze deduktiv ist, dass sie also mit logischer Notwendigkeit aus seinen metaphysischen Spekulationen folgt. Der Gedanke vom personierenden Sein fungiert hierbei als der Kulminationspunkt, in dem beide Bereiche – Metaphysik und Anthropologie – ineinander greifen. Das Sein-selbst kann nur im erkennenden und antwortenden Menschengeist in reflexhafter Selbstdurchdringung personieren und solchermaßen zur vollen Subsistenz kommen. An diesem neuralgischen Punkt trägt und stützt die Anthropologie folglich das gesamte philosophische System. Die Deduktionshypothese fußt auf der Annahme, dass das exitus-reditus-Schema nicht nur in der Anthropologie Siewerths Anwendung findet, sondern in weit prinzipiellerem Maße seinen gesamten philosophischen Entwurf durchzieht und sich solchermaßen über das Menschsein hinaus auf alles Endliche und auf alles Geschaffene hin erstreckt. Das bedeutet, dass die hier eruierte teleologische Kreisstruktur nicht ein rein anthropologischer Systementwurf darstellt, sondern eine grundsätzliche Weise der Wirklichkeitsinterpretation Siewerths. Denn die nähere Betrachtung des metaphysischen Entwurfs zeigt: Das durch die exemplarische Identität des Seins ermöglichte Schöpfungsgeschehen entfaltet sich in einer katalogischen Dynamik vom nichtsubsistierenden Sein-selbst hin zum subsistierenden Sein des Seienden. Die ontologische Struktur von Partizipation und Idealität ermöglicht auf der anderen Seite dann den analogischen Gegenschwung von Seiendem auf Sein und damit auf den Grund allen Seins hin. Diese spezifische Form der metaphysischen Spekulation rührt aus der Siewerth eigenen Verschmelzung von Theologie und Philosophie her. Über das Anthropologische hinausgehend ist theologische Metaphysik insgesamt – will sie nicht in Pantheismus oder Theismus abgleiten – auf die Realisation eines wie auch immer gearteten Begründungs-, Beziehungs-, Kommunikations- oder Partizipationszusammenhangs zwischen Endlichem und Absolutem angewiesen. Diese Struktur ist für Siewerth nicht beliebig wählbar, sondern zwangsläufig; auf ihren Wahrheitsanspruch gründet der das Gesamt seiner Systematik betreffende Allgemeingültigkeitsanspruch, den er zweifelsfrei erhebt.

---

[299] Vgl. die entsprechenden Beiträge in dem von P. Reifenberg und A. van Hooff herausgegebenen Sammelband: LAMBINET, *Das Sein als Gleichnis und der Mensch als Bild Gottes*, 193; GRÄTZEL, *Das Schicksal der Metaphysik und seine Deutung durch Gustav Siewerth*, 206; BIELER, *Freiheit und Schöpfung bei Gustav Siewerth*, 235; REITER, *„Sich im Einfachsten und Ganzen zu halten...",* 271.

Diese ontologische Struktur der Gesamtwirklichkeit, die das Weltbild Siewerths durch und durch prägt, behält ihre Gültigkeit auch hinsichtlich des Menschenbildes und wird folglich auf anthropologische Dimensionen übertragen bzw. deduziert. Die Deduktion ist aus mehreren Gründen logisch notwendig. Erstens, weil die von Siewerth vorgelegte philosophische Systematik ihren Ausgangspunkt an der Frage nach der Gotteserkenntnis des Menschen nimmt.[300] Die philosophische Initialzündung erfolgt also von einem anthropologisch relevanten Fragehorizont aus. Zweitens bezieht sich das siewerthsche System ja ausdrücklich auf alle Dimensionen von Wirklichkeit, auf die urbildliche Prägung alles Seienden. Siewerth würde seine Philosophie also geradezu konterkarieren, würde er seinen anthropologischen Entwurf nicht aus ihren Prämissen heraus deduzieren. Aussagen Siewerths wie die, dass „das Systemgefüge der exemplarischen Identität die volle Breite der scholastischen Erkenntnis- und Seinslehren in systematischer Einheit zusammenfasst"[301] in Verbindung mit seiner Definition von Systematik als „begründet in der Vorstellung von Ganzheit und zusammenfassender Mitte, die den Bau der Gedanken trägt"[302], gebieten geradezu den Übertrag von Philosophie auf Anthropologie. Die Absicht Siewerths, ein Ganzheit beanspruchendes philosophisches System zu entfalten, erzwingt aus seiner inneren Logik heraus einen Übertrag auf andere Bereiche, z. B. auf Anthropologie. Drittens aber ist dieser Schritt auch aufgrund der Abhängigkeit der metaphysischen Spekulation vom Personbegriff und der ontologischen Konstitution des Menschen notwendig. Mit einem Wort: Die Deduktionshypothese ergibt sich in logischer Stringenz aus dem philosophischen Systementwurf Siewerths. Die anthropologische Grundstruktur leitet sich ab aus einer die theologische Metaphysik im Ganzen bestimmenden Interpretation von Wirklichkeit.

Dieser Sachverhalt hat aber, und das ist für das weitere Vorgehen von zentraler Bedeutung, einschneidende Konsequenzen für eine anthropologische Hermeneutik und Methodik: „Sie [die Seienden, M.R.] sind als Seiende aus dem Sein her, durch das Sein und auf das Sein hin seiend. Also sind sie nur vom Sein her zu denken, und zwar als eine Weise der Seinsentfaltung."[303] Entscheidend ist das die beiden Sätze verbindende kleine Wörtchen ‚also', das den Übergang von der inhaltlichen zur methodischen Aussage signalisiert. Der Mensch ist aus dem Sein: Das ist die inhaltliche Feststellung Siewerths. Also ist er auch nur vom Sein her zu denken: Das ist die methodische Konsequenz. Diese erkenntnistheoretische Prämisse ist äußerst folgenreich für die Hermeneutik anthropologischer Prinzipien. Denn „so ist der Denkende in die Aufgabe gerufen, vom 'Seiendsein' und vom Sein des Seienden her die

---

[300] Vgl. *Der Thomismus als Identitätssystem*, GW II 25: „Die Thematik des Identitätssystems aber entzündete sich an der Frage nach der Möglichkeit der Gotteserkenntnis."
[301] Ebd., 34.
[302] Ebd., 30.
[303] *Die Differenz von Sein und Seiend*, GW III 117.

'Seinsheit' (esse-ntia) in ihrer begründeten und gründenden Ermöglichung als 'ermächtigte Natur' und transzendental eröffnete und geschichtlich ereignete Existenz aufzulichten."[304] Die daraus resultierende anthropologische Methode liegt auf der Hand: „Es tritt zutage, dass das Menschenbild nur in dem Maße sich wesenhaft darstellt, als sich ihm der Zielgrund seines transzendierenden Strebens aufhellt."[305] Einige Seiten weiter unten wird dann die Konsequenz gezogen. „Daraus aber folgt: Nur im Maße Gott offenbar wird, wird der denkende Mensch rückspiegelnd seines Wesensanteils am göttlichen Leben gewahr und erscheint im Spiegel des Absoluten als transzendierende Existenz".[306] Das bedeutet im Umkehrschluss: Anthropologische Inhalte, die sich dieser metaphysischen Grundstruktur sperren, erscheinen entweder als irrelevant oder defizitär.

Auf diese Weise verwandelt sich eine strukturelle Deduktion - also ein Übertrag von philosophischen Prämissen auf anthropologische Grundstrukturen - unter der Hand in die Forderung einer methodischen Deduktion. Ein erkenntnistheoretischer und hermeneutischer Kreislauf kommt in Gang: Eine grundsätzliche Schau von Wirklichkeit determiniert zugleich den hermeneutischen Umgang mit dieser Wirklichkeit. Die so vorgeprägte Methodik hat ihrerseits wiederum Auswirkungen auf die Interpretation anderer Wirklichkeitsbereiche, z. B. auf die Anthropologie. Folglich stellen sich auch diese abgeleiteten Bereiche dergestalt dar, dass sie die Ursprungsstruktur stützen. Der Kreislauf ist geschlossen, und das Spiel beginnt von vorn. Eine Aussage Siewerths, die den Sachverhalt auf den Punkt bringt und zugleich die Relevanz eines solchen Vorgehens für Inhalt und Methode der Anthropologie andeutet, lautet: „Metaphysik bedeutet hier die Eröffnung des weitesten und ursprünglichsten Horizontes, aus dem her und auf den hin alles Menschsein sich ereignet, in welchem es, aufgelichtet durch das Sein als Sein, allein zu seiner Wahrheit gelangen kann. Eine solche Erkenntnis ist notwendig ein Enthüllen von Wesenszügen, sofern sie dem gründenden und aktuierenden Sein im Ganzen entspringen."[307]

Deutlich wurde, dass die Laufrichtung siewerthscher Anthropologie in weiten Teilen von Sein und Wesen zur Erscheinung geht und nicht umgekehrt. Aufgrund des bisher Erarbeiteten kann mit Recht davon ausgegangen werden, dass metaphysische Prämissen auch auf einer inhaltlichen Ebene sein Menschenbild determinieren. Diese deduktive Übernahme von metaphysischer Struktur und Hermeneutik führt in Verbindung mit Allgemeingültigkeitsansprüchen und Ganzheitsoptionen zu einigen Spannungen und Leerstellen innerhalb der siewerthschen Anthropologie, die im Folgenden näher zu problematisieren sind. Gemeint sind sowohl anthropologische Teilbereiche,

---

[304] *Philosophie der Sprache*, 135.
[305] *Wagnis und Bewahrung*, 40.
[306] Ebd., 48.
[307] *Metaphysik der Kindheit*, 7.

die sehr statisch, rigide und in einer Weise normierend sind, der es kritisch zu begegnen gilt, als auch Facetten des Menschseins, die bei einer rein theologisch-metaphysischen Betrachtungsweise gar nicht erst in den Blick geraten. Hierbei kommt der oben erwähnte Allgemeingültigkeitsanspruch als verstärkendes Moment hinzu. Der Preis für einen in sich geschlossenen Systementwurf besteht in der Gefahr, dass die intendierte Ganzheitsoption in Richtung Totalität und Ausschließlichkeit überbordet. Um es einmal salopp zu formulieren: Wird von den philosophischen Prinzipien mehr deduziert, als diese hergeben? Die grundsätzliche Anfrage liegt darin, dass ein bis ins Detail katalogisch deduziertes anthropologisches System nicht der gesamten Breite der sich zeigenden Lebenswirklichkeit gerecht werden kann und deshalb notwendigerweise einen bestimmten Teilbereich dieser Wirklichkeit favorisiert bzw. monopolisiert.[308]

Die nachfolgende Erprobung und Kritik dieser Hypothese sieht sich von einem zweifachen Frageinteresse geleitet. Zum einen wird aus einer pragmatisch-praktischen Perspektive heraus argumentiert: Es geht um das Offenhalten von Handlungsspielräumen und um die Vermeidung ungerechtfertigter Totalitäten. Der anthropologische Begriff wird mit der konkreten Lebenswirklichkeit konfrontiert und auf seine Konsequenzen für die Gestaltungsspielräume dieser Realität hin befragt. Damit ergibt sich zum anderen auch eine ideologiekritische Perspektive. Wo tritt dogmatische Verengung auf, wo wird eine metaphysisch geführte Anthropologie zum Stabilisator zweifelhafter gesellschaftlicher und sozialer Normierungen? Und darüber hinaus: Wo liegen die blinden Flecken einer solchen Anthropologie? Welche anthropologischen Wirklichkeiten kommen bei einer ausschließlich metaphysischen Hermeneutik gar nicht erst in den Blick? Aus diesem zweifachen Interesse heraus soll in den folgenden Beispielen auf einige hermeneutische Fehlschlüsse aufmerksam gemacht werden und einige unzulässige Grenzüberschreitungen in Sachen deduktiver Anthropologie gekennzeichnet werden.

5.2 Erprobungen und Kritik

5.2.1 Geschlechterrollen und Familienbild

Gefragt wird in einem ersten Schritt nach dem Frauen- und Männerbild, das aus Siewerths Schriften eruierbar ist. Bei diesem Versuch tritt ein erstaunliches Phänomen zu Tage: Geschlechtsspezifische Aussagen sind faktisch nur vorhanden in einer Sonderform des Frau- und Mannseins, nämlich der Mutter- oder Vaterschaft. Ein möglicher Grund hierfür ist wohl in der hauptsächlich pädagogischen Zielgebung der entsprechenden Aufsätze zu suchen. Sie-

---

[308] Mit dieser These ist ein nicht abschätzbares Gegenstandsgebiet thematisiert, welches sich u.a. in der Diskussion 'Postmoderne versus Moderne' oder 'Postmoderne versus Systemtheorie' niederschlägt.

werths Pädagogik rekurriert oft auf die klassische Familiensituation als Maßstab erzieherischen Handelns. Aus den Beschreibungen elterlicher Intervention lässt sich natürlich in erster Linie lediglich ein Charakterprofil von Müttern und Vätern ablesen, nicht aber von allgemein geschlechtsspezifischem Rollenverhalten. Eine weitere Ursache liegt sicherlich in der Tatsache begründet, dass die Elternschaft für Siewerth eine - auch qualitativ - hervorragende Form des Menschseins überhaupt darstellt. Zeigen lässt sich das an folgender Aussage: „Der Mann aber, der Vater genannt wird, hat hierin die Fülle und Würde seines menschlichen Wesens erreicht".[309]

Welche Zuschreibungen finden sich also bei Mutter- und Vaterbildern? Hier kristallisiert sich schon bei oberflächlicher Betrachtung aus einer Fülle von Material sehr schnell eine eindeutige geschlechtsspezifische Bewertung heraus: Das mütterliche Moment ist belegt mit Begriffen wie: das Heilige und Holde oder Geborgenheit und Schutz. Das väterliche Pendant wird mit Attributen wie Majestas und Würde, mit Strenge, Macht und hoheitsvoller Güte belegt. Und so wird „in der heilmachenden, selbstlos schenkenden Huld der Mutter das *Heilige und Holde*, das Gnadenhafte des Seins, wie in der gerecht und ernst waltenden Güte und Macht des Vaters *die Majestas Gottes* erfahren"[310] - um nur ein besonders markantes Beispiel herauszugreifen.

Eine Fixierung des Mutterbildes nimmt bei Siewerth ihren Ausgang meist in der Beschreibung des Mutter-Kind-Verhältnisses, um hieraus dann die Rolle der Mutter abzuleiten: „Dies mütterlich aufgeschlossene Herz ist allen Entschlüssen zu Opfer und hingebender Fürsorge schon vorweg. Deshalb umschließt diese Liebe selbstvergessen und sich übersteigend immer schon das geliebte Kind in der Wärme der persönlichen Innerlichkeit."[311] Abgesehen von der Mutterrolle findet sich bei Siewerth noch eine weitere, wie er wohl meinen würde, spezifisch weibliche Tätigkeit: die Kunst des rechten Haushaltens. In einer Kritik an der allzu einseitigen Mädchenbildung hin zur Hausfrau formuliert er: „Ist es nicht wesentlicher, dass sie [die Frau, M.R.] ihr Frauen- und Muttertum in sorgender, haushaltender Innerlichkeit entfalte und das Wohnen [...] ermögliche [...]? Muss man die Frau nicht über die Kunst des Haushaltens zugleich zu jener Hoheit und Freiheit, zu jener Kunst des Herzens führen, die das Haus des Menschen zum heiligen Gewahrsam der Kindschaft und zur schönen Wohnstatt der Familie gestalte?"[312] Ganz abgesehen von dem patriarchalen Chauvinismus, den die Aussage impliziert, 'man' müs-

---

[309] *Der katholische Mann in unserer Zeit*, 5. Vgl. hierzu auch - in stärkerer Formulierung - *Wagnis und Bewahrung*, 18: „[...] ohne Vaterschaft ist der Mann Unmensch, selbstgenießerischer Narziss, auch in der Pose des autonomen Ethikers, oder aber ein Funktionär."
[310] *Hinführung zur exemplarischen Lehre*, 55.
[311] *Wagnis und Bewahrung*, 11. Ein ähnliches Timbre findet sich auch in *Metaphysik der Kindheit*, 17: Die Empfängnis des Kindes bedeutet „das Erwachen einer wärmenden Herzensglut der zur Mutterschaft erweckten Gattin."
[312] *Wagnis und Bewahrung*, 99.

se 'die' Frau erst einmal zu Hoheit und Freiheit führen (!), drängt sich angesichts der Forderung Siewerths, die Hausfrau müsse zu einer besseren Hausfrau erzogen werden, die Vermutung auf, hier werde der Teufel mit Beelzebub ausgetrieben.

Auch die Vaterrolle definiert sich primär über die Mutter-Kind-Beziehung. Der Vater ist derjenige, der diese neue Innerlichkeit von Mutter und Kind sorgsam begleitet und bewahrt: „Es ist die wesenseigene Kraft der Vaterschaft, das Geheimnis des werdenden Lebens, dem die Mutter in [...] Fürsorge zugeordnet ist, im väterlichen Gemüt eingehüllt zu bewahren und in gewähren-lassender Freiheit anzuschauen."[313] Diese Fähigkeit prädestiniert den Mann zum Künstler, während die Frau der Diakonie zugeordnet erscheint, wie die Schlussfolgerung aus obiger Aussage zeigen will: „Dem Manne ist es gegeben, das 'Innige' in der Schaukraft seines Geistes zu bewahren und es im Kunstwerk zu gestalten, während all dies das Herz der Frau primär zu tätiger Fürsorge und Hingabe bewegt."[314] Festzuhalten bleibt dabei nur, dass die fehlende logische Stringenz der Argumentation nichts an ihrer fatal einseitigen rollenstabilisierenden Funktion ändert. Anlässlich einer Katholikentagskundgebung 1956 gibt Siewerth eine detaillierte Beschreibung der Aufgaben und Pflichten des väterlichen Mannes: Der Mann ist „als Vater der Mehrer und Auctor des Lebens, beauftragt zu naturhafter Autorität, der Hirt des Lebens, der des Rechtes und der Ordnung waltet, er ist Richter und Rater. [...] Diese selbstlose, dienende Strenge [...], die Hingabe an das Allgemeine des Familien-, Sippen- und Volkswohls bis zum Lebensopfer, ist die Ehre und Würde des Mannes".[315] Selbst wenn Anlass und Adressaten dieser Sätze in Rechnung gestellt werden - Siewerth hielt die entsprechende Rede auf einer Kundgebung der Arbeitsgemeinschaft Katholischer Männerwerke - so spricht aus ihnen doch ein Männerbild, das aus heutiger Perspektive nicht nur einseitig, sondern schlicht abzulehnen ist.

---

[313] *Metaphysik der Kindheit*, 18.

[314] Ebd. Eine parallele Argumentation findet sich auch in *Wagnis und Bewahrung*, 15. Hier sind die jeweiligen Wesenszuschreibungen noch klarer formuliert. Die erste Aussage thematisiert ebenfalls die schützende Rolle des Vaters. „Diese naturhafte Hingegebenheit [der Mutter an das Kind, M.R.] macht die sorgende Mutter bedürftig des starken Haltes der Vaterschaft, die über die Gattenliebe das Ganze der Mutterschaft umgibt und in ihr das Kind überwaltet, aber sich selbst [...] ins Innere zurücknimmt." Dann wird wieder mit zweifelhafter Logik auf die Kunst übergegangen: „Deshalb vermag er [der Mann, M.R.] als Dichter, Musiker und Bildner das Innige zu bekunden und zu gestalten, weil er nicht von ihm unmittelbar zu inniger Fürsorge bewegt wird, während die Frau, der Freiheit und Macht des Mannes [!] erkennend zugeordnet, dichtend das Monumentale und Gespannt-Heroische Gestalt werden lässt, wo immer sie schöpferisch hervortritt" (ebd.). Assoziiert Siewerth in dieser Aussage mit Frau die Begriffe Innigkeit und Fürsorge, so wird der Mann mit Attributen wie Freiheit und Macht, mit Monumentalem und Heroischem in Verbindung gebracht.

[315] *Der katholische Mann in unserer Zeit*, 7f.

Über den Umweg einer kurzen Betrachtung des Vater- und Mutterbildes lassen sich solchermaßen Tendenzen erkennen in einer Festschreibung von spezifisch weiblichen und männlichen Wesenszügen. Gustav Siewerth scheint Weiblichkeit im Sinne von Weichheit, Introvertiertheit und Passivität zu interpretieren, Männlichkeit dagegen eher mit Härte, Extrovertiertheit und Aktivität in Verbindung zu bringen. Konsequent dann auch die entsprechenden gesellschaftlichen Rollenzuschreibungen: Die Frau findet Erfüllung im Muttertum, ihre ureigene Aufgabe ist die Besorgung und Pflege des Wohnraumes (zugegebenermaßen im von Siewerth intendierten weiten Sinne des Wohnens), der familiären Innensphäre. Der Mann aber ist geschaffen für die Arbeitswelt, er ist derjenige, der für Nahrung und Schutz zu sorgen hat, sein Aufgabengebiet ist die Außensphäre. Und diese Außensphäre dringt dann natürlich auch ins Innere: „Fürsorglich dem Werk der Welt und dem 'Kampf ums Dasein' zugewendet, bringt er in den 'Herzraum'. der Familie die fordernde Strengheit unerbittlichen Handelns und seiner sittlichen Gesetzlichkeit."[316] Diese Rollenfestschreibungen weisen einen normativen Charakter auf, der aufgrund seiner implizierten Universalität und Rigidität davon abweichendes Verhalten als Depravation erscheinen lässt.

Wie aber sieht das Verhältnis von Mann und Frau innerhalb ihrer Beziehung aus? Liegt hier nur eine starre Rollentrennung vor oder finden sich auch einseitige Wertungen und Hierarchisierungen? Es finden sich in verschiedenen Aufsätzen Siewerths immer wieder Hinweise, dass Letzteres der Fall ist. Die bitterste, weil seine eigenen Ansätze zu Personalität und Freiheit konterkarierende Aussage findet sich ausgehend von einem Regress auf Gen 2, 21f: Die Frau „entstammt nach dem Schöpfungswort der Brust des Mannes. Sie wird durch seine Liebe vom verschlossenen, sich selbst unbewussten Frauentum zu sich selbst erweckt".[317] Das ist keine einmalige Entgleisung: „Nirgend aber ist der Mensch über den Menschen tiefer und heiliger ermächtigt und bevollmächtigt als am Ort der Vaterschaft."[318] Schließlich repräsentiert „der Vater die höchste menschliche Würde"[319]. Diese Aussagen sind nicht nur unter gegenwärtiger Sichtweise schlicht frauenfeindlich, sondern auch aus historischer Perspektive nur schwer als lediglich zeit- oder kontextbedingt zu entschuldigen. Außerdem entbehren sie jeder argumentativen oder logischen Stichhaltigkeit.

---

[316] *Wagnis und Bewahrung*, 16.

[317] *Der Mensch und sein Leib*, 72. Dass hier in gewissem Sinne auch eine Missdeutung biblischer Texte vorliegt, sei nur am Rande erwähnt. Diese sprechen nämlich im Gesamten ihrer Aussage eine völlig gegenteilige Sprache zur Geschlechterbeziehung, als es dieses eine Zitat aus der Genesis vermuten lässt.

[318] *Der katholische Mann in unserer Zeit*, 6. Vgl. *Metaphysik der Kindheit*, 57: „Unter den Menschen aber ist niemand aus der Tiefe des waltenden Seins ermächtigter als der Vater."

[319] *Der katholische Mann in unserer Zeit*, 8.

Wo liegen die Ursachen dieses - im Vergleich mit den bisherigen Ergebnissen siewerthscher Anthropologie - doch überraschenden Befundes? Wie ist es möglich, dass in der Anthropologie Siewerths großartige Entwürfe wie diejenigen z. B. über Personalität und Freiheit, über Wille und Herz des Menschen neben so starre und rigide geschlechtsspezifische Rollenzuschreibungen gestellt sind? Eine These, die nur vermuten werden kann, lautet, dass es sich hier um übernommenes und internalisiertes Rollenverhalten handelt, das Siewerth persönlich so erlebt und unreflektiert in seinen anthropologischen Entwurf eingegliedert hat. Es könnte sich also lediglich um eine Abbildung subjektiv vorgefundener Realität handeln.

Das ist eine mögliche, aber schwerlich hinreichende Erklärung. Vielmehr liegt hier das Ergebnis einer inhaltlichen Deduktion vor, in deren Verlauf nicht thematisierte grundsätzlichere philosophische oder theologische Prämissen einen anthropologischen Gehalt determinieren. Denn bei Gustav Siewerth tritt eine Darstellung der männlichen und weiblichen Sexualität zu Tage, in der genau jenes Frauen- bzw. Männerbild mit all seinen statischen Wesensbeschreibungen, wie es oben eruiert wurde, grundsätzlich schon angelegt ist. Siewerth formuliert wie folgt: „Das Geheimnis des sich nach weiblicher Empfängnis- und männlicher Zeugekraft scheidenden und einenden Lebens [...] ist undurchdringlich."[320] Die Teilung der Sexualität in einen weiblichen passiv-empfangenden und einen männlichen aktiv-zeugenden Part spiegelt nun genau jenen grundsätzlichen philosophischen Entwurf wider, nach dem empfängliche Materialität durch das zeugende Sein aktuiert wird. Den Beweis hierfür liefert Siewerth selbst, wenn er auf die Aussage, die „Liebe des Geschlechtes [sei] ein königliches Geheimnis" hin expliziert: „In ihr [der Geschlechtsliebe, M.R.] ruft alles Empfängliche der Natur nach der Herrschafts- und Aktuierungsmacht des ihm angemessenen Seins."[321] Vergleicht man diese beiden Aussagen miteinander, spricht die frappierende Parallelität der Formulierungen eine eindeutige Sprache: Das Empfängliche der Natur wird zum weiblichen, die Herrschaftsmacht des Seins zum männlichen Prinzip.

Die Deduktion ist vollzogen, das Geschlechterbild samt daraus resultierenden Rollenzuschreibungen ist nur eine logische Konsequenz. Die eigentliche Ursache dieser negativen Seite siewerthscher Anthropologie ist also in seinem philosophischen Entwurf zu suchen, in dem ein sich verströmendes, sich auszeugendes Sein einer empfänglichen Materie bedarf, um die potentiellen Formen zu verwirklichen und sich zu vervielfältigen. Auf diese Weise wird die philosophische Prämisse einer Vereinigung von Materie und Form unter der Hand - über den Umweg einer Übertragung auf das Geschlechtliche und bedingt durch strukturelle und inhaltliche Deduktionen - zu einer Festschreibung gesellschaftlich geltender Rollenzuweisungen.

---

[320] *Der Mensch und sein Leib*, 65.
[321] *Die Freiheit und das Gute*, 68.

Neben dieser philosophischen lässt sich noch eine weitere Deduktion ausfindig machen, bei der anthropologische Inhalte von spezifisch theologischen Prämissen abgeleitet werden - mit genau den gleichen fatalen Konsequenzen wie im gerade dargelegten Fall. Es fällt nämlich auf, dass die Elternrolle und mit ihr das Familienbild bei Siewerth stark theologische Züge annimmt. Dabei lassen sich sowohl analogische, wie auch katalogische Verbindungslinien innerhalb der verwendeten Bilder und Metaphern deutlich machen. Aus der Perspektive des Kleinkindes z. B. verweisen die Eltern in analoger Weise auf Gott. Mehrmals taucht in der siewerthschen Pädagogik der Begriff der archetypischen Stellvertreterschaft der Eltern auf. Das Kleinkind kann in der frühen Kindheit noch nicht die Eltern von Gott unterscheiden, so dass sie für das Kind zu Repräsentanten Gottes werden. „Also unterscheidet das Kind noch nicht Gott und Mensch, so dass Vater und Mutter in urbildlicher Tiefe und Hoheit erscheinen. [... Dieses Verhältnis, M.R.] ist 'archetypisch', weil es stellvertretend für die Seinsgründe und aus der Mitte einer metaphysisch vernehmenden Seinsvernunft als Enthüllung des Seins als Sein hervortritt."[322] Diese Aussage ist trotz der pädagogischen Schwierigkeiten, die eine solche Erhöhung der Elternrolle mit sich bringt, zumindest nachvollziehbar und als analoges Verhältnis denkbar.

Bei näherer Ansicht zeigt sich allerdings, dass Siewerth nicht nur die symbolische Durchlässigkeit der Eltern auf Gott hin in einem analogen Modus ausdrücken will, sondern dass das Verhältnis unter der Hand umkippt in ein katalogisches Geschehen, in dessen Verlauf ein Familienbild aus theologischen Prämissen heraus deduziert wird. Das geschieht, indem zuerst und eigentlich nicht beide Elternteile, sondern in besonderem Maß der Vater Repräsentant Gottes für das Kind ist: „In der Einheit von fordernder Strenge, helfender Gerechtigkeit und freilassendem, nachsichtigem Erbarmen [der vaterschaftlichen Liebe, M.R.] enthüllt sich so Gottes Liebe in menschlichem Bilde, die das Unnahbar-Hohe, das Unerbittlich-Strenge und erbarmende, helfende Nähe zugleich ist. So ist die Vaterschaft [!] eine Prämisse lebendiger Gotteserkenntnis".[323] Hier wird nicht mehr von philosophischen Strukturen auf anthropologische geschlossen, sondern eine bestimmte theologische Sichtweise von Gottes Wesen auf anthropologische Inhalte, nämlich das Vaterbild und damit im weiteren Verlauf auf geschlechtsspezifische Charakter- und Rollenzuschreibungen, katalogisch deduziert. Für das mütterliche Prinzip bleibt bei diesem Vorgehen nur noch die Symbolisierung des, wie Siewerth formulieren würde, Gnadenhaften des Seins. Während der Vater die Macht Gottes versinnbildlicht, bleibt für die Mutter lediglich übrig, das „Wesen der

---

[322] *Metaphysik der Kindheit*, 55. Vgl. auch *Philosophie der Sprache*, 56: „Das Auge des Kindes vernimmt immer das Sein und damit das 'höchste Gleichnis Gottes', weshalb es früh in Vater und Mutter das Walten göttlicher Wesen und sie selbst als die Mitte des Seins erfährt".

[323] *Wagnis und Bewahrung*, 17.

Gnade"[324] oder noch schwächer, „die bergende Huld und das Holde der Schöpfung"[325] personal zu vertreten.

Gänzlich kippt die strukturelle Analogie dann zur inhaltlichen Deduktion, wenn Siewerth vom dreipersönlichen Wesen Gottes auf die Familie schließt. Da die Vater- und die Kindesrolle offensichtlich belegt sind, wird die Frau kurzerhand zum Bild des Heiligen Geistes: „Der 'Heilige Geist' ist bisher nicht antlitzhaft offenbar. [...] Ist aber der Mensch das 'Bild' des dreifach subsistierenden Gottes, so muss Er [also der Heilige Geist, M.R.] auch im Menschen sein subsistierendes, antlitzhaftes Gleichnis haben. Da Er 'hervorgegangene Liebe' ist, so hat Er an Vaterschaft und Sohnschaft Anteil und kommt nur durch beide zu sich selbst, wie Er andererseits beide durchdringt und vermittelt. Dieses Geheimnis stellt sich vollendet im Bilde der Frau dar. Sie hat als Mutter vollen Anteil an der Vaterschaft und als Kind und Mädchen an der Sohnschaft."[326] Ob diese Aussage eine 'die Frau' abqualifizierende Tendenz beinhaltet, darüber mag man sich streiten. Aber dass mit einer solchen Deduktion im Sinne eines inhaltlichen Übertrages theologischer Gehalte jeder Familie ein großer normativer Druck und eine schwere Hypothek aufgelastet wird, steht außer Frage.

Auch die Urgestalten der Liebe finden auf diese Weise „ihre Bestätigung und urbildliche Erhöhung: Die Vaterschaft in der Vaterschaft Gottes, die Mutterschaft in der Mutterschaft der Kirche und der Gnade; die Geschwisterlichkeit in der Nächstenliebe; die Brautschaft im Verhältnis der Seele zu Christus, die Familienordnung in der großen Gottesfamilie, das natürliche Liebesband der Herzen im organischen Liebesbund des corpus Christi mysticum."[327] Immer wird unter dem Deckmantel einer Analyse des Urbild-Abbild-Verhältnisses in Wahrheit eine soziologische Leitvorstellung unter Zuordnung zu einem so genannten theologischen oder philosophischen Urbild mittels Deduktion inhaltlich normiert und determiniert.

---

[324] *Das Personsein des Kindes und seine Bedeutung für die Gemeinschaft*, 7: „Sofern das Kind aber noch nicht die Grenzen menschlicher Liebe [...] abschätzen kann [...], so erfährt es im Übermaß der ungenötigten, selbstlosen Hingabe und Bereitschaft der mütterlichen Liebe das 'Heilige' (das Heil - machende) und das Wesen der Gnade, wie es im väterlichen ernsten und gütigen Walten 'Gottes Bild' gewahrt."
[325] *Wagnis und Bewahrung*, 16: „Während das Mütterliche die bergende Huld und das Holde der Schöpfung personal vertritt, ist die gemüthaft verschlossenere und zum Wirken entschlossenere Vaterschaft auf Gottes souveränes, transzendentes Walten sinnbildlich verweisend hingeordnet." Auch in diesem Beispiel weist die analoge Struktur doch eindeutig katalogisch-deduktive Züge auf.
[326] *Der Mensch und sein Leib*, 72.
[327] *Das Personsein des Kindes und seine Bedeutung für die Gemeinschaft*, 10.

5.2.2 Sprache und Wahrheit: Vom Wohnen und der Fügsamkeit

Ähnliche Bedenken erheben sich, wenn der Blick sich von Geschlechterverhältnis und Rollenzuschreibungen ab- und dem Weltbezug des Menschen zuwendet. Es wurde oben bereits ausführlich dargestellt: Das In-der-Welt-Sein des Menschen wird bei Gustav Siewerth als Wohnen entfaltet. Der Mensch ist nicht, wie es Heidegger glauben machen möchte, ein ins Dasein Geworfener, sondern empfangen und geborgen in der ihn umgebenden Natur und familiären Lebenswelt.[328] Der Mensch nimmt Wohnung in seiner Welt, diese wird ihm zur Seinseröffnung, in der sich das Sein des Seienden lichtet. Er friedet sich seine Umwelt ein, gestaltet sie zu einem Ort der Geborgenheit. Deshalb ist Landschaft für Siewerth kein geologischer, sondern ein metaphysischer Begriff: „Sie ist die Wohnung der Menschen auf der bergenden Erde unter dem Himmel Gottes, die Ankunftsstätte des waltenden Schicksals, die von unsäglichen Geheimnisses durchwobene Weite".[329] Wohnen meint in diesem Sinn eine Einschmiegung und Verinnerlichung des Lebensraumes in das Innere des Menschenherzens: „Wohnen ist gewöhnendes Vertrautwerden [...]. Alles ist heimatlich und heimelig, wenn der Mensch wahrhaft wohnt."[330] Folglich kommt der Mensch „nicht ins Existieren, wenn er sich nicht ein schützendes Zelt oder Haus erbaut".[331] Denn das Haus ist der Ort, an dem der Mensch gestaltend sein Wesen entfaltet, es ist das Grundgefüge seines ganzen Daseins: „Die bergende Hut des Menschen aber ist das Haus (Hus-Hut), in das er sich selbst ‚in der Welt' und gegen sie geborgen hat. [...] In seinen Räumen, der ‚heiligen Herdstätte', die Wärme, Licht und Nahrung gibt, den Schlaf- und Arbeitsräumen, den Werkstätten und Vorratskammern und schließlich den Wohnzimmern, hat sich der Mensch unter dem überschießenden (=schützenden) Dach nicht nur gegen die sein Leben bedrohenden Unbilden der Gezeiten geschützt, [...] sondern zugleich sein Dasein in der Umfriedung in den Frieden wie in ein befreundetes Versammeltsein, d.h. ins Wohnen gestellt."[332]

Allein diese Sätze geben Anlass genug, sich über solcherlei Naivität und Arglosigkeit zu wundern. Hier wird ein Bild vom Weltverhältnis des Menschen gezeichnet, das in seiner harmlosen Romantik nicht nur für uns Heutige angesichts Massenstädten, Umweltverschmutzung und Klimakatastrophe nicht mehr nachvollziehbar ist, sondern das auch unter historischem Gesichtspunkt als fragwürdig erscheint: Philosophie auf Heimatfilmniveau.

---

[328] Vgl. hierzu GRAF, *Annäherung an die Pädagogik Gustav Siewerths*, 167ff., der die Verbindung von Wohnen und Erziehung bei Siewerth sehr treffend, aber auch gänzlich unkritisch darstellt.
[329] *Wagnis und Bewahrung*, 126.
[330] *Hinführung zur exemplarischen Lehre*, 53.
[331] *Wagnis und Bewahrung*, 126.
[332] *Metaphysik der Kindheit*, 85.

Doch damit nicht genug. Was als romantisierende Landschaftsbeschreibung beginnt, endet schnell in der Fixierung anthropologischer Prinzipien des kindlichen Wesens: Das Haus des Menschen, so Siewerth, bietet Zuflucht, Hut und Huld. Es ist als die Wohnstatt der Familie zugleich ihr Ethos, weil sie im Gefüge des gefugten Hauses und in der Ordnung der durchwohnten Räume zugleich über „Fug und Unfug" entscheiden kann.[333] In dieses familiäre und häusliche Gefüge fügt sich das Kind wesenhaft ein und ist so von Natur aus fügsam: „Solchermaßen ist der Fug des Hauses als schützende Begrenzung wie als errichtete Ordnung für das Kind eine Einweisung und Zurechtweisung; es ist eine verwehrende Eingrenzung, ein sichernder Halt und zugleich ein Anruf, sich einzufügen und der fügenden Sorge und Huld und ihrer mehrenden Güte teilhaft zu werden. Die *Fügsamkeit* ist daher ein Grundakt kindlichen Lebens. Das Kind ist von Grund aus und ohne Einschränkung fügsam".[334] Angesichts solch gewagter etymologischer Sprachspiele erhebt sich nun doch vorsichtiger Protest. So kritisiert z.B. Reiter die „sprachlich ambivalente Mischung von berechtigtem Überstieg und fraglicher Übersteigung"[335] in obigem Zitat und betont, dass hieraus mitnichten die Forderung nach pädagogischem Drill und unbedingtem Gehorsam des Zöglings abzuleiten sei: „Der Fügsamkeit des Kindes korrespondiert natürlich die elterliche Fürsorge".[336]

Selbstverständlich hat Reiter hier Recht. Es geht Siewerth in keiner Weise um erzieherischen Despotismus, sondern um die wesensgerechte Entfaltung des kindlichen Daseins. Keine Frage: Siewerth wird nicht müde, die Verantwortung und Selbstzurücknahme der Eltern sowie die Freiheit, Selbsttätigkeit und Macht des Kindes zu betonen. Und trotzdem hinterlassen diese Sätze einen faden Nachgeschmack. Warum also wirken die siewerthschen Ausführungen über das Wohnen und die Fügsamkeit des Kindes so realitätsfern, kitschig und sozialromantisch? Liegt der Grund tatsächlich nur in der eigentümlichen Sprachwahl Siewerths, wie Reiter andeutet? Dieser Befund wäre nicht neu. Bereits 1964 vermerkt Pöggeler diesbezüglich: „Die Schwierigkeit, Siewerths Denken und Sprechen angemessen zu verstehen, liegt darin, dass seine Sprache auf ganz elementare Weise einfach ist."[337] Gerade weil Siewerth den „elementaren Realcharakter" von Begriffen wahren und solchermaßen den „Ursprungssinn der Worte (und damit auch der Dinge) im zeitlosen und nicht im sprachhistorischen Sinne"[338] reklamieren würde, erhielten Aussagen, die im Alttagsbetrieb zu konventionellen Worthülsen abgeschliffen würden, einen ganz neuen metaphysischen Stellenwert. Cabada Castro schließt sich dieser

---

[333] *Metaphysik der Kindheit*, 86.
[334] Ebd., 87.
[335] REITER, *„Sich im Einfachsten und Ganzen zu halten..."*, 274.
[336] Ebd., 275.
[337] PÖGGELER, *Gustav Siewerth – Werk und Wirken*, 1.
[338] Ebd., 2.

Einschätzung an.[339] Demgegenüber ist jedoch zu betonen: Die – vielleicht zu einem gewissen Teil auch zeitbedingte - Eigentümlichkeit des siewerthschen Sprachduktus' mag zwar ein wichtiger, aber keinesfalls der hinreichende Grund für die Sperrigkeit obiger Aussagen zum Wohnen des Menschen und der Fügsamkeit des Kindes sein. Die eigentliche Ursache für das Befremdliche in Siewerths Thesen liegt vielmehr in der Sprachphilosophie und im Wahrheitsbegriff Siewerths. Pöggeler trifft ungewollt das Problem auf den Punkt: Siewerth will in der Tat den zeitlosen Realcharakter der Begriffe in Abhebung von ihrem alltäglichen Gebrauch eruieren. Und eben hier ist zu fragen, ob ein solcher Versuch überhaupt möglich ist, oder ob die Erhebung eines geschichts- und kontextenthobenen Ursprungssinnes einer Aussage nicht schlicht ein illusorisches Unterfangen darstellt. Denn was genau ist unter dem elementaren Realcharakter eines Wortes zu verstehen? So mag zwischen Philosophen und Theologen vielleicht die Existenz ewiger Wahrheiten umstritten sein, aber die Behauptung der Möglichkeit einer grundsätzlichen Zeitlosigkeit und Kontextunabhängigkeit sprachlicher Aussagen an sich wird sich wohl schwerlich argumentativ stichhaltig vertreten lassen.

Der eigentliche Grund für Siewerths eigentümliche Bestimmung des Wohnens und der Fügsamkeit ist in seiner Überzeugung einer Seinsgegründetheit von Sprache, Wahrheit und damit auch Wirklichkeitserkenntnis zu suchen. Wahrheit, Sprache und Erkenntnis wurzeln im Sein und kommen durch dieses und aus diesem, wie Siewerth wohl sagen würde, ins Walten. Zwar behauptet Siewerth ein kreisendes Ineinander und damit auch eine je wechselseitige Abhängigkeit und Bedingtheit von Sprache, Wahrheit und Seinserkenntnis. Weil Sprache sowohl dem Erkennen und dem Seienden nachfolgt, als auch allen Dingen im Benennen und Bezeichnen gewissermaßen vorweg ist, sind für Siewerth nämlich „Wahrheit, Sein und Rede in einen unauflöslichen Kreis verfügt, in dem jedes Moment das andere voraussetzt".[340] Dieser thetisch postulierte hermeneutische Zirkel wird aber im konkreten operativen Vollzug nicht umgesetzt. Stattdessen bleibt es bei der unilinearen Deduktion von Sprache und Wahrheit aus dem Sein. Statt also der Einsicht Rechnung zu tragen, dass auch die Sprache Wahrheits- und Seinserkennen beeinflusst, argumentiert Siewerth ausschließlich in einer absteigenden Linie, die vom Sein über die Wahrheit zur Sprache und zum erkennenden Benennen des Seienden führt. Das lässt sich an einer rhetorischen Figur aufweisen, die in Siewerths Sprachphilosophie vermehrt auftritt, und in der die eigentliche Gewichtung innerhalb dieses von ihm behaupteten Zirkels aus Sprache, Wahrheit und Sein zu Tage tritt. Siewerth gesteht hier gerne zu, dass Sprache von der konkreten Wirklichkeit des Seienden in Anspruch genommen und solchermaßen sozial und welthaft geprägt ist. Weil jedoch die Wahr-

---

[339] CABADA CASTRO, *Sein und Gott bei Gustav Siewerth*, 23ff.
[340] *Philosophie der Sprache*, 146.

heit der intuitiven Seinserkenntnis allem Sprechen vorgängig ist, und weil des Weiteren in jedem Seienden das dieses tragende Sein real anwesend ist, gilt für Siewerth allerdings weit wesentlicher die Seinsgegründetheit allen Sprechens: „Also ist die Rede nicht nur vom Seienden beansprucht, sondern gleich ursprünglich aus der universalen Lichtkraft des Geistes aus einem Früheren gesprochen, [...] nämlich dem ‚Sein des Seienden'."[341] „Also ist die vernehmend lichtende Rede nicht nur aus dem Seienden gezeugt [...] worden, sondern sie geht in ihrer lichtend enthüllenden Wahrheitstiefe dem Seienden irgendwie voraus und weist es [...] ins ‚Sein der Wahrheit' ein."[342] Wirklich von Bedeutung und auch operativ realisiert sind bei Siewerth Thesen wie die folgenden: Das Wort hat „in der gründenden Tiefe des Seins [...] seine Wurzel"[343], es wurde nicht menschlich erzeugt, sondern „auf göttliche Weise dem Menschen zugesprochen"[344] und ist folglich auch „lichtgebend jeder Erscheinung vorweg."[345] Dieser Befund wird ex negativo durch einen Blick in die Sekundärliteratur bestätigt, die überhaupt nur auf diese zweite Denkfigur bei Siewerth Bezug nimmt.[346]

Siewerth denkt seine eigene Behauptung einer Interdependenz von Sprache, Wahrheit und Erkennen nicht radikal genug zu Ende. Denn dass Sprache und Wahrheitserkenntnis in der Tat nicht nur göttlichen Ursprungs sind, sondern auch einem unweigerlich virulenten hermeneutischen Zirkel unterliegen, ist nicht erst seit Gadamer, sondern, wenn nicht schon bei Schleiermacher, so doch spätestens bei Dilthey offensichtlich. Sprache, Welt und Wahrheit zeigen sich nicht nur in der intuitiv erkannten Helle einer Lichtung des Seins, sondern es gilt eben auch umgekehrt: Umwelt, soziale Bindungen und individuelle Lebenserfahrungen prägen die Sprache und das Denken und diese wiederum als je persönliche, intellektuelle wie affektive Vorannahmen die Deutung von Welt und Mitmensch, von Seiendem und Sein gleichermaßen. Selbst wenn man Siewerth also darin folgen mag, dass das Wesentliche und Eigent-

---

[341] Ebd., 94.
[342] Ebd., 95.
[343] Ebd., 108.
[344] Ebd., 95.
[345] Ebd., 103.
[346] CABADA CASTRO, *Sein und Gott bei Gustav Siewerth*, 104, erwähnt zwar die These Siewerths, dass Wahrheit, Sein und Rede in einem unauflöslichen Kreis verfügt seien, folgert aber ganz im Sinne Siewerths ebd., 105: „Letztlich ist aber auch die Sprache Gabe des Seins und an es völlig verwiesen." Ebd., 106, spricht er gar von einer „Übermacht des Seins, die das Wort erhöht und [...] zu seinem eigenen Ort bringt." Auch für SCHRADER, *Philosophie der Sprache bei Gustav Siewerth*, 76, zeigt sich: „Erkenntnis und Sprache sind vom Sein her freigegeben und beziehen sich immer nur auf das Sein." Ironischerweise ist die Schlussfolgerung, die Schrader ebd., 79, zieht, eine implizite Bestätigung der hier vertretenen These eines im Sprechen immer schon wirkenden und Wirklichkeit generierenden hermeneutischen Zirkels, auch wenn Schrader das genaue Gegenteil dessen aussagen will: „Nicht der Mensch hat die Sprache, sondern umgekehrt, die Sprache hat den Menschen."

liche einer Sache als das Sein dieses Seienden im intuitiven Urteilsakt unmittelbar erkannt wird; selbst wenn man des Weiteren zugesteht, dass Wahrheit und Gutheit ebenso im Sein wurzeln und deshalb ebenso unmittelbar und staunend erkannt werden, so ist dieses intuitive Schauen, Begreifen und Empfangen doch so unbestimmt, dass spätestens im Prozess der Konkretisierung und Ausdeutung der hermeneutische Zirkel aus umwelthaften Vorprägungen und persönlichen Vorannahmen greift. Diese Reflexionsfigur fällt bei Siewerth – vielleicht zeitbedingt, vielleicht auch systembedingt - völlig aus. Für ihn ist das Wahre das Ganze, und dieses Ganze zeigt sich allein im Seinsdenken. Deshalb erscheinen seine Thesen zum Wohnen oder der Metaphysik der Kindheit so apodiktisch und neigen zum Überborden ins Totalitäre, und deshalb sieht Siewerth auch augenscheinlich keinerlei Notwendigkeit, diese Thesen mit der Alltagswirklichkeit oder den Ergebnissen der empirischen Einzelwissenschaften abzugleichen.

Eng damit verbunden ist noch ein Weiteres. Siewerth bemerkt völlig zu Recht, dass die Sprache vom Seienden beansprucht wird. Sprache interpretiert und generiert solchermaßen nicht nur Wirklichkeit, sondern menschliche Sprache wird von dieser Wirklichkeit auch in Anspruch genommen. Sprechen hat folglich nicht nur benennende, sondern darüber hinaus bezeugende und bekennende Funktion. Sprache ist nie zeitlos, geschichtsenthoben und kontextunabhängig. Gerade deshalb ist sie normativ beansprucht. Hier ist ein Bereich tangiert, den Hannah Arendt in einem ihrer Essays mit Hilfe einer Unterscheidung zwischen Vernunft- und Tatsachenwahrheiten verdeutlicht hat. Im Gegensatz zu ewigen Vernunftwahrheiten sind Tatsachenwahrheiten zwar ebenso absolut, aber um ein Vielfaches gefährdeter und anfälliger. Denn unliebsame Tatsachen, Fakten und Ereignisse beanspruchen ebenso wie Vernunftwahrheiten absolute Geltung und stehen doch immer in Gefahr, verfälscht, ignoriert und zur bloßen Meinung degradiert zu werden.[347] Arendt denkt hier natürlich an Auschwitz als jene absolute Tatsachenwahrheit, die als im wörtlichen Sinn himmelschreiendes Unrecht nie vergessen und deshalb nie verschwiegen und geleugnet werden darf. Aber auch die Existenz von Millionen von Slumbewohnern und missbrauchten Kindern ist eine solche Tatsachenwahrheit, die von sich aus einfordert, benannt und bezeugt zu werden und solchermaßen Sprechen, Denken und Handeln in Anspruch nimmt. Wer also vom Fug und Gefüge des heimeligen Hauses redet, ohne diejenigen in den Blick zu nehmen, die zeitlebens in Müll und Dreck hausen; wer von der natürlichen Fügsamkeit des Kindes spricht, ohne diejenigen mit zu bedenken, die gewaltsam gefügig gemacht wurden, dessen Sprache stimmt eben nicht mit der tatsächlichen Wirklichkeit überein und steht deshalb beständig in Gefahr, unwahr und ideologisch zu werden, mag sie auch noch so sehr im Sein verwurzelt und um das Wesentliche bemüht sein.

---

[347] ARENDT, *Wahrheit und Lüge in der Politik*, 48ff.

5.2.3. System und Freiheit

Anlass zu den folgenden Überlegungen gibt ein sehr eigentümlicher Befund: Bereits 1990 kritisiert Walter Neidl Siewerths „Verfangenheit in seinem System-Denken"[348] als eine „quasi gnostisch-spekulative Konstruktion".[349] Neidl kann aus dem siewerthschen Systemdenken heraus keinerlei Möglichkeit für Freiheit und Selbststand des Menschen erkennen. Aus seiner Sicht ist der Mensch bei der Prozedur der Personierung des Seins im menschlichen Geist „offensichtlich nur Durchgangsstation. Was aber dabei für die menschliche Person in ihrer unantastbaren Insichständigkeit übrigbleiben soll, ist mehr als fraglich".[350] Das Urteil einer ideologischen Verfangenheit Siewerths bekräftigt er zehn Jahre später noch einmal im Rahmen des Mainzer Siewerth-Symposions. Mit Blick auf die kategorische Weigerung Siewerths, sich auf die Hegelrezeption eines Karl Marx oder eines Theodor.W. Adorno auch nur ansatzweise einzulassen, vermerkt Neidl dort, „in welcher Ideologisierungsdimension Siewerths Theologische Metaphysik sich bewegt."[351]

Demgegenüber findet sich aber hinsichtlich der Frage nach der Freiheit des Menschen im siewerthschen Denken in den meisten Beiträgen des selben Symposions die genau gegenteilige These. Stephan Grätzel z.B. hält Siewerth für einen eminent ideologiekritischen Denker, der gegenüber allen Bestrebungen der (hegelschen) Vernunft, sich des Seins zu ermächtigen und es ideologisch zu dogmatisieren und begrifflich zu fixieren, am Status des Bildseins, der Transzendenz und Gleichnishaftigkeit des Seins festhält und auf diese Weise für die demütige Selbstbescheidung der Vernunft Zeugnis ablegt. So wird Siewerth für Grätzel nachgerade zu einem postmodernen (!) Philosophen, hat er doch mit Derrida und Lyotard „gemeinsam, für ‚das Nichtdarstellbare zu zeugen' und die ‚Differenz zu aktivieren'", wie Grätzel unter Zitation von Lyotard betont.[352] Deshalb ermuntere die siewerthsche Anthropologie, die den Menschen als Gleichnis und Bild sehe und sich einer totalisierenden Ausdeutung des Menschseins verwahre, „heute noch, sich für die Freiheit, die dieses Gleichnissein bedeutet, einzusetzen und sich nicht auf Identifikationen einzulassen, die das Gleichnis-sein in Gleichsein überführen."[353] In ähnlicher Weise lobt Martin Bieler den Zusammenfall von Freiheit und Sein im personierenden Geist des Menschen innerhalb des philosophischen Konzepts Gustav Siewerths: „Vor allem aber verdient zur Kenntnis ge-

---

[348] NEIDL, *Gustav Siewerth*, 261.
[349] Ebd., 255.
[350] Ebd., 256.
[351] NEIDL, *Kritische Erwägungen zum metaphysischen Rezeptionshorizont bei Gustav Siewerth*, 141.
[352] GRÄTZEL, *Das Schicksal der Metaphysik und seine Deutung durch Gustav Siewerth*, 205.
[353] Ebd., 208.

nommen zu werden, wie sehr das Seinsdenken Siewerths im Dienste der Freiheit steht, einer Freiheit, die uns die Augen für die Schönheit der Schöpfung öffnet und uns erkennen lässt, ‚dass alle Seienden in ihrem Substanzgrund *frei* sind', wie Siewerth formuliert hat."[354] Schließlich hebt auch Michael Schulz die „Positivität der Differenz"[355] bei Siewerth hervor, liege doch in der innertrinitarischen Differenzstruktur als dem Unterschied zwischen Gott und Gott die Möglichkeitsbedingung für Schöpfung und geschöpfliche Freiheit begründet: „In diesem Unterschied ist nach Siewerth der Unterschied zwischen Gott und Welt zu denken."[356] Bleibt nur noch anzumerken, dass alle drei Mainzer Referenten offensichtlich bei Walter Warnach in die Schule gegangen sind, der bereits 1975 in seinem Nachwort zu Siewerths Gesammelten Werken deutlich macht, „dass der innerste Antrieb des siewerthschen Denkens die Entschlossenheit war, Sein und Freiheit in eins [...] zu denken."[357]

Wie ist nun aber dieser erstaunliche Befund zu deuten: Einerseits Siewerth als verblendeter Ideologe, dessen System jede Freiheit ausschließt, und zugleich Siewerth als postmoderner Differenzverfechter, der das Banner der Freiheit gegen jede logisierende und verbegrifflichende Systemverschlingung hegelscher Provenienz hochhält? Könnte es vielleicht sein, dass beide Parteien Recht haben? Und könnte das vielleicht daran liegen, dass Neidl in gewissem Sinne von außen auf das geschlossene System siewerthschen Denkens blickt und deshalb das Totalitäre und Ideologische wahrnimmt, während die Anderen – um im Bild zu bleiben – in dieses Denken einsteigen und nach den Konsequenzen fragen, die die siewerthsche Seinsdeutung für menschliches Denken und geschöpfliche Freiheit mit sich bringt? Vielleicht liegt ja hierin die eigentliche, die tiefe Tragik Gustav Siewerths: Nicht, dass er eine so geringe unmittelbare Wirkungsgeschichte erzielen konnte; nicht, dass ihm ein philosophischer Lehrstuhl versagt geblieben war; sondern hierin, dass er die Möglichkeiten, die sein Denken für eine nachhegelsche Erneuerung der Metaphysik und für eine Apologie der Freiheit auch innerhalb einer theologisch gefärbten Ontologie bietet, wieder in das Prokrustesbett einer erneuten idealistisch-geschlossenen Systematik presst. Sein systemimmanentes Freiheitsdenken wäre dann dem eigenen titanischen Anspruch, die Summa des Thomas v. Aquin mit Hilfe hegelscher Denkkategorien zum System zu vollenden und so das gesamte Geschick der neuzeitlichen Metaphysik zu wenden, zum Opfer gefallen.

Es ist also davon auszugehen, dass der idealistische Systementwurf Siewerths seine eigentlichen inhaltlichen Intentionen konterkariert. Siewerths Hauptkritik am conceptus entis ist ja, vermittels der Univozität des Seinsbegriffes eine Gott und Mensch übergreifende Größe zu setzen und damit sowohl

---

[354] BIELER, *Freiheit und Schöpfung bei Gustav Siewerth*, 234.
[355] SCHULZ, *Sein, Welt und Mensch als Gleichnisse des dreieinen Gottes*, 249.
[356] Ebd., 251.
[357] WARNACH, *Nachwort zur Ausgabe der Gesammelten Werke*, 691.

die Transzendenz Gottes als auch die Freiheit der Geschöpfe und Phänomene zu unterschlagen. Eben das aber ist implizite Folge seines eigenen geschlossenen Systementwurfes, der außerhalb der eigenen Grenzen nichts Wahres und Wirkliches zu erkennen vermag.

Wäre es folglich nicht so vermessen, könnte man an Siewerth die Kritik wiederholen, die Kierkegaard so meisterlich gegen Hegel verwandte, um dessen System zu destruieren: Dass nämlich beim Christentum alles daran hängt, den glaubenden Sprung hin zum existentiellen Vollzug zu wagen oder eben sich abwendend daran Ärgernis zu nehmen, dass es aber niemals in einem begrifflichen System rationalistisch dingfest zu machen ist.[358] Gerade weil Gott, mit einem Wort Anselms von Canterbury gesprochen, dasjenige ist, worüber hinaus Größeres nicht gedacht werden kann, sprengt der Gottesglaube jedes geschlossene Systemdenken. Es ist also alles daran zu setzen, die eigenen Grenzen des Denkens zu erkennen und das Paradox zu akzeptieren, dass das Allervernünftigste doch nur glaubend zu ergreifen und im vertrauenden Sprung zu bewahrheiten ist. Das redet in keiner Weise einem dumpfen Fideismus das Wort. Im Gegenteil: Die Vernunft hat alle ihre Möglichkeiten bis zum Letzten auszureizen, und das Denken muss alle nur möglichen Denkwege auch bis zum Ende gehen. Aber es hat im gleichen Maße auch seine Grenze zu akzeptieren: Der Begriff schafft noch keine Wirklichkeit. Deshalb ist jedem Versuch zu wehren, begrifflich geschlossene Systeme für die Wirklichkeit zu halten. Noch einmal sei betont: Es geht hier nicht darum, der Theologie Rationalität und begrifflich-argumentative Klarheit abzusprechen. Noch weniger bedeutet es eine Absage an systemisches oder systematisches Denken überhaupt. Gefordert ist allerdings, das Verhältnis von System und Freiheit neu und angemessener auszutarieren.

Wertvolle Ansatzpunkte hiezu bietet Hermann Krings, der das Verhältnis von System und Freiheit als ein paradoxes, weil sich gegenseitig bedingendes und zugleich negierendes beschreibt. Ausgehend von Schelling, aber mit Blick vor allem auf reale Systeme (Rechtssystem, Arbeitssystem) kann er zeigen, dass die Freiheit, soll sie nicht nur transzendental-unbedingt und formal-unbestimmt bleiben, sondern sich geschichtlich und real verwirklichen kön-

---

[358] Vgl. z.B. KIERKEGAARD, *Die Krankheit zum Tode*, 94. Die Darstellung des subjektiven, paradoxalen Denkens Kierkegaards durch Annemarie Pieper lässt sich auch als eine Kritik siewerthschen Systemdenkens lesen: „Paradox ist für das Denken dasjenige, was sich einem logozentrischen Zugriff entzieht. Setzt es sich selbst als höchste Urteilsinstanz, so verwirft es alles, was sich mittels seiner Kategorien nicht auf den Begriff bringen lässt, als irrelevant, da irrational. Damit schließt es aber den Einzelnen, seine Freiheit und sein Wirklichkeit generierendes Existieren als nicht bedenkenswerte Gegenstände aus der Reflexion aus. Der subjektive Denker hingegen betrachtet das Paradox als eine Herausforderung [...]. Das konkrete Denken schwebt nicht in kühler Distanz über den Widersprüchen [...]; es lässt sich ein auf das Existieren, das je meines ist [...]. Und am Ende, nachdem das Denken begriffen hat, dass es das Paradox nicht aufheben kann, [...] nimmt es seinen Totalitätsanspruch zurück und macht dadurch für den Glauben Platz" (PIEPER, *Sören Kierkegaard*, 52f).

nen, des Systems bedarf, um wirklich und konkret werden zu können. Das System hat also den Sinn, reale Freiheit zu ermöglichen. Es ist durch die Freiheit gesetzt, ist ein Produkt der Freiheit. Gleichzeitig zeigt sich aber für Krings auch die eigenwillige Ambivalenz seiner These, das System sei Produkt der Freiheit und solchermaßen die von ihr selbst gesetzte Bedingung ihrer Existenz. Denn der „Begriff einer Totalität vernunftnotwendiger Zusammenhänge widerstreitet dem Begriff der Freiheit als dem Begriff eines unbedingten Anfangenkönnens und Selbstseins. [...] System und Freiheit stehen in einem Widerspruch."[359] Die Aporie besteht folglich darin, „dass die Freiheit das System als Bedingung ihrer Existenz setzt und ihr zugleich widerspricht. Reale Freiheit muss das System *und* den Widerspruch bejahen."[360] Die Konsequenz, die Krings für die Gestaltung praktischer Systeme aus diesem Paradox zieht, gilt ebenso für ideelle Systeme und scheint mir deshalb den Schlüssel für eine angemessene Siewerth-Hermeneutik zu bieten: „Was im Bereich der Begriffe das Ärgerliche ist, nämlich der Widerspruch, ist in der Realität das Unverzichtbare. [...] Was kann die Philosophie angesichts dieser verschärften Aporie tun? Wollte die Philosophie einem ihrer ursprünglichen Triebe, nämlich Vernunft mit sich zur Einheit zu bringen, unberaten folgen und das rationale Ärgernis hinwegbringen, so wäre abermals ‚Freiheit nicht zu retten'. Die Antwort auf die Frage ist darum davon abhängig, wie groß ihr Interesse an Freiheit ist. Ist ihr Interesse an Freiheit größer als ihr Interesse an Einheit, so wird sie es als ihre Aufgabe erkennen, den Widerspruch nicht aufzuheben, sondern ihn zu artikulieren".[361]

Konkret: Philosophische Systeme sind unverzichtbar, weil sie Ausdruck und Produkt der Freiheit des Geistes sind. Systematisierendes Denken ist unverzichtbar zur Gewinnung relevanter Erkenntnisse. Das Denken würde sich selbst desavouieren, würde es seinen Anspruch aufgeben, Einzelinhalte nach ihrer analytischen Zergliederung wieder neu zu einem Ganzen zu synthetisieren. Aber jedes System hat seine Widersprüche und Leerstellen, und jede Systematik widerstreitet per se ihrer Totalisierung zum geschlossenen Systementwurf. Siewerths Aussagen über den Menschen mögen im Einzelnen angemessen sein oder diskussionswürdig. Immer dort, wo sie in die Totalität einer Gott, das Denken und den Menschen umgreifenden Systematik eingepasst werden, werden sie notwendig unwahr, weil sie einen einzelnen, partikularen Sachverhalt für das Ganze nehmen und so verabsolutieren. Um ein solches System als monopolisierte Wirklichkeitsdeutung aufrecht erhalten zu können, müssen ihm widersprechende Wirklichkeitsbereiche ignoriert oder gewaltsam integriert werden. Das lässt sich paradigmatisch am Beispiel des Bösen, des Nichts und der Theodizeefrage bei Gustav Siewerth durchexerzieren.

---

[359] KRINGS, *System und Freiheit*, 25f.
[360] Ebd., 28.
[361] Ebd., 31f.

5.2.4 Das Böse, das Nichts und die Theodizeefrage

In der Anthropologie Gustav Siewerths fällt eine ernsthafte Reflexion auf Negatives und Böses, Hass und Streit, Missgunst und Neid sowie auf Leid und Schmerz praktisch völlig aus. All das gibt es im siewerthschen System nur im thomistischen Sinne als privatio boni sowie als Verirrung und Sündenschuld des Menschen. Negatives und Böses wird aber nicht systematisch in die Anthropologie integriert und als zum geschichtlich-konkreten Wesen des Menschen dazugehörende Schattenseite entfaltet. Statt dessen findet es sich eher als von außen an den Menschen herantretendes Ungemach, als das Dämonische, als die Ängstlichkeit und das Todesgeschick des Daseins, gegen das die Sorgestruktur ankämpft. Hier ist Siewerth seinem, von ihm gleichermaßen hoch verehrten wie hart kritisierten, Lehrer Martin Heidegger sehr nahe. Wie für diesen, so erscheint auch für Siewerth „die ‚Angst' als die ‚Grundbefindlichkeit' oder die Urgestimmtheit des zeitlichen Daseins".[362] Gerade die Sorge der Mutter dem Kind gegenüber ist deshalb „eine Rettung aus dem Fall und Verfall der Geworfenheit ins Da der Zeit [...], eine Entringung und Entwindung aus dem verhängten Geschick des Todes" und bewahrt es „vor dem Unheimlichen des Zeit- und Weltlaufs".[363] Dasjenige, wogegen die mütterliche Sorge sich schützend stellt, ist aber nicht nur das Schicksal der Endlichkeit und Sterblichkeit, in die das Kind hineingehalten ist, sondern weit mehr. Es ist eine grundsätzliche Feindlichkeit und Boshaftigkeit der Welt, gegen die es anzukämpfen gilt, wie Siewerth verdeutlicht: „Diese Sorge steht ja nicht nur in der Wehr des Todes, sondern der Welt, deren Widerstreit der Mensch sich als wohnender im Hause entringt. [...] Dieser Widerstreit ist mehr als das Dunkel des namenlosen Todesverhängnisses, sondern hat etwas von einem ‚Grimm', der das Heilige beunruhigt und versehrt. Dieser ‚Grimm der Welt' ist die urtümliche Erfahrung des Bösen."[364]

Die Frage nach einer möglichen transzendentalen Ersturssache dieser Grimmigkeit und Boshaftigkeit der Welt stellt sich für Siewerth nicht. Ebenso wenig wird ihm zum Problem, wie denn diese im Gesamtkontext seines Werkes so unvermittelt auftretende ontologische Negativität, ja Boshaftigkeit der Schöpfung mit der, in der exemplarischen Identität des Seins begründeten, staunenswerten Gutheit, Schönheit und Positivität des geschaffenen Seienden zusammengehen soll. Wie kann der Grimm der Welt mit der wunderbaren Gott-Gleichnishaftigkeit der Schöpfung in eins gedacht werden? Ähnlich erratisch und isoliert steht die Geworfenheit, die Siewerth ja an anderer Stelle

---

[362] *Metaphysik der Kindheit*, 68.
[363] Ebd., 73.
[364] Ebd., 98.

ausdrücklich relativiert,[365] und das Todesgeschick des Menschen in einem anthropologischen Gesamtentwurf, der über weite Strecken von der göttlichen Seinsempfängnis, der liebenden Ingewahrnahme der Kindschaft oder der Innigkeit des Herzraumes handelt.

In einem ersten Schritt ist deshalb zu fragen, ob überhaupt Erklärungsmuster für die Boshaftigkeit der Welt und für die – aller ontologisch vorgängigen Gottgegründetheit und Positivität zum Trotz - faktisch ambivalente Daseinsverfassung des Menschen im siewerthschen Werk zu finden sind. Und hier ist der Befund eindeutig: Die einzig auszumachende Ursache für Übel, Leid und Böses insgesamt liegt in der erbsündlichen Schwächung der Menschennatur. Siewerth rekurriert auch hier auf thomistische Theologie und begreift das Phänomen der Erbsünde solchermaßen als Verlust der ungeschuldeten, urständigen Gnade, als freien Austritt des Menschen aus dem Liebesband der Gottesfreundschaft. Trotz dieser erbsündlichen Schwächung bleibt jedoch die anthropologische Grundlage einer Hinneigung zum Guten und ursprünglichen Seinsverwurzelung unangetastet. Der erbsündige Wille ist zwar nach wie vor freie und selbstbestimmte Wirkursache, aber eben niederen Gütern zugekehrt; die intuitive Seinsverfassung ist verstrickt in eine faktische Unordnung. Weil sich diese faktische Unordnung mit der Abfolge der Generationen potenziert, kennt Siewerth eine „Lehre von der verlorenen Menschheit".[366] Denn das Wesen des geschichtlichen Menschen stellt sich ihm als ein Zwischenbereich dar, als eine Mitte von Güte und Kraft einerseits und jener furchtbaren Not und Tragödie des Menschengeschlechtes andererseits, das „in sich selbst die Zerstörung, die Erschlaffung, die Verhärtung und den Tod erzeugt."[367] Einer urständisch heilen und guten Menschennatur wird ein eschatologischer Endpunkt entgegengestellt, der, bedingt durch menschliche Sünde und verstärkt durch das Gesetz der schiefen Bahn, in ein geradezu apokalyptisches Szenario einmündet. Entscheidend ist dabei, dass ihm durch dieses Konstrukt die menschliche Sünden- und Freiheitsgeschichte bzw. die christliche Erbsündenlehre zur vollendeten Theodizee gerät. Denn alles Leid, alles Böse und alle Schuld ist immer auf den Menschen zurück zu führen: „Es gibt keine Drangsal, keine Verwirrung, kein Schicksal, kein Unheil, hinter welchem nicht am Ursprung eine Fehlentscheidung des Menschen stünde, der das Gesetz des Herzens und des Gewissens verriet."[368] Eine Rückfrage nach Möglichkeitsbedingungen für diese defiziente transzendentale Konstitution der menschlichen Freiheit bzw. eine Problematisierung der göttlichen Zulassung von Leid und Sünde oder auch nur eine Thematisierung der Frage nach Ursa-

---

[365] Ebd., 14: „Wer sagt, dass der Mensch am Ursprung Gottes, des Menschen und der Erde Kind ist, sagt zugleich, dass er nicht nur ‚geworfen', sondern vorab ‚empfangen', nicht ‚ausgesetzt', sondern ‚geborgen' sei."
[366] *Zur christlichen Erbsündenlehre,* 210.
[367] Ebd., 213f.
[368] Ebd., 221.

chen des male physicum findet sich hier nicht. Hinzu kommt, dass die Erbsündenlehre selbst nur am Rande Einzug in das pädagogische und anthropologische Schrifttum Siewerths gefunden hat. Ähnlich isoliert wie das Phänomen des Bösen überhaupt steht folglich auch sein einziger Erklärungsversuch im Werk Gustav Siewerths.[369]

Es geht hier nicht darum, einer ontologischen Boshaftigkeit des Menschen das Wort zu reden oder eine Anthropologie der Negativität einzufordern. Siewerth tut gut daran, die grundsätzliche Positivität der menschlichen Wesenskonstitution so deutlich herauszustellen, weil anders mitsamt der Gottgegründetheit des Menschen das Theologische seiner Anthropologie insgesamt unterminiert würde. Aber gerade aus der historischen Distanz verwundert – und erschreckt – die Tatsache, dass Siewerth augenscheinlich von der Faktizität des Negativen und Bösen, des Hass- und Schuldbeladenen im menschlichen Zusammenleben so unbeeindruckt bleibt. Schwerer als der Ausfall einer Reflexion über mögliche ontologische Gründe dieses Sachverhaltes wiegt deshalb das offensichtliche Ausbleiben einer Sensibilisierung seiner Texte durch das geschichtliche Leid und den konkreten, je individuellen Schmerz, der durch historisch-politisches Unrecht verursacht wurde. Keinem der philosophischen Werke Siewerths ist diesbezüglich anzumerken, in welcher Zeit sie geschrieben wurden. Siewerth ist gewiss kein Nationalsozialist gewesen, im Gegenteil: Nicht nur seine Philosophie, sondern mehr noch seine persönliche Überzeugung und seine tiefe Religiosität sperrten sich ganz und gar gegen die Wahnvorstellungen dieser menschenverachtenden Ideologie. Aus gutem Grund haben die nationalsozialistischen Machthaber Siewerth deshalb als Opponenten betrachtet und ihm eine wissenschaftliche Karriere verunmöglicht – übrigens mit nachweislichem Zutun Martin Heideggers, wie Hugo Ott unter ausführlicher Zitation entsprechender Gutachten Heideggers über Siewerths Habilitationsschrift nachweist.[370] Und dennoch kann Siewerth 1939 (ebenso wie in der bereits zitierten Bemerkung auf der Katholikentagskundgebung 1956) völlig unkritisch und wie losgelöst von den Zeichen der Zeit von der Notwenigkeit der Hingabe an das Volk bis hin zum Lebensopfer sprechen: „Einen wahren Christen wird [...] keiner an Liebe und Treue zu sei-

---

[369] Obwohl z.B. in *Metaphysik der Kindheit* ein ganzer Abschnitt dem Phänomen des Bösen gewidmet ist, wird das Negative nicht als zum Menschsein dazugehörende Schattenseite dargestellt, sondern eher als äußerliche Konsequenz fehlgeschlagener Erziehung und ungünstiger Sozialisationsbedingungen. So bemerkt Siewerth ebd., 104: „So unheilvoll solche Grundverstörungen in der Entwicklung des Kindes sich entfalten können [...], so stehen sie in ihrer Grundgewilltheit alle jenseits von Gut und Böse, da sie dem [...] Wollen des Kindes nicht entspringen, sondern ihm angetan und eingelebt worden sind." Entsprechend findet sich auch hier nur eine kurze Erwähnung der Erbsündenlehre (ebd., 96). Es ist deshalb mehr als nur eine flüchtig hingeworfene Bemerkung, wenn Siewerth in *Der Mensch und sein Leib*, 76, schreibt: „Die Frage nach der erbsündigen Belastung der natürlichen Zeugung braucht uns hier nicht lange zu beschäftigen."

[370] OTT, *Gustav Siewerth – Leben im Kontext*, 125-129.

nem Volk übertreffen können, weil der Christ sein Volk als ein Volk Gottes liebt, dem er treu sein muss wie seinem Gotte."[371] Veröffentlicht in jenem Jahr, in dem in Deutschland für alle sichtbar die Synagogen brannten. Man mag die Zurückhaltung Siewerths bis 1945 mit der berechtigten Sorge um das persönliche und familiäre Wohlergehen erklären. Ein Urteil hierüber steht mir nicht zu. Aber ist es nicht auf fatale Weise bezeichnend, dass auch in seinen Nachkriegsveröffentlichungen die einzige explizite Erwähnung der Judenvernichtung nur im Zuge einer Abhandlung über die Didaktik des Geschichtsunterrichtes zu finden ist?[372] Was Johann Baptist Metz mit Blick auf weite Teile deutscher Nachkriegstheologie diagnostiziert, trifft leider auch auf die Schriften Gustav Siewerths zu: Hier ist ein erstaunlicher Mangel an „Theodizee-Empfindlichkeit" und eine erschreckende „Verblüffungsfestigkeit" angesichts jener Katastrophe zu attestieren, für die der Name Auschwitz steht.[373] Auf gleicher Linie wäre auch kritisch anzufragen, weshalb Siewerth nie in der Lage war, das Eintreten der Frankfurter Schule an diesem Punkt zumindest als ein berechtigtes Anliegen zu würdigen. Dieser merkwürdigen Geschichtsenthobenheit Siewerths widersprechen im Übrigen weder sein *Schicksal der Metaphysik* noch seine wenigen dezidiert geschichtsphilosophischen Aufsätze.[374]

Damit zurück zu der Frage nach dem unverbundenen Nebeneinander von Todes- und Seinsgeschick im Werk Gustav Siewerths. Der Ausfall einer systematischen Integration der Schattenseiten und Ambivalenzen der menschlichen Wesenskonstitution in die Anthropologie sowie die weitgehende Geschichtsenthobenheit des siewerthschen Menschenbildes und die im Gegenzug bisweilen ins Romantisch-Kitschige abgleitende Einseitigkeit seiner Ausführungen hat ihren eigentlichen Grund in der spekulativen Systematik des Gesamtentwurfes. Es geht nicht so sehr – wie Siewerth immer wieder glauben machen will – um das Bewahren des heilen und heilenden Ursprungs hinter allen Pervertierungen und Verirrungen der konkreten geschichtlichen Existenz, sondern weit wesentlicher um das Grundproblem seiner gesamten Philosophie und Theologie. Es geht um den völligen Ausfall der Theodizeefrage im

---

[371] *Zur christlichen Erbsündenlehre*, 238. 1956 dann in *Der katholische Mann in unserer Zeit*, 7: „Die Hingabe an das Allgemeine des Familien-, Sippen- und Volkswohls bis zum Lebensopfer, ist die Ehre und Würde des Mannes." Dies ein Jahr nach in Kraft treten der Pariser Verträge, welche die Wiederaufstellung westdeutscher Streitkräfte ermöglichten.
[372] *Hinführung zur exemplarischen Lehre*, 146f.
[373] METZ, *Theodizee-empfindliche Gottesrede*, 82.
[374] So beabsichtigt z.B. der *Triumph der Verzweiflung*, GW III 201ff, nicht, das eigene Weltbild durch den nationalsozialistischen oder stalinistischen Terror in Frage stellen zu lassen, sondern im Gegenteil: Eine Mischung aus hegelscher Prozessdialektik und kierkegaardscher Verzweiflungsanalytik wird vereint zu einem geschichtshermeneutischen Konglomerat, das sich in heftigen Polemiken über westlich-amerikanischen Liberalismus wie über östlichen Kommunismus gleichermaßen entlädt und – wenn ich recht sehe – sogar zu einer vorsichtigen Relativierung der deutschen Alleinschuld am Ausbruch des II. Weltkrieges führt (Vgl. ebd., GW III 248-252).

Werk Gustav Siewerths. Oder anders gesagt: Im siewerthschen Werk ist die Theodizeefrage aufgrund systemimmanenter Vorentscheidungen immer schon positiv beantwortet, ja Siewerths opus magnum ist als eine einzige große Theodizee anzusehen. Und mit Blick auf den vorigen Abschnitt lässt sich festhalten: Gerade die Theodizeefrage, die Frage nach dem Grund von Leid und Schuld angesichts der Existenz des guten und allmächtigen Gottes, angesichts der Positivität des Seins und des Seienden sowie angesichts der Gottgegründetheit des Menschen ist jene Leerstelle, die jedes Systemdenken sprengt. Genau hier wäre der Punkt zu markieren, an dem sich die endliche Vernunft das Scheitern ihrer Erklärungsversuche einzugestehen hätte. Denn jegliche Theodizee scheitert, muss zwangsläufig scheitern. Es bleiben ja angesichts des Leides in der Welt im Letzten nur drei Erklärungsmöglichkeiten, und alle sind für die gläubige Vernunft undenkbar: Erstens die Rückführung allen Übels auf den sündhaften Menschen, was nicht nur einer psychopathologischen Schuldanmaßung gleichkäme, sondern sofort die Frage nach Gott als zulassender Zweitursache provozieren würde. Zweitens die Rückführung allen Übels auf ein nichtmenschliches Außergöttliches, sei es das Urchaos, der gefallene Engel oder die Schlange, was entweder der Setzung eines Gegengottes und damit der Aufhebung des christlichen Gottesbildes gleichkäme, oder die Verantwortung doch wieder auf Gott zurück lenkte, da Gott Welt und Engel geschaffen hat. Oder aber drittens die unmittelbare Rückführung allen Übels auf Gott selbst, was ebenfalls eine Aufhebung des christlichen Gottesbildes bedeutete. Für christliches Denken bleiben also zwei Möglichkeiten angesichts des Leides in der Welt, das einen ‚Riss in die Schöpfung von oben bis unten macht' (G. Büchner, Dantons Tod, 3. Akt): Entweder es entledigt sich des traditionellen Gottesbildes eines guten und zugleich allmächtigen Schöpfers. Dieser Gott wäre dann allenfalls noch zu denken als ein ohnmächtiger Gott. Oder aber es bleibt, will der die Vernunft befragende Glaube am guten, liebenden und geschichtsmächtigen Gott festhalten, nur die Akzeptanz der notwendigen Paradoxie und das Aushalten des Widerspruches, den eine Gleichzeitigkeit von Gott und Leid in der Geschichte hervorruft. Dieser Widerspruch, so scheint mir, ist weder durch eine Theodizee via transzendentaler oder dramatischer Freiheitsapologie, noch durch die Zusammenschau von Gott und Leid im gekreuzigten Christus oder den Gedanken der eschatologischen Selbstrechtfertigung Gottes auflösbar.

Kurz: Das Ausbleiben einer ernsthaften Reflexion auf die negativen und schuldhaften Momente des menschlichen Daseins sowie auf konkrete geschichtliche Unrechts- und Leiderfahrungen und deren Ursachen ist in der völligen Stilllegung der Theodizeefrage bei Siewerth begründet. Das wiederum liegt daran, dass die Theodizeefrage, wird sie radikal gestellt und nicht vorab beruhigt, jegliches in sich geschlossenes Systemdenken zum Einsturz bringt und ein Denken freisetzt, dessen letztes Wort eine offene Frage ist. Für Siewerths Anthropologie gilt hier: Es kann nicht sein, was nicht sein darf.

An dieser Stelle liegt es nahe, noch einmal die Frage nach dem Nichts in Siewerths Konzept aufzunehmen. Siewerth setzt das Nichts ja als ideelles Produkt des göttlichen Willens, der im Entschluss zu sich selbst auch seine Andersheit denkend erfasst, um die Andersheit der Schöpfung zum einen überhaupt denken zu können, zum anderen aber um Schöpfung nicht als ein Gott begrenzendes Außen behaupten zu müssen, sondern als eine in der innertrinitarischen Differenz immer schon aufgehobene Andersheit. Wenn aber Gott das Nichts denkend setzt, um Schöpfung und geschöpflichen Selbststand überhaupt zu ermöglichen, wäre dann dieses Nichts spekulativ verantwortlich zu machen als Möglichkeitsbedingung für Böses und Leid in dieser Schöpfung? Ganz abgesehen davon, dass eine solche Spekulation wohl kaum mit Siewerths Denken hermeneutisch in Einklang zu bringen wäre, bedeutete ein solches Vorgehen eine unzulässige Negativ-Mystifikation des Nichts. Demgegenüber ist noch einmal zu betonen: Das Nichts ist lediglich ein Grenzbegriff der endlichen Vernunft, der Sprung von der logischen auf die ontische Ebene ist unzulässig. Das Nichts hat also keinerlei Realität oder Wesentlichkeit an sich. Ontisch ist außerdem nicht das Nichts das entscheidende Problem, sondern das umso realere Böse, das Leid, der Schmerz und das Unrecht. All das ist aber nicht mit dem Nichts identisch und auch nicht auf dieses spekulativ rückführbar. Auschwitz ist nicht ein Nichts, sondern das schrecklichste Tatsächliche, Reale und Faktische, mit dem sich das Denken, auch und gerade das christliche Denken, auseinander zu setzen hat. Selbst wenn man also Siewerths Interpretation des Nichts als ideellem Produkt göttlicher Selbstreflexion folgen wollte, wäre das Abgründige der Schöpfung und der menschlichen Freiheitsgeschichte immer noch nicht erklärt, geschweige denn systematisch integriert.

5.3 Möglichkeiten und Grenzen einer metaphysischen Anthropologie

Die letzten Schritte dieser Untersuchung ließen einige gravierende Anfragen an die siewerthsche Anthropologie zu Tage treten. Sie alle kulminieren in dem Problem, dass das Menschenbild Gustav Siewerths passgenau in seinen metaphysischen Systementwurf eingefügt ist und bis in konkrete Details hinein aus diesem deduziert wird. Die operative Geschlossenheit des idealistischen Systems verursacht in der Anthropologie ein Überborden der holistische Struktur in eine sich selbst absolut setzende Totalität. Dieser Befund gilt gleichermaßen für inhaltliche Prämissen wie für die methodische Durchführung von Siewerths Anthropologie. Das führt nicht nur dazu, dass historisch gewordene und durchaus nicht unanfechtbare gesellschaftliche Leitbilder normativ überhöht und solchermaßen ideologisiert werden, wie am Beispiel der einseitigen Fixierung der Geschlechterrollen sowie am Wohnen des Menschen und der Fügsamkeit des Kindes gezeigt werden konnte. Gerade mit Blick auf diese Bereiche ist statt metaphysischer Seinserhellung wohl eher eine schlichte Adaption der westdeutschen, kleinbürgerlichen Nachkriegsidylle zu diagnostizieren. Vielmehr bekommt Siewerth aufgrund dieser hermeneutischen Grundentscheidung nur solche Phänomene des Menschseins in den Blick, die seine metaphysischen Vorannahmen bestätigen. Die Schwierigkeiten, die Siewerth hat, negative Momente und Schattenseiten des Menschseins in seinen Daseinsentwurf zu integrieren, sprechen hier eine deutliche Sprache. Insbesondere die Leerstellen seiner Anthropologie lassen zu Tage treten, wie sehr ein operativ und hermeneutisch geschlossenes metaphysisches Systemdenken die Vielfalt und Freiheitlichkeit realer Existenz zu konterkarieren droht. Diese Dynamik wird verstärkt durch den Anspruch auf Universalität und Allgemeingültigkeit, den Siewerth zweifelsfrei erhebt und der in logischer Konsequenz aus seinem idealistischen Systemdenken folgt.

Wenn aber sowohl Inhalt und Methode, als auch der diesen Inhalt normierende Allgemeingültigkeitsanspruch seine eigentlichen Wurzeln in der Deduktion philosophischer Prinzipien und in der Verabsolutierung eines metaphysische Systems hat, ist dann eine metaphysisch geprägte Anthropologie, wie Siewerth sie hier vorlegt, überhaupt tragbar? Sollte man ein anthropologisches Modell, das solche statischen und rigiden Züge aufweist, nicht still beiseite legen und sich Lohnenderem zuwenden? Wäre also eine empirische Anthropologie das dem Gegenstandsbereich angemessenere Projekt, weil es seinen Ausgang strikt bei den sich zeigenden Phänomenen nimmt?[375] Siewerth selbst würde natürlich einem solchen Ansinnen heftig widersprechen. Seine Gegenargumentation würde wohl, soweit das aus seinen Arbeiten ersichtlich ist, in zweifacher Stoßrichtung verlaufen. Einerseits wäre nämlich gegen diese Position einzuwenden, eine empirisch orientierte Anthropologie könne der eigentlichen Tiefe des Menschen gar nicht gerecht werden: „Eine zureichende Charakterisierung [...] des Menschen lässt sich nicht auf 'psychologischem' Wege, sondern nur ontologisch gewinnen."[376] Das bedeutet eine Umkehrung der Argumentation dahin gehend, dass sich gerade eine nichtmetaphysische Vorgehensweise der Monopolisierung eines Partikulären schuldig mache, weil sie außer Stande sei, das Ganze, Erste und Eigentliche ihres Gegenstandes in den Blick zu bekommen. Dem ist in gewisser Hinsicht durchaus zuzustimmen. Eine empirische oder psychologische Anthropologie, die ausschließlich die eigenen Ergebnisse als relevant akzeptieren würde, verabsolutierte in der Tat Teilbereiche und Einseitigkeiten. Das ist allerdings bei einer rein ontologisch geführten Denkweise ebenso der Fall. Eine, wie Siewerth formuliert, ‚zureichende Charakterisierung' des Menschen lässt sich

---

[375] So zumindest das Selbstverständnis und Idealbild empirischer Wissenschaft. Natürlich ist unbeschadet dessen zu beachten, dass auch empirische Forschung, bedingt durch die Notwendigkeit vorgängiger Hypothesensetzung, die dann zu falsifizieren oder zu verifizieren sind, auf nichtempirischen Vorannahmen basiert und solchermaßen keine normfreie Wissenschaft ist.

[376] *Die menschliche Willensfreiheit*, 85.

also weder auf ausschließlich empirischem, noch auf rein ontologischem Weg erreichen. Vielmehr gilt es, jeder Totalisierung zu wehren und eine breite methodische Vielfalt anzustreben.

Das zweite Argument Siewerths bezöge sich wohl auf die therapeutische Intention seiner metaphysisch geprägten Anthropologie. Siewerth stellt sich selbst ausdrücklich dem gegen ihn erhobenen Vorwurf der Idealisierung und der Forderung seiner Kritiker, statt dessen psychologisches Material zu sammeln und so zu realistischeren Einschätzungen zu kommen: „Dieser Einwand übersieht, dass dieses ‚Material' als solches uns nicht weise macht – weil man außerhalb einer metaphysischen Durchhellung des [...] Lebens überhaupt nicht in der Lage ist, Vorgänge in ihrem Wesensgehalt zu erkennen und zu ordnen. [...] Nur das Wesen enthüllt die Unmacht des Un-wesens; nur das Wesensgerechte trägt und ermöglicht Besinnung und hat die Vollmacht des Gerichtes."[377] Allein eine metaphysische Durchhellung der heilen Lebensursprünge wäre folglich in der Lage, das in der Gegenwart Krankende zu diagnostizieren und einer Heilung den Weg zu ebnen: „Die Ursprünge des Lebens vergegenwärtigen hat nicht den Sinn, ihr Schwinden zu beklagen; noch weniger bedeutet es, ein ‚Idealbild' zu entwerfen, das von der ‚Wirklichkeit' Lügen gestraft wird. Auch im Schwund und Auswuchern des Lebens bleibt ihm der Ursprung nah. Was da wuchert und schwindet, kann selbst in seinem Verfall und Abfall nur von seinem Urstande her verstanden werden. [...] Auch dem kranken Menschen bleibt die Gesundheit das Eigentliche und Wirklichere."[378] Jörg Splett schließt sich in seinem Urteil über Siewerth dessen Selbsteinschätzung an. Mit Bezug auf die siewerthschen Thesen zum natürlichen Gehorsam des Kindes meint er: „Dass auch eine solche Interpretation nicht alle Aspekte der Wirklichkeit fasst, wird [...] nicht bestritten. Aber andererseits zielt sie auch nicht auf ein Ideal jenseits unserer Realität, sondern auf deren ideale Mitte (das ‚Schwarze inmitten der Scheibe')."[379]

Natürlich ist es legitim, eine kritikwürdige Situation mit einem idealen Gegenentwurf zu konfrontieren. Allerdings wird ein solches Unterfangen dort problematisch, wo der eigene Entwurf absolut gesetzt wird und alle von ihm abweichende Realität als Depravation und Krankheit erscheint. Es ist in der Tat fraglich, ob Siewerth wirklich das Schwarze inmitten der Scheibe trifft, wenn er seinem Bild von Menschsein aufgrund eigener, systemimmanenter Absolutheitsansprüche sogar die Vollmacht des Gerichtes über davon differierende Wirklichkeitsdeutungen anmaßt. Statt dessen wäre in ideologiekritischer Absicht zu prüfen, anhand welcher Kriterien Siewerth das in seinen Augen Wesensgerechte erarbeitet. Stellt Siewerth wirklich immer die richtige Diagnose, ist er also tatsächlich in der Lage, die heilen Lebensursprünge aus-

---

[377] *Metaphysik der Kindheit*, 134f.
[378] *Wagnis und Bewahrung*, 99.
[379] SPLETT, *Der Mensch ist Person*, 176.

findig zu machen? Und schließlich: Ist die Medizin, die er bietet, wirklich in jedem Fall geeignet für eine Heilung des Patienten?

Wer diese Fragen verneint, muss noch lange nicht die siewerthsche metaphysische Anthropologie insgesamt zu Grabe tragen. Im Gegenteil: Eine metaphysisch geprägte Anthropologie ist unerlässlich, weil durch sie Wirklichkeitsbereiche thematisiert werden, die induktiv gar nicht hinreichend fassbar sind. Freiheit, Transzendenz, Begabung und Gewissen sowie Leiblichkeit sind anthropologische Phänomene, die vermittels der empirischen Methoden von Biologie, Psychologie, Soziologie, Kulturanthropologie und Ethnologie nicht abschließend thematisiert werden können. Hier bietet Siewerth Interpretationsmuster und Deutekategorien an, die von unerhörter Tiefe und Schärfe sind. Sie einfach zu ignorieren, wäre ein großer Verlust. Besondere Bedeutung verdient dabei der Kulminationspunkt siewerthscher Anthropologie, die ontologische Konstitution des Menschen als similitudo et imago Dei und die daraus resultierenden grundlegenden Wesenskonstitutiva Personalität und Freiheit. Gerade der Personbegriff Siewerths, der auf ein freiheitliches und selbstbewusstes Sich-Verhalten des Menschen in einem transzendenten Beziehungsgeschehen rekurriert, ermöglicht eine Deutung von Menschsein, die sowohl die absolute und unveräußerliche Würde des Individuums betont, als auch gleichermaßen auf die Notwendigkeit von Beziehung für gelingendes menschliches Leben insistiert. Mit einem solchen Ansatz ist eine Öffnung der Anthropologie für den uneinholbaren Sinnüberschuss des menschlichen Lebens gegeben, die nicht nur für theologisches Denken wertvoll ist. All diese Themen und Phänomene geben folglich Anlass zu der Forderung, gerade aus einem pluralen Interesse heraus die metaphysisch geprägte Anthropologie Gustav Siewerths in ihr Recht zu setzen. Denn weil in der metaphysischen Betrachtungsweise anthropologische Dimensionen aufscheinen, die mittels einer bloßen Empirie nicht fassbar sind, kann nur unter Einbeziehung auch dieses Entwurfes die ganze Weite von Wirklichkeit unverkürzt in den Blick genommen werden. Metaphysische Anthropologie ist deshalb auch mehr als nur Korrektiv oder Zielperspektive einer abweichenden Lebenswirklichkeit: Ohne eine im weitesten Sinne metaphysische Dimension kann Menschsein in seiner ganzen Tiefe nicht hinreichend beschrieben werden.

Gerade weil aber unter der Voraussetzung einer Absage an einen - alles andere ausschließenden - strukturellen, methodischen oder inhaltlichen Monismus eine metaphysische Anthropologie herausragende Ressourcen und Potentiale zur kritischen Deutung und sinnstiftenden Gestaltung von Wirklichkeit bietet, müssen ihre immanenten Strukturen und Methoden einer kritischen Bewertung unterzogen und gegebenenfalls in ihre Grenzen gewiesen werden. Nicht alles, was von metaphysischen Prämissen deduzierbar ist, darf auch deduziert werden. Damit fällt zugleich der Anspruch auf Universalität und Allgemeingültigkeit. Dem siewerthschen Versuch einer Verpflichtung auf ein einziges anthropologisches Modell sowie auf ausschließlich eine anthropologische Hermeneutik ist klar und deutlich zu widersprechen. Statt dessen wird eine metaphysisch geprägte Anthropologie nur dann tragfähig, praktikabel und auch anschlussfähig sein, wenn sie in Anerkennung der notwendigen Begrenztheit eines jeden Modells etwaige Absolutheitsansprüche relativiert zugunsten der Eröffnung von Deutehorizonten und Gestaltungsräumen anthropologischer Wirklichkeiten.

Dabei ist auch die Ausrichtung siewerthschen Philosophierens am systematischen Gedanken der Ganzheit nicht das entscheidende Problem.[380] Problematisch wird der Ganzheitsbezug nur dann, wenn er zur alles andere normierenden Metawissenschaft wird. Wer aber wie Siewerth den Anspruch formuliert, die methodisch und sachlich begrenzten Einzelwissenschaften mit Hilfe der eigenen Philosophie auf das sie begründende Ganze des Seins hin überschießend und flüssig zu machen, der erhebt in der Tat die Metaphysik zur Metawissenschaft schlechthin: „Die Einzelwissenschaften ‚überflüssig' machen, heißt daher immer, sie aus dem Unbedachten und Unbedenkbaren ihrer Grundbestimmungen und aus ihrem überanstrengten Treiben zu erlösen."[381] Denn für Gustav Siewerth gilt: „Diese Daseinsanalytik lässt die Subjektivismen der Psychologie und modernen Anthropologie in ihrer Verfälschung oder Verkürzung zutage treten, wie sie zugleich den Schlüssel enthält zur Deutung der von diesen Wissenschaften beigebrachten und systematisierten Phänomene."[382] Eine solche Verhältnisbestimmung von Empirie und Metaphysik ist falsch. Es geht nicht um Korrektur und schon gar nicht um Dominanz, sondern um Korrespondenz. Theologie und Philosophie sind keine Metatheorien naturwissenschaftlicher Forschung, sondern ihrerseits Einzelwissenschaften mit einem bestimmbaren Gegenstandsgebiet, einem eigenen Methodenkanon samt jeweiligen leitenden Frageinteressen sowie entsprechend spezifischen Forschungsergebnissen. So paradox es klingen mag: Auch die Frage nach dem Wahren und Ganzen kann Spezifikum einer Einzelwissenschaft sein und erhebt sie in keiner Weise über andere Spezialwissenschaften.

Wenn Siewerths metaphysische Anthropologie eines lehren kann, dann dass der Mensch unendlich tiefer, reicher und vielschichtiger ist, als es eine Einzelwissenschaft, und sei es die theologische Metaphysik, ermessen kann. Gerade aus dem ureigensten Interesse Siewerths heraus braucht es folglich eine korrespondierende Vielzahl verschiedener Theorien und Methoden, um sich dem einen Phänomen Mensch anzunähern. Das schmälert die Dignität der Erkenntnisse einer theologisch geführten Metaphysik keineswegs. Es befreit sie nur von der hybriden Selbstüberforderung, alle Wirklichkeitsbereiche und wissenschaftlichen Einzelerkenntnisse abschließend gültig bewerten und normieren zu wollen.

---

[380] Vgl. REITER, „Sich im Einfachsten und Ganzen zu halten...", 269f.
[381] *Metaphysik der Kindheit*, 9.
[382] Ebd., 132.

Eine taugliche Verhältnisbestimmung von Empirie und Metaphysik, von Naturwissenschaft und Theologie ist weder, wie es bei Siewerth der Fall ist, durch eine Funktionalisierung der Naturwissenschaften als Dienst- oder Hilfswissenschaften von untergeordnetem Rang zu gewinnen, noch durch die These einer Konkurrenz oder Irrelevanz beider Bereiche zueinander, wie sie z.b. in der dialektischen Theologie des jungen Karl Barth zu finden ist. Als angemessenere Variante eines Zueinanders von Naturwissenschaft und Theologie bietet sich vielmehr das Modell einer Konkordanz oder Korrespondenz an. Dass eine solche Verhältnisbestimmung den christlichen Wahrheitsanspruch in keiner Weise schmälert oder gar in Abrede stellt, zeigen nicht zuletzt die Arbeiten Wolfhart Pannenbergs, der die Wahrheit der christlichen Offenbarung samt ihres Gottes- und Schöpfungsbegriffes angesichts ihrer geschichtlichen Strittigkeit gerade durch Erweis der Korrespondenz mit den Ergebnissen anderer, vor allem empirischer Wissenschaften bewähren will.[383] Möglichkeiten einer solchen Korrespondenz gibt es bei Siewerth genug: Wenn er z.B. die kindliche Urerfahrung der Liebe als jene „Daseinsvertrautheit, die allem späteren Erwachen zuvorgekommen ist"[384] bezeichnet, so deckt sich das durchaus mit aktuellen psychologischen Erkenntnissen einer vorbewussten Selbst- und Weltvertrautheit des Kleinkindes. Oder wenn er aufgrund des kindlichen intuitiven Seins- und Wahrheitserkennens von Seiten des Pädagogen Kongruenz als Bedingung der Möglichkeit einer gelingenden Beziehung zum Zögling einfordert,[385] so stimmt das überein mit den millionenfach erprobten und bewährten Grundregeln der Gesprächspsychotherapie.

Bei dieser Form der Verhältnisbestimmung geht es also gerade nicht um eine Relativierung des christlichen Wahrheitsanspruches oder gar um eine Selbstgettoisierung der Theologie, die blind einem pluralistischen anything goes das Wort redete. Allerdings geht es um die Anerkenntnis, dass menschliche Vernunft endlich, fehlbar und unvollkommen ist und christliche Wahrheit sich in Gegenwart differierender, zum Teil sogar konträrer Wahrheitsentwürfe allererst als relevant behaupten muss. Dabei hofft der Glaube fest darauf, dass die Wahrheit Gottes sich am Ende unverhüllt offenbaren wird. Im geschichtlichen Gang aber steht die christliche Interpretation von Welt und Mensch inmitten einer Vielzahl divergierender Wirklichkeitskonzepte und kann folglich ihren Wahrheitsanspruch nicht mehr fraglos voraussetzen, sondern muss ihn argumentativ vertreten und seine Plausibilität diskursiv erweisen.

Bleibt zum Schluss nur noch anzumerken, dass Siewerths Werk solchermaßen inmitten einer Zeit steht, in der das Erbe der Metaphysik insgesamt neu bewertet und gewichtet wird. Mit Blick auf das Verhältnis von Metaphysik und Theologie resümiert etwa Eberhard Jüngel einhalb Jahrzehnte nach Siewerths Tod diese neue Unübersichtlichkeit wie folgt: „Dass ein möglicher

---

[383] PANNENBERG, *Systematische Theologie 2*, 9-13 und 77f.
[384] *Metaphysik der Kindheit*, 36.
[385] Vgl. ebd., 41.

Abschied der christlichen Theologie von der Metaphysik jedoch nicht einfach zu einer ‚metaphysikfreien' Theologie führen kann, dürfte kritischem und selbstkritischem theologischen Bewusstsein nicht verborgen bleiben. [...] Mit den Antworten der Metaphysik sind keineswegs auch deren Fragen alle schon suspekt. [...] Die Auseinandersetzung der Theologie mit der Metaphysik zugunsten einer freien Theologie gilt [...] auch den Antworten [...] und Fragen der metaphysischen Tradition; aber nun eben so, dass die Theologie sich die Freiheit eines durchaus ambivalenten Verhältnisses zu dieser Tradition erarbeitet."[386]

Und mit Blick auf die Anthropologie konstatiert bereits 1925 kein Geringerer als Max Scheler, dass mit dem Ende der Alleinherrschaft der theologischen Metaphysik als einzig akzeptierter Wirklichkeitsdeutung zugleich das Ende einer einheitlichen, in dieser metaphysischen Tradition stehenden Sicht vom Wesen des Menschen einhergehe: „Niemals und zu keiner Zeit hatte der Mensch weniger gesichertes und einheitlich angenommenes Wissen über sein Wesen, seinen Ursprung und seine Bestimmung als heute [...]. Und diese Situation [...] hat ihre Hauptursache gerade in dem beispiellosen Wachstum unseres Spezialwissens über den Menschen".[387] Übrig bleibt schon für Scheler nur die Disparatheit der Einzelwissenschaften. Nun reagiert er ganz ähnlich wie Siewerth: Er will all diese Einzelerkenntnisse in einer neuen Metatheorie vom Menschen bündeln und zu einem Ganzen vereinen. Wie Siewerth sucht er nach der neuen Totalität, die einen einheitlichen Blick auf das wahre und eigentliche Wesen des Menschen ermöglichen soll. Doch spätestens Anfang der siebziger Jahre erkennt Hans-Georg Gadamer das Aussichtslose eines solchen Unterfangens und versucht, die Vielschichtigkeit positiv fruchtbar zu machen, indem er für die Herausgabe einer mehrbändigen *Neuen Anthropologie* zeichnet, die biologische, psychologische, philosophische sowie sozial- und kulturanthropologische Aspekte des Menschseins nebeneinander stellt, ohne eine spezielle Zugangsweise metatheoretisch zu favorisieren und zu monopolisieren.[388] Die aktuelle Postmoderne-Debatte bestätigt nochmals diesen gleichermaßen ernüchternden wie befreienden Befund: Die theologische Metaphysik hat ihren alles normierenden Anspruch als Metatheorie jeglicher Wirklichkeitsdeutung verloren und muss ihre Wahrheit im Streit mit anderen Wahrheiten erweisen.

---

[386] JÜNGEL, *Gott als Geheimnis der Welt,* 62f.
[387] SCHELER, *Schriften aus dem Nachlass III,* 5.
[388] GADAMER (Hrsg.), *Neue Anthropologie. Band 1-7.* München 1972-1975.

6 Literaturangaben

6.1 Quellentexte

Aufgelistet sind sämtliche bei der Herstellung der Arbeit verwendeten Schriften Gustav Siewerths. Aus den Gesammelten Werken Siewerths werden lediglich die in der Arbeit eigens zitierten Einzeltitel gesondert angeführt. Eine fast vollständige, von Kuckartz und Tymister erarbeitete Bibliographie befindet sich in dem von Pöggeler herausgegebenen Sammelband *Innerlichkeit und Erziehung* sowie in aktualisierter Form in der von Behler und Thamm herausgegebenen Schrift *Gustav Siewerth zum Gedächtnis*. Eine auf dem Datenbestand des Gustav-Siewerth-Archivs (PH Freiburg) basierende, von Albert Raffelt erstellte Literaturliste einschließlich in Freiburg nachgewiesener, nicht selbstständiger Sekundärliteratur findet sich auch im Internet unter: http://www.ub.uni-freiburg.de/referate/02/siewerth/siewerthliteratur.html

SIEWERTH, Gustav: Gesammelte Werke. Herausgegeben von Wolfgang Behler und Alma von Stockhausen. Im Auftrag des Deutschen Instituts für Bildung und Wissen.
Band I: Sein und Wahrheit. Düsseldorf 1975. - Bearbeitet und eingeleitet von Franz-Anton Schwarz. Mit einem Nachwort von Walter Warnach.
Band II: Der Thomismus als Identitätssystem. Düsseldorf 1979. - Bearbeitet und mit einer Einleitung versehen von Franz-Anton Schwarz.
Band III: Gott in der Geschichte. Zur Gottesfrage bei Hegel und Heidegger. Düsseldorf 1971. - Herausgegeben von Alma von Stockhausen.
Band IV: Das Schicksal der Metaphysik von Thomas zu Heidegger. Düsseldorf 1987.

SIEWERTH, Gustav: Allegorie. In: Lexikon für Theologie und Kirche. Band 1. Freiburg ²1957, 342f.
— Die Analogie des Seienden. In: Gesammelte Werke. Band I, 451-520.
— Andrés Philosophie des Lebens (Reihe Wort und Antwort. Band 22). Salzburg 1959.
— Die Apriorität der menschlichen Erkenntnis nach Thomas von Aquin. In: Gesammelte Werke. Band I, 363-438.
— Atheismus. In: Fries, Heinrich (Hrsg.): Handbuch theologischer Grundbegriffe. München 1962, 120-130.
— Auseinandersetzung mit Erich Przywara. In: Gesammelte Werke. Band II, 300-334.
— Böse, Bosheit. In: Lentner, Leopold (Hrsg.): Katechetisches Wörterbuch. Freiburg 1961, 90-91.

— Die christliche Erbsündenlehre entwickelt und dargestellt aufgrund der Theologie des heiligen Thomas von Aquin. In: Feuerer, Georg: Adam und Christus als Gestaltkräfte und ihr Vermächtnis an die Menschheit. Freiburg 1939, 143-286.

— Dialektik. In: Rombach, Heinrich (Hrsg.): Lexikon der Pädagogik. Ergänzungsband. Freiburg 1964, 143-145.

— Die Differenz von Sein und Seiend. In: Gesammelte Werke. Band III, 113-200.

— Freiheit. Philosophisch. In: Fries, Heinrich (Hrsg.): Handbuch theologischer Grundbegriffe. München 1962, 392-398.

— Freiheit. Philosophisch. In: Lexikon für Theologie und Kirche. Band 4. Freiburg ^{2}1960, 325-328.

— Die Freiheit und das Gute (Das pädagogische Gespräch. Aktuelle Veröffentlichungen des Willmann-Instituts Freiburg-Wien). Freiburg 1959.

— Die Freizeit als Gabe und Aufgabe. In: Zwei in eins gegeben. Der gemeinsame Weg. Köln 1955, 156-158.

— Gedächtnis. Philosophisch. In: Lexikon für Theologie und Kirche. Band 4. Freiburg ^{2}1960, 572-573.

— Das Gewissen als conscientia und seine Bildung. In: Die Kirche in der Welt 11 (1960) 51-54.

— Das Gewissen als sittliches Urwissen (Syntheresis) und seine Bildung. In: Die Kirche in der Welt 10 (1958/59) 297-300.

— Das Gewissen und seine Bildung. In: Gerner, Berthold (Hrsg.): Personale Erziehung. Darmstadt 1965, 355-367.

— Glück. Philosophisch. In: Lexikon für Theologie und Kirche. Band 4. Freiburg ^{2}1960, 973-976.

— Die Grenzen der Freiheit und die Verantwortung des Menschen. In: Rosenberg, Alfons (Hrsg.): Wanderwege. Festgabe zum 60. Geburtstag von Ida Friederike Görres. Zürich 1961, 151-169.

— Grundfragen der Philosophie im Horizont der Seinsdifferenz. Gesammelte Aufsätze zur Philosophie. Düsseldorf 1963.

— Grundsätzliches zur Frage nach der Bildung des Gewissens. In: Lebendige Seelsorge 9 (1958) 55-60.

— Hinführung zur exemplarischen Lehre. Aufsätze und Beispiele (Schriften des Willmann-Instituts München-Wien). Freiburg 1965.

— Hoffnung. In: Rombach, Heinrich (Hrsg.): Lexikon der Pädagogik. Ergänzungsband. Freiburg 1964, 307-308.

— Der katholische Mann in unserer Zeit. Rede auf der Kundgebung der Arbeitsgemeinschaft Katholischer Männerwerke für das Bundesgebiet anlässlich des 77. Deutschen Katholikentages in Köln. Köln 1956. - Als Manuskript gedruckt.

— Kausalität und Freiheit des Menschen. In: Gespräche um Glauben und Wissen. Band III. (Dokumente der Paulus-Gesellschaft). München 1962, 43-64.
— Der Mensch und sein Leib. Einsiedeln ²1963.
— Der Mensch und seine Kultur. In: Erziehung und Beruf 13 (1963) 281-287.
— Metaphysik der Kindheit. Einsiedeln ²1957.
— Person und moderner Individualismus. In: Die Kirche in der Welt 11 (1960) 303-306.
— Das Personsein des Kindes und seine Bedeutung für die Gemeinschaft. In: Die Schulwarte 16 (1963) 754-765. In dieser Arbeit wird jedoch zitiert aus: Sonderdruck aus der Schulwarte. Stuttgart: Landesanstalt für Erziehung und Unterricht, o.J.
— Phantasie. In: Lexikon für Theologie und Kirche. Band 8. Freiburg ²1963, 435-437.
— Philosophie der Sprache. Einsiedeln 1962.
— Die schwarzen Engel und der Mensch. Vom Sinn und Wesen der Technik. In: Herders Hauskalender 1958. Für Zeit und Ewigkeit. Freiburg 1957, 70-71.
— Das Sein als Gleichnis Gottes. In: Gesammelte Werke. Band I, 651-686.
— Thomas von Aquin. Die menschliche Willensfreiheit. Texte zur thomistischen Freiheitslehre ausgewählt und mit einer Einleitung versehen von Gustav Siewerth. Düsseldorf 1954.
— Der Thomismus als Identitätssystem. In: Gesammelte Werke. Band II, 13-282.
— Der Thomismus als Identitätssystem. Selbstbesprechung. In: Gesammelte Werke. Band II, 283-299.
— Tod und Unsterblichkeit. In: Rombach, Heinrich (Hrsg.): Lexikon der Pädagogik. Ergänzungsband. Freiburg 1964, 739-740.
— Unser Gespräch mit Gott. Steinfeld/Eifel 1949.
— Vernunft. In: Fries, Heinrich (Hrsg.): Handbuch theologischer Grundbegriffe. München 1962, 773-778.
— Vom Fluch und Segen der Arbeit. In: Herders Hauskalender 1954. Für Zeit und Ewigkeit. Freiburg 1953, 34-42.
— Vom Sinn des Wohnens. In: Leben und Erziehen 6 (1957) 218-220.
— Vom Wesen des Kindes und von der Bildung seines Gewissens. In: Pädagogische Rundschau 17 (1963) 193-207.
— Von der Einheit der Liebe und ihrem Erkalten in unserer Zeit. In: Rheinische Post Nr. 94. Düsseldorf 21. April 1956.
— Wagnis und Bewahrung. Zur metaphysischen Begründung des erzieherischen Auftrages. Einsiedeln ²1964.
— Das Wesen des Wohnens und seine Bedeutung für die Erziehung. In: Die Kirche in der Welt 11 (1960) 65-68.

6.2 Sekundärliteratur

ARENDT, Hannah: Wahrheit und Lüge in der Politik. Zwei Essays. München 1972.
BALTHASAR, Hans Urs von: Homo creatus est. Skizzen zur Theologie. Band V. Einsiedeln 1986.
— Theologik II. Wahrheit Gottes. Einsiedeln 1985.
BEHLER, Wolfgang: Pädagogik und Metaphysik. Philosophisch-anthropologische Grundlagen der Pädagogik Gustav Siewerths. In: Behler, Wolfgang u.a. (Hrsg.): Gustav Siewerth zum Gedächtnis, 76-91.
— ; THAMM, Georg (Hrsg.): Gustav Siewerth zum Gedächtnis. (Schriftenreihe der Pädagogischen Hochschule Freiburg. Band IV). Freiburg 1989.
BERNET, Roberto Heraldo: Das Sein als Gleichnis Gottes. Die Transzendenz und ihre Ermöglichung im exemplarischen Hervorgang des Seins aus dem Absoluten nach Gustav Siewerth. Unveröffentlichte Arbeit zur Erlangung des Lizenziatengrades beim Fachbereich Katholische Theologie der westfälischen Wilhelms-Universität Münster. Münster 1980.
BIELER, Martin: Freiheit als Gabe. Ein schöpfungstheologischer Entwurf (Freiburger theologische Studien. Band 145). Freiburg 1991.
— Freiheit und Schöpfung bei Gustav Siewerth. In: Reifenberg, Peter u.a. (Hrsg.): Gott für die Welt, 231-245.
CABADA CASTRO, Manuel: Sein und Gott bei Gustav Siewerth. Düsseldorf 1971.
DANNER, Helmut: Methoden geisteswissenschaftlicher Pädagogik. Einführung in Hermeneutik, Phänomenologie und Dialektik (UTB 947). München 1979.
GADAMER, Hans-Georg: Wahrheit und Methode. Grundzüge einer philosophischen Hermeneutik (Gesammelte Werke. Band 1. Hermeneutik I). Tübingen ^{6}1990.
— (Hrsg.): Neue Anthropologie. Band 1-7. München 1972-1975.
GEMOLL, Wilhelm: Griechisch-Deutsches Schul- und Handwörterbuch. München ^{7}1959.
GOETHE, Johann Wolfgang von: Sämtliche Werke nach Epochen seines Schaffens. Münchner Ausgabe. Band 6.I. Herausgegeben von Karl Richter u.a. München 1986, 93.
GRAF, Ferdinand: Annäherungen an die Pädagogik Gustav Siewerths. In: Reifenberg, Peter u.a. (Hrsg.): Gott für die Welt, 164-181.
GRÄTZEL, Stephan: Das Schicksal der Metaphysik und seine Deutung durch Gustav Siewerth. In: Reifenberg, Peter u.a. (Hrsg.): Gott für die Welt, 199-209.
HEIDEGGER, Martin: Sein und Zeit. Tübingen ^{15}1979.
— Unterwegs zur Sprache. Stuttgart ^{10}1993.

— Vom Wesen des Grundes. Frankfurt/Main ^{3}1949. - Unveränderter Nachdruck der Erstauflage.

— Was ist Metaphysik? Frankfurt/Main ^{10}1969.

JÜNGEL, Eberhard: Gott als Geheimnis der Welt. Zur Begründung der Theologie des Gekreuzigten im Streit zwischen Theismus und Atheismus. Tübingen ^{7}2001.

KIERKEGAARD, Sören: Die Krankheit zum Tode. Hamburg ^{4}2002.

KRINGS, Hermann: System und Freiheit. Gesammelte Aufsätze. Freiburg 1980.

LANGEMEYER, Georg: Theologische Anthropologie. In: Beinert, Wolfgang (Hrsg.): Glaubenszugänge. Lehrbuch der katholischen Dogmatik. Band 1. Paderborn 1995, 499-622.

LAMBINET, Julien: Das Sein als Gleichnis und der Mensch als Bild Gottes. In: Reifenberg, Peter u.a. (Hrsg.): Gott für die Welt, 182-198.

LOTZ, Johannes B.: Das Sein als Gleichnis Gottes. Grundlinien der Ontologie und Gotteslehre von Gustav Siewerth. In: Behler, Wolfgang u.a. (Hrsg.): Gustav Siewerth zum Gedächtnis, 23-40.

— Siewerth. In: Weger, Karl-Heinz (Hrsg.): Argumente für Gott. Gott-Denker von der Antike bis zur Gegenwart. Ein Autoren-Lexikon. Freiburg 1987.

METZ, Johann Baptist: Theodizee-empfindliche Gottesrede. In: Ders. (Hrsg.): „Landschaft aus Schreien". Zur Dramatik der Theodizeefrage. Mainz 1995, 81-102.

MIETH, Dietmar: Gewissen/Verantwortung. In: Eicher, Peter (Hrsg.): Neues Handbuch theologischer Grundbegriffe. Erweiterte Neuausgabe in 5 Bänden. Band 2. München 1991, 221-231.

NEIDL, Walter M.: Gustav Siewerth. In: Coreth, Emerich; Neidl, Walter M.; Pfligersdorffer, Georg (Hrsg.): Christliche Philosophie im katholischen Denken des 19. und 20. Jahrhunderts. Band 3. Moderne Strömungen im 20. Jahrhundert. Graz 1990, 249-272.

— Kritische Erwägungen zum metaphysischen Rezeptionshorizont bei Gustav Siewerth. In: Reifenberg, Peter u.a. (Hrsg.): Gott für die Welt, 132-145.

NIENTIED, Klaus: Subkulturen. Gustav-Siewerth-Akademie erhielt staatliche Anerkennung. In: Herder-Korrespondenz 44 (1990) 404.

OTT, Hugo: Gustav Siewerth – Leben im Kontext. In: Reifenberg, Peter u.a. (Hrsg.): Gott für die Welt, 121-131.

PANNENBERG, Wolfhart: Systematische Theologie. Band 1-3. Göttingen 1988-1993.

PIEPER, Annemarie: Sören Kierkegaard. München 2000.

PÖGGELER, Franz (Hrsg.): Innerlichkeit und Erziehung. In memoriam Gustav Siewerth. Zum Gespräch zwischen Pädagogik, Philosophie und Theologie. Freiburg 1964.

— Gustav Siewerth - Werk und Wirken. In: Ders. (Hrsg.): Innerlichkeit und Erziehung, 1-15.

REIFENBERG, Peter; HOOFF, Anton van (Hrsg.): Gott für die Welt. Henri de Lubac, Gustav Siewerth und Hans Urs von Balthasar in ihren Grundanliegen. Festschrift für Walter Seidel. Mainz 2001.

REITER, Josef: „Sich im Einfachsten und Ganzen zu halten...": Überlegungen zur Sinnfrage nach Gustav Siewerth. In: Reifenberg, Peter u.a. (Hrsg.): Gott für die Welt, 267-281.

RÜTTIMANN, Josef: Illuminative oder abstrakte Seins-Intuition? Untersuchung zu Gustav Siewerth: „Der Thomismus als Identitätssystem". Luzern 1945.

SCHELER, Max: Schriften aus dem Nachlass. Band III. Philosophische Anthropologie. In: Gesammelte Werke. Band 12. Herausgegeben von Manfred Frings. Bonn 1987.

SCHRADER, Norbert: Philosophie der Sprache bei Gustav Siewerth. Dissertation, Mikrofiche. Regensburg 1987.

SCHULZ, Michael: Sein, Welt und Mensch als Gleichnisse des dreieinen Gottes. Trinitätsontologische und offenbarungstheoretische Überlegungen im Anschluss an Gustav Siewerth. In: Reifenberg, Peter u.a. (Hrsg.): Gott für die Welt, 246-266.

SCHULZE, Markus: Leibhaft und unsterblich. Zur Schau der Seele in der Anthropologie und Theologie des Hl. Thomas von Aquin (Studia Friburgensia 76). Freiburg/Schweiz 1992.

SCHWARZ, Franz-Anton: Einleitung. In: Siewerth, Gustav: Gesammelte Werke. Band I. Düsseldorf 1975, 15-40.

SPLETT, Jörg: Der Mensch ist Person. Zur christlichen Rechtfertigung des Menschseins. Frankfurt/Main 1978.

— Freiheits-Erfahrung. Vergegenwärtigungen christlicher Anthropotheologie. Frankfurt/Main 1986.

STOCKHAUSEN, Alma von: Einleitung. In: Siewerth, Gustav: Gesammelte Werke. Band III. Düsseldorf 1971, 9-46.

— Einleitung. In: Siewerth, Gustav: Gesammelte Werke. Band IV. Düsseldorf 1987, 19-37.

TOURPE, Emmanuel: ‚Actualité' et ‚potentialité' de Gustav Siewerth (Aktualität und Zukunftsfähigkeit des Denkens Gustav Siewerths). In: Reifenberg, Peter u.a. (Hrsg.), Gott für die Welt, 146-163.

— Siewerth ‚après' Siewerth. Le lien idéal de l'amour dans le thomisme spéculatif de Gustav Siewerth et la visée d'un réalisme transcendantal. Louvain – Paris 1998.

ULRICH, Ferdinand: Homo Abyssus. Das Wagnis der Seinsfrage. Einsiedeln 1961. In zweiter Auflage herausgegeben und mit einer Einleitung versehen von Martin Bieler, Einsiedeln ^{2}1998.

VERWEYEN, Hansjürgen: Ontologische Voraussetzungen des Glaubensaktes. Zur transzendentalen Frage nach der Möglichkeit von Offenbarung. Düsseldorf 1969.

WARNACH, Walter: Nachwort zur Ausgabe der Gesammelten Werke. In: Siewerth, Gustav: Gesammelte Werke. Band I. Düsseldorf 1975, 687-698.

WELSCH, Wolfgang: Unsere postmoderne Moderne (Acta humaniora. Schriften zur Kunstgeschichte und Philosophie). Berlin ⁴1993.

WIERCINSKI, Andrzej: Die scholastischen Vorbedingungen der Metaphysik Gustav Siewerths. Eine historisch-kritische Studie mit Bezug auf die Seinsvergessenheitstheorie von Martin Heidegger (Europäische Hochschulschriften. Reihe 20. Band 329). Frankfurt/Main 1991.

— Siewerth und der transzendentale Thomismus. In: Reifenberg, Peter u.a. (Hrsg.): Gott für die Welt, 210-230.

— Über die Differenz im Sein. Metaphysische Überlegungen zu Gustav Siewerths Werk (Europäische Hochschulschriften. Reihe 20. Band 283). Frankfurt/Main 1989.

Pontes
Philosophisch-theologische Brückenschläge
herausgegeben von Prof. Dr. Klaus Müller (Münster)

Andreas Deeken
Glaube ohne Begründung?
Zum Rationalitätskonzept in George Lindbecks Entwurf einer postliberalen Theologie
Mit seinem Werk *The Nature of Doctrine* gehört George Lindbeck zu den meist diskutiertesten Theologen des ausgehenden Jahrhunderts in der anglo-amerikanischen Welt. In diesem Band wird der provokative Ansatz Lindbecks vorgestellt. Unter Bezugnahme auf Diskussionen aus der Wissenschaftstheorie wird der Vorwurf des Fideismus gegen Lindbecks Konzeption diskutiert und das dem Werk zugrundeliegende Rationalitätskonzept systematisch entfaltet.
Bd. 1, 1998, 112 S., 15,90 €, br., ISBN 3-8258-3878-1

Bartosz Więckowski
Gott in möglichen Welten
Eine Analyse des modalen ontologischen Arguments für die Existenz Gottes von Alvin Plantinga
Gegenstand dieser Untersuchung ist Alvin Plantingas vieldiskutierte modallogische Reformulierung des ontologischen Arguments. Im Anschluß an eine kurze Einführung in die Modallogik (Teil 1) und an eine Darstellung der modalen Metaphysik Plantingas (Teil 2) folgt im dritten Teil dieser Arbeit eine eingehende Analyse und Kritik von Plantingas Argument. Das Buch eignet sich gut als Einführung in die Beschäftigung mit modalen ontologischen Argumenten. Es ist die erste größere deutschsprachige Publikation zu dieser Thematik.
Bd. 2, 1999, 112 S., 15,90 €, br., ISBN 3-8258-4412-9

Michael Mager
Gewissen und Klugheit
Das Verhältnis des Gewissensaktes zu den Akten der Klugheit in der Handlungstheorie bei Thomas von Aquin
Welche Bedeutung hat der Spruch des eigenen Gewissens im Verhältnis zur Tugend der Klugheit? Diese Frage steht im Mittelpunkt dieser Untersuchung. Thomas von Aquin gibt dazu in seinen Analysen zum Gewissen und dem menschlichen Handeln eine Antwort, die ungewöhnlich aktuell erscheint. Das Gewissen ist der Garant vernünftigen und sittlichen Handelns und kann nicht unberücksichtigt bleiben. Die Gedanken des Aquinaten sind ein Bekenntnis zum eigenen Gewissen, das gerade für den Christen eine große Bedeutung haben muß. Damit ist nicht zuletzt das Verhältnis zwischen christlicher Freiheit und kirchlicher Autorität angesprochen.
Bd. 3, 2000, 96 S., 15,90 €, br., ISBN 3-8258-4509-5

Winfried Löffler
Notwendigkeit, S_5 und Gott
Das Ontologische Argument für die Existenz Gottes in der zeitgenössischen Modallogik
Ungeachtet der wohlbekannten Widerlegungen im Lauf der Jahrhunderte (etwa durch Thomas v. Aquin, Kant und Frege) haben Formen sogenannter "ontologischer" Argumente für die Existenz Gottes in jüngerer Zeit eine Renaissance erlebt. Charakteristisch für die neueren Versuche ist, daß in ihnen Modalbegriffe (etwa die notwendige Existenz Gottes) wesentlich vorkommen. Eine Übersicht über die wichtigsten Formen solcher modaler ontologischer Argumente zeigt, daß sie sich auf eine ähnliche Grundstruktur zurückführen lassen. Aber welche Begriffe von "Notwendigkeit" und welche Gottesbegriffe liegen den jeweiligen Argumenten zugrunde? Welche Logik ist hinter der Behandlung der Modalitäten in diesen Argumenten erkennbar? Sind innerhalb der neueren Debatte Vorschläge von stichhaltigen ontologischen Argumenten absehbar?
Bd. 4, 2000, 136 S., 15,90 €, br., ISBN 3-8258-4817-5

Thomas Schärtl
Jenseits von Innen und Außen:
Ludwig Wittgensteins Beitrag zu einer nichtdualistischen Philosophie des Geistes
Die Besinnung auf die sprachphilosophischen Rahmenbedingungen der Philosophie des Geistes, wie sie diese Studie vorstellt, ist ein mögliches Korrektiv für die deutlich spürbare Tendenz in der gegenwärtigen Diskussion des Leib-Seele-Problems, sich auf Einzelaspekte zu konzentrieren und dabei die semantischen Voraussetzungen aus den Augen zu verlieren. Die Bezugnahme auf die Spätphilosophie Ludwig Wittgensteins – die Leitperspektive der vorliegenden Studie – will den Blick weiten, indem sie zeigt, wie das Leib-Seele-Problem als Sprachproblem entsteht und wie es "therapiert" werden kann. Im Nachtragskapitel wird ein theologischer Brückenschlag versucht. Das Leib-Seele-Problem ist dabei ein Brennglas der unterschiedlichsten Themen, zumal nicht nur die Legitimität der Rede von "Geist" und "Seele", sondern auch die semantische "Mechanik" unserer Sprache oder die Struktur unserer Erkenntnis in Frage gestellt sind. Auch aus diesem weiteren Umfeld der Philosophie des Geistes ergeben sich aus Wittgensteinscher Perspektive wichtige Impulse für die Systematische Theologie.
Bd. 5, 2000, 168 S., 17,90 €, br., ISBN 3-8258-4818-3

LIT Verlag Münster – Hamburg – Berlin – London
Grevener Str./Fresnostr. 2 48159 Münster
Tel.: 0251 – 23 50 91 – Fax: 0251 – 23 19 72
e-Mail: vertrieb@lit-verlag.de – http://www.lit-verlag.de

Anja Wißkirchen
Identität gewinnen an Maria Magdalena
Eine Untersuchung der mythologischen Erzählstrukturen in den biblischen Texten und deren Rezeption in "Jesus Christ Superstar" und "Die letzte Versuchung Christi"
Persönliche Identitätssuche ist nicht nur eine Suche nach rationalem Erkennen, sondern zunächst nach einem Fundament zur Lebensorientierung. Sie ist auf ein narratives Element angewiesen, auf Kommunikationssituationen und Texte, in denen der Ausblick auf Identität von bereits erfahrenem Sinn her präsent ist. Jesu Persönlichkeit wird häufig erst hinter der Folie der Darstellung von ihm betroffener Personen sichtbar. Besonders Maria Magdalena ist ein solches "Medium der Verkündigung". Mit ihrer christologischen, nicht mit ihrer historischen Bedeutung beschäftigt sich dieses Buch.
Bd. 6, 2000, 160 S., 15,90 €, br., ISBN 3-8258-4976-7

Markus Pohlmeyer-Jöckel
Poesie und Geschichte als Formen der Erkenntnis beim frühen Johann Gottfried Herder
In den Schriften "Abhandlung über den Ursprung der Sprache" und "Shakespear." etabliert J. G. Herder (1744–1803) Geschichte als zentrale Erkenntnisform sprachphilosophischer und literaturtheoretischer Betrachtungen. Sein dabei entwickelter Genie-Begriff zeigte bahnbrechende Folgen in der Sturm und Drang-Bewegung (vor allem bei Goethe).
"Auch eine Philosophie der Geschichte zur Bildung der Menschheit", ein von sokratischer Ironie durchdrungenes Fragment, entfaltet an unzähligen Beispielen und Exkursen (Wichtig für die Methodik dieser Arbeit!) mittels verschiedener Stillagen (Beinahe schon postmodern!) das erkenntnistheoretische Potential von Geschichte und Poesie (Durchaus ein Gegenentwurf zu Hegels Geschichtsphilosophie!). Poesie deshalb, weil sie sich als ein flexibles Medium gegenüber dem disparaten Stoff der Geschichte erweist. Dabei unterläuft Herder – auch in Frontstellung zu bestimmten Positionen der Aufklärung – den Antagonismus von Philosophie und Poesie. So werden z. B. Metaphern Träger von Erkenntnisinhalten.
Herders relecture des alttestamentlichen Hohen Liedes weitet die Persepktive auf die moderne Hermeneutik-Diskussion (Rosenzweig, Dilthey, Heidegger und Gadamer), Sprachphilosophie (Austin) und Romantik (Novalis).
Der Gottesgedanke, wie ein Leitmotiv in den Herderschen Texten wiederkehrend, ist unaufgebbarer Garant eines geschichtlichen Sinnes, den das Genie dichterisch zur Gestalt bringt.
Bd. 7, 2001, 128 S., 15,90 €, br., ISBN 3-8258-5160-5

Michael Greiner
Drama der Freiheiten
Eine Denkformanalyse zu Hans Urs von Balthasars trinitarischer Soteriologie
Im Zentrum dieser Untersuchung steht das in Hans Urs von Balthasars "Theodramatik" systematisch entscheidende Problem der trinitarischen Unterfassung der gott-menschlichen Freiheitsgeschichte. Ihr Anliegen ist es, in kritischer Diskussion der an dieser Stelle aufbrechenden Probleme in Soteriologie, Eschatologie und Trinitätstheologie bis zu der das gesamte theodramatische Unternehmen leitenden Denkform vorzustoßen, also zu den philosophischen Denkmitteln, die die systematische Explikation des Gedankengangs von vornherein bestimmen. Dabei geht es einerseits um eine Würdigung der bedeutsamen theologischen Intuition Balthasars, die Rolle der menschlichen Freiheit im Heilsdrama durchzuhalten bis hin zum (theodizee-relevanten) Gedanken des "Risikos", das Gott mit der Erschaffung endlicher Freiheit eingegangen ist, weil er diese Freiheit bis zuletzt und zu respektieren sich bestimmt hat. Andererseits gilt ein besonderes Augenmerk den immanenten Grenzen, die sich aus einer dem neuzeitlichen Freiheitsverständnis inadäquaten seinsmetaphysischen Denkform ergeben und die faktisch verhindern, daß die systematische Grundintuition konsequent durchgehalten werden kann. Auf diesem Wege können die Schlüsselstellen freigelegt werden, an denen eine Revision des Denkfundamentes einsetzen müßte, um die Autonomie der geschöpflichen Freiheit im Theodrama unverkürzt zur Geltung zu bringen.
Bd. 8, 2001, 216 S., 20,90 €, br., ISBN 3-8258-5194-x

Carsten Vielhaber
Die Präfixe der Postmoderne oder: Wie man mit dem Mikroskop philosophiert
Wer die Postmoderne verstehen will, halte sich an ihre Präfixe. In diesem Band wird der Versuch unternommen, mit Präfixen eine systematische wie kritisch-reflexive Darstellung einer explizit philosophischen Postmoderne auf der Linie von J.-F. Lyotard, J. Derrida und G. Vattimo zu leisten. Sie sollen hier wegweisend sein für zentrale Theoreme der philosophischen Postmoderne, für ihre Kritik am Projekt der Moderne wie für ihre theologischen Wurzeln in der jüdisch-christlichen Tradition.
Bd. 9, 2001, 136 S., 17,90 €, br., ISBN 3-8258-5496-5

Sylvia Melchardt
Theodizee nach Auschwitz?
Der literarische Beitrag Elie Wiesels zur Klärung eines philosophischen Problems

LIT Verlag Münster – Hamburg – Berlin – London
Grevener Str./Fresnostr. 2 48159 Münster
Tel.: 0251 – 23 50 91 – Fax: 0251 – 23 19 72
e-Mail: vertrieb@lit-verlag.de – http://www.lit-verlag.de

"Und trotzdem –"
Das literarische Schaffen des jüdischen Schriftstellers und Nobelpreisträgers Elie Wiesel entspringt einem sich über Jahrzehnte erstreckenden Denkprozeß. Wiesel gibt darin ein wegweisendes Beispiel für den Umgang mit der Theodizeefrage. Seine Einsichten sind keine abstrakten Prinzipien. Sie wurzeln im Ringen mit Gott und den Menschen im Kontext der eigenen Lebenserfahrung. Im Anschluß an einen einführenden systematischen Teil konzentriert sich das Buch darauf, Bedeutung, Vorteile und Ertrag des narrativen Zugangs Wiesels gegenüber der argumentativen Redeform philosophisch-theologischer Reflexionen im Blick auf die Theodizeefrage aufzuzeigen.
Bd. 10, 2001, 144 S., 20,90 €, br., ISBN 3-8258-5545-7

Stefanie Knauß
Drachenfrau und Geistfeuer
Neue Metaphern für Gott in der jüdischen feministischen Theologie und Praxis
Gott der König, der Herr, der Allmächtige – diese Bezeichnungen für Gott werden von vielen Gläubigen verwendet, ohne darüber nachzudenken, ob sie Gott und dem Menschen als Mann und Frau gerecht werden können. Die jüdische feministische Theologie hat einen Schatz an neuen Metaphern entwickelt, die für Frauen wie Männer eine Tür zu Gott öffnen können. Durch die Darstellung der neueren Metapherntheorie und die Analyse von Gebeten und Texten aus der englischsprachigen jüdischen feministischen Theologie bietet dieser Band einen außergewöhnlichen Einblick in einen hierzulande wenig bekannten Bereich.
Bd. 11, 2002, 160 S., 14,90 €, br., ISBN 3-8258-6234-8

Thilo Rissing
Visualisiertes Bilderverbot?
Theologie im Gespräch mit Gordon Matta-Clarks Dekonstruktion der Architektur
„(...) die Welt stand still erstarrt zerbröckelnd sich häutend zusammenbrechend allmählich zerfallend wie ein verlassenes, unbrauchbares, dem zusammenhanglosen, fahrlässigen, unpersönlichen, zerstörerischen Wirken der Zeit preisgegebenes Gebäude."   *(Claude Simon)*

Das Œuvre des amerikanischen Architekten und Künstlers Gordon Matta-Clark (1943–1978) ist die dekonstruktivistische Archäologie dieses „Gebäudes", der ästhetische Versuch seiner gescheitert-geglückten Bewahrung. In diesem Band wird das Werk Matta-Clarks in seiner multiperspektivischen Komplexität nachgezeichnet und mit theologischen und philosophischen Denkfiguren verknüpft, um die bleibende Aktualität dieses über die Fachgrenzen hinaus noch unbekannten Denkers zu erhellen. Vertieft wird diese Darlegung durch kulturkritische, geschichtsphilosophische und medientheoretische Überlegungen, die sich in den Arbeiten Matta-Clarks thematisiert finden.
Bd. 12, 2002, 104 S., 14,90 €, br., ISBN 3-8258-6277-1

Erik Müller
Offenbarung und Methode – Theo-Logie und Historie im Widerstreit?
Sind das christliche Zeugnis geschichtlich ergangener Offenbarung und die Instrumentarien der Geschichtswissenschaft unvereinbar? In Auseinandersetzung mit der positivistisch-nomologischen, der historisch-hermeneutischen sowie der narrativistischen Tradition des historischen Denkens geht der Autor dieser für die Fundamentaltheologie zentralen Frage nach. Die Analyse der jeweiligen Zuordnungen von Theologie und Historie führt ihn zu einer Hermeneutik des historischen Bewusstseins als Grundlage einer Skizze historischer Hermeneutik.
Bd. 13, 2003, 192 S., 17,90 €, br., ISBN 3-8258-6400-6

Stefan Gnädinger
Vorsehung
Ein religionsphilosophisches Grundproblem bei Johann Gottlieb Fichte
Das Bemühen um eine intellektuelle Begründung und Durchdringung des Vorsehungsgedankens bleibt – ungeachtet ihrer gegenwärtigen Krise – eine unveräußerliche Aufgabe von Theologie: Eine Eliminierung des Glaubens an Gottes Wirken in der Welt entzöge dem christlichen Bekenntnis seine Grundlage; ein Verzicht auf seine philosophische Fundierung daher müßte alle weitere theologische Begründungsarbeit der Bodenlosigkeit verdächtig machen. Vor diesem Hintergrund wird in der vorliegenden Arbeit erstmals systematisch das Ringen J. G. Fichtes um eine adäquate Aufarbeitung des Vorsehungsbegriffs untersucht. Dabei zeigt sich, dass die damit verbundene Problematik, insbesondere der scheinbare Gegensatz zur Freiheitsidee, für die Entwicklung der Fichteschen Philosophie von zentraler Bedeutung ist. Fichte kommt zu einer verblüffenden Lösung, die sein Denken in mancher Hinsicht in einem anderen Licht erscheinen lässt, und die auch für eine theologische Neubesinnung auf den Vorsehungsbegriff wichtige Impulse geben könnte.
Bd. 14, Frühj. 2003, ca. 176 S., ca. 19,90 €, br., ISBN 3-8258-6581-9

Maria Theresia Zeidler
Elohim, SheHe in Love with Life
Überlegungen zur Konstellation zwischen *Schekhinah* und Heiligem Geist in der *Kabbalah* des Buches Sohar und der

LIT Verlag Münster – Hamburg – Berlin – London
Grevener Str./Fresnostr. 2 48159 Münster
Tel.: 0251 – 23 50 91 – Fax: 0251 – 23 19 72
e-Mail: vertrieb@lit-verlag.de – http://www.lit-verlag.de

christlichen Pneumatologie
Bd. 15, Frühj. 2003, ca. 120 S., ca. 19,90 €, br.,
ISBN 3-8258-6838-9

Philosophie im Kontext

herausgegeben von Prof. Dr. Wilhelm Vossenkuhl
(Universität München)

Till Vierkant
Is the Self real?
An investigation into the philosophical concept of 'self' between cognitive science and social construction
This book attempts to give a convincing philosophical explanation for the strong persistence of our diverse folk psychological intuitions about the self. For this purpose it introduces, on the one hand, the distinction between subject and self model as proposed by Metzinger, on the other hand, the distinction between a social/normative and a cognitive/organic perspective on the self. The book argues that one needs to take into account both distinctions, if one wants to answer notoriously difficult questions like the one that gives the book its title: Is the self real?
Bd. 1, 2003, 184 S., 17,90 €, br., ISBN 3-8258-6518-5

Oliver Rauprich
Natur und Norm
Eine Auseinandersetzung mit der evolutionären Ethik
Bd. 2, Frühj. 2003, ca. 224 S., ca. 20,90 €, br.,
ISBN 3-8258-6719-6

Neo-Jocologica

herausgegeben von Hans Lenk

Hans Lenk
Rosenmondtagsphilosophie oder Das jokologische Denktheater
Was suchen Philosophenvögel am Narrenbrunnen? Natürlich den Urstoff Wasser (oder Wasserstoff?) und Weisheit, die bei Shakespeare besonders den Narren und Humoristen zufiel. Diese Einsicht sollte man auch heute nicht gering schätzen: iocor, ergo sum (ich scherze, also bin ich) ist eine annehmbare Variante des berühmten "Ich denke, also bin ich"! Närrisches Denken mag – wie närrisches Treiben – manche tiefere Lebensweisheit einschließen.
Hans Lenk, Verfasser einer früheren "Kritik der kleinen Vernunft" (1987, 1990), führt diese Erkenntnisse in Form von Fastnachtsvorträgen und teils burlesken, teils sinnigen Humoresken und witzigen Laudationes aus. Eine jokologische (scherzhafte) Philosophie der leichten Feder und Form entsteht, reizt zum Schmunzeln, weckt den Geist und führt zugleich unvermerkt ein in Betrachtungen über die Rolle der Sprache, Wissenschaft, Interpretationen und interkulturellen Ansätze. So flog die Dohle des Konfuzius der Eule der Minerva lange schon voraus – und nicht nur in der Dämmerung. Auch Philosophen dürfen noch und wieder schmunzeln – und den Leser amüsiert's – hoffentlich!
Bd. 1, 2002, 208 S., 15,90 €, br., ISBN 3-8258-5323-3

Renate Dürr; Hans Lenk (Hg.)
Und ewig lacht die thrakische Magd
Eine Einführung in die theoretische, die angewandte und die Meta-Jokologie
„Wie auch den Thales [...], als er, um die Sterne zu beschauen, den Blick nach oben gerichtet in den Brunnen fiel, eine artige und witzige thrakische Magd soll verspottet haben, dass er, was an Himmel wäre, wohl strebte zu erfahren, was aber vor ihm läge und zu seinen Füßen, ihm unbekannt bliebe."
So lässt Platon Sokrates im *Theaitetos* (174) berichten, und der Herausgeber meint, dass ohne Zweifel durch diese Anekdote das Verhältnis von Theorie und Praxis wie von Philosophie und Alltagsverstand bildhaft gemacht wird. Die Herausgeberin ist der Meinung, dass das total überinterpretiert ist: Der wahre Grund für das Lachen der Thrakerin ist schlichtweg darin zu sehen, dass die meisten Männer ziemlich komisch sind – und sich dementsprechend reichlich komisch verhalten.
Bd. 2, 2002, 216 S., 19,90 €, br., ISBN 3-8258-6200-3

Philosophie

Markus Tomberg
Der Begriff von Mythos und Wissenschaft bei Ernst Cassirer und Kurt Hübner
Bd. 24, 1996, 288 S., 24,90 €, br., ISBN 3-8258-2768-2

Horst Schneider
Der anonyme Publikumskommentar in Ilias und Odyssee
Bd. 25, 1996, 208 S., 30,90 €, br., ISBN 3-8258-2786-0

Bernhard Janßen
"Kants wahre Meinung"
Freges realistischer Objektivismus und seine Kritik am erkenntnistheoretischen Idealismus
Bd. 26, 1997, 216 S., 30,90 €, gb., ISBN 3-8258-2901-4

Lancelot Pereira
Die verzauberte Dunkelheit: Dem Geheimnis auf der Spur

LIT Verlag Münster – Hamburg – Berlin – London
Grevener Str./Fresnostr. 2 48159 Münster
Tel.: 0251 – 23 50 91 – Fax: 0251 – 23 19 72
e-Mail: vertrieb@lit-verlag.de – http://www.lit-verlag.de

2. Auflage, überarbeitet und ergänzt
herausgegeben von Julius Becker. Mit einer
Einführung von Otto Betz
Bd. 27, 1999, 224 S., 17,90 €, br., ISBN 3-8258-4281-9

Ulrich Woronowicz
**Variable Wertesysteme als Basis
zwischenmenschlicher Beziehungen**
Bd. 28, 1998, 464 S., 35,90 €, br., ISBN 3-8258-3505-7

Rainer Schepper
Denn es steht geschrieben
Predigten eines Ungläubigen. Kritische
Gedanken zum Neuen Testament
Bd. 29, 1998, 136 S., 12,90 €, br., ISBN 3-8258-3289-9

Jean C. Kapumba Akenda
Vielfalt und Objektivität der Kulturformen
Zur Wissenschaftstheorie der
Kulturwissenschaften bei Ernst Cassirer
Bd. 30, 1998, 264 S., 25,90 €, br., ISBN 3-8258-3590-1

Kai Schmidt-Soltau
Die apathische Revolution
Grundlegung einer Praktischen Philosophie
nach Marx
Bd. 32, 1998, 352 S., 25,90 €, br., ISBN 3-8258-3799-8

Christoph Quarch
Sein und Seele
Platons Ideenphilosophie als Metaphysik der
Lebendigkeit. Interpretationen zu PHAIDON
und POLITEIA
Bd. 33, 1998, 320 S., 25,90 €, br., ISBN 3-8258-3996-6

Ludwig Ebersberger
Glaubenskrise und Menschheitskrise
Bd. 36, 2000, 304 S., 20,90 €, gb., ISBN 3-8258-4612-1

Klaus Obenauer
**Thomistische Metaphysik und
Trinitätstheologie**
Sein – Geist – Gott – Dreifaltigkeit –
Schöpfung – Gnade
Bd. 37, 2000, 160 S., 20,90 €, br., ISBN 3-8258-4647-4

Franco Rest; Walter Rest
Wer seid ihr eigentlich, Christen?
Briefwechsel über zwei Jahrtausende mit
DIOGNET – zugleich eine Neuerschließung
des Glaubensbekenntnisses
Bd. 38, 2000, 256 S., 17,90 €, br., ISBN 3-8258-4685-7

Vilhjálmur ArnasonFrühj. 2003
Ethik zwischen Leben und Tod
Entscheidungen im Gesundheitswesen
Hintergründe und Hilfen (aktualisierte
deutsche Übersetzung der Originalfassung
von 1993)
Bd. 39, Frühj. 2003, ca. 360 S., ca. 40,90 €, br.,
ISBN 3-8258-4814-0

Ursula Sigismund
Denken im Zwiespalt
Das Nietzsche-Archiv in Selbstzeugnissen
1897 – 1945. Mit einer Einführung von
Dietrich Wachler und unveröffentlichten
Aufsätzen von Max Oehler
Bd. 40, 2001, 336 S., 25,90 €, gb., ISBN 3-8258-4865-5

Matthias Rühl
**Schopenhauers existentielle Metaphern im
Kontext seiner Philosophie**
Bd. 41, 2001, 256 S., 30,90 €, gb., ISBN 3-8258-5001-3

Thomas Eggensperger
**Der Einfluss des Thomas von Aquin auf
das politische Denken des Bartolomé de
Las Casas im Traktat "De imperatoria vel
regia potestate"**
Eine theologisch-politische Theorie zwischen
Mittelalter und Neuzeit
Bd. 42, 2001, 224 S., 25,90 €, gb., ISBN 3-8258-5252-0

Ludwig Kröner
DEUS ET ESSE
Eine Spurensuche
Bd. 43, Frühj. 2003, ca. 184 S., ca. 20,90 €, br.,
ISBN 3-8258-5743-3

Gabriele Münnix-Osthoff
Zum Ethos der Pluralität
Postmoderne und Multiperspektivität
als Programm
Bd. 44, Frühj. 2003, ca. 256 S., ca. 24,90 €, br.,
ISBN 3-8258-6629-7

Wilhelm Tielker
Der Mythos von der Idee Europa
Zur Kritik und Bedeutung historischer
Entwicklungsgesetze bei der geistigen
Verankerung der europäischen Vereinigung
Bd. 45, 2003, 352 S., 30,90 €, br., ISBN 3-8258-6659-9

Birgit Olayiwola-Olosun
**Verantwortung bei Jonas, Aristoteles
und in der Philosophie der traditionellen
Yorùbáreligion**
Bd. 46, Frühj. 2003, ca. 112 S., ca. 17,90 €, br.,
ISBN 3-8258-6874-5

LIT Verlag Münster – Hamburg – Berlin – London
Grevener Str./Fresnostr. 2 48159 Münster
Tel.: 0251 – 23 50 91 – Fax: 0251 – 23 19 72
e-Mail: vertrieb@lit-verlag.de – http://www.lit-verlag.de